Заключительный отчёт Сорок четвертого Консультативного совещания по Договору об Антарктике

КОНСУЛЬТАТИВНОЕ СОВЕЩАНИЕ
ПО ДОГОВОРУ ОБ АНТАРКТИКЕ

Заключительный отчёт Сорок четвертого Консультативного совещания по Договору об Антарктике

Берлин, Германия
23 мая - 2 июня 2022 г.

Том I

Секретариат Договора об Антарктике
Буэнос-Айрес
2022

Консультативное совещание по Договору об Антарктике (44-е, 2022 г., Берлин) Заключительный отчёт Сорок четвертая Консультативного совещания по Договору об Антарктике. Берлин, Германия, 23 мая - 2 июня 2022 года
Буэнос-Айрес, Секретариат Договора об Антарктике, 2022 г.
327 с.

ISBN 978-987-8929-22-4

1. Международное право – Природоохранные вопросы. 2. Система Договора об Антарктике. 3. Экологическое право – Антарктика. 4. Охрана окружающей среды – Антарктика.

DDC 341.762 5

Опубликовано:

Secretariat of the Antarctic Treaty
Secrétariat du Traité sur l' Antarctique
Секретариат Договора об Антарктике
Secretaría del Tratado Antártico

Maipú 757, piso 4
C1006ACI - Buenos Aires
Argentina
Tel: +54 11 3991 4250
ats@ats.aq

Эта книга доступна бесплатно в цифровом формате на https://www.ats.aq и в печатном виде на https://www.amazon.com/.

ISSN 2346-9919
ISBN 978-987-8929-22-4

Содержание

ТОМ I

Особо охраняемый район Антарктики № 126 «Полуостров Байерс», остров Ливингстон (Смоленск), Южные Шетландские Острова: пересмотренный План управления

Особо охраняемый район Антарктики № 127 «Остров Хасуэлл»: пересмотренный План управления

Особо охраняемый район Антарктики № 129 «Мыс Ротера», остров Аделейд: пересмотренный План управления

Особо охраняемый район Антарктики № 133 «Мыс Хармони», остров Нельсон (Лейпциг), Южные Шетландские острова: пересмотренный План управления

Особо охраняемый район Антарктики № 139 «Мыс Биско», остров Анверс, архипелаг Палмер: пересмотренный План управления

Особо охраняемый район Антарктики № 140 «Части Острова Десепшен (Тейля)», Южные Шетландские острова: пересмотренный План управления

Особо охраняемый район Антарктики № 149 «Мыс Шерефф и Остров Сан-Телмо», остров Ливингстон (Смоленск), Южные Шетландские острова: пересмотренный План управления

Особо охраняемый район Антарктики № 164 «Утесы Скаллин-Монолит и Марри-Монолит» (Земля Мак-Робертсона): пересмотренный План управления

ЧАСТЬ III. ВЫСТУПЛЕНИЯ НА ОТКРЫТИИ И ЗАКРЫТИИ, ОТЧЕТЫ И ДОКЛАДЫ

1. Выступления на открытии и закрытии

2. Доклады Депозитариев и Наблюдателей

Доклад США как Правительства-депозитария Договора об Антарктике и Протокола к нему

Доклад Австралии как Правительства-депозитария АНТКОМ

Доклад Австралии как Правительства-депозитария АКАП

Доклад Великобритании как Правительства-депозитария КОАТ

Доклад Наблюдателя от АНТКОМ

Доклад СКАР

Доклад КОМНАП

3. Доклады экспертов

Доклад АСОК

Доклад МААТО

Доклад ВМО

ЧАСТЬ IV. ДОПОЛНИТЕЛЬНЫЕ ДОКУМЕНТЫ XLIV КСДА

1. Перечень документов
2. Список участников

Акронимы и сокращения

АКАП	Соглашение о сохранении альбатросов и буревестников
ЗБРА	Заповедные биогеографические регионы Антарктики
ОУРА	Особо управляемый район Антарктики
АСОК	Коалиция по Антарктике и Южному океану
ООРА	Особо охраняемый район Антарктики
СДА	Система Договора об Антарктике или Секретариат Договора об Антарктике
КСДА	Консультативное совещание по Договору об Антарктике
Сторона КСДА	Консультативная Сторона Договора об Антарктике
СЭДА	Совещание экспертов Договора об Антарктике
ВР	Вспомогательный документ
АНТКОМ	Конвенция о сохранении морских живых ресурсов Антарктики и (или) Комиссия по сохранению морских живых ресурсов Антарктики
КОАТ	Конвенция о сохранении тюленей Антарктики
CCRWP	Рабочая программа ответных мер в отношении изменения климата
ВООС	Всесторонняя оценка окружающей среды
КООС	Комитет по охране окружающей среды
КОМНАП	Совет управляющих национальных антарктических программ
ОВОС	Оценка воздействия на окружающую среду
СЭОИ	Система электронного обмена информацией
ГКА	Гидрографический комитет по Антарктике
ИМП	Историческое место и памятник
МААТО	Международная ассоциация антарктических туристических операторов
КОТ	Ключевая орнитологическая территория
ИКАО	Международная организация гражданской авиации
МКГ	Межсессионная контактная группа
ПООС	Первоначальная оценка окружающей среды
IGP&I Clubs	Международная группа ассоциаций (клубов) взаимного страхования
МГО	Международная гидрографическая организация
ИМО	Международная морская организация
МОК	Межправительственная океанографическая комиссия
Фонды IOPC	Международные фонды для компенсации ущерба от загрязнения нефтью
IP	Информационный документ
МГЭИК	Межправительственная группа экспертов по изменению климата
МСОП	Международный союз охраны природы
МОР	Морской охраняемый район
НКО	Национальный компетентный орган
СКЦ	Спасательно-координационный центр
SAR	Поиск и спасание
СКАР	Научный комитет по антарктическим исследованиям
НК-АНТКОМ	Научный комитет АНТКОМ

SGCCR	Вспомогательная группа по ответным мерам в отношении изменения климата
ВГПУ	Вспомогательная группа по планам управления
СОЛАС	Международная конвенция по охране человеческой жизни на море
SOOS	Система наблюдений Южного океана
SP	Документ Секретариата
ТЗ	Техническое задание
БПЛА/ДПАС	Беспилотный летательный аппарат / дистанционно пилотируемая авиационная система
ЮНЕП	Программа ООН по окружающей среде
РКИК ООН	Рамочная конвенция ООН об изменении климата
VSSOS	Ночёвки, организованные при поддержке судов
ВМО	Всемирная метеорологическая организация
WP	Рабочий документ
ВТО	Всемирная туристическая организация

ЧАСТЬ I

Заключительный Отчёт

1. Заключительный отчёт

Заключительный отчет Сорок четвертого Консультативного совещания по Договору об Антарктике

Берлин, Германия, 24 мая — 2 июня 2022 года

(1) В соответствии со Статьей IX Договора об Антарктике представители Консультативных сторон (Австралии, Аргентины, Бельгии, Болгарии, Бразилии, Великобритании, Германии, Индии, Испании, Италии, Китая, Нидерландов, Новой Зеландии, Норвегии, Перу, Польши, Республики Корея, Российской Федерации, Соединенных Штатов Америки, Украины, Уругвая, Финляндии, Франции, Чешской Республики, Чили, Швеции, Эквадора, Южно-Африканской Республики и Японии) собрались в г.Берлине в период с 24 мая по 2 июня 2022 года с целью обмена информацией, проведения консультаций, а также выработки, рассмотрения и рекомендации своим правительствам мер по дальнейшему претворению в жизнь принципов и целей Договора. Совещание проходило в гибридном формате, в соответствии с которым участники присутствовали либо лично в Берлине, либо виртуально.

(2) На Совещании также присутствовали делегации следующих Договаривающихся Сторон Договора об Антарктике, не являющихся Консультативными Сторонами: Беларуси, Венесуэлы, Канады, Колумбии, Малайзии, Монако, Португалии, Румынии, Турции и Швейцарии.

(3) В соответствии с Правилами 2 и 31 Правил процедуры КСДА в работе Совещания приняли участие Наблюдатели от Комиссии по сохранению морских живых ресурсов Антарктики (АНТКОМ), Научного комитета по антарктическим исследования (СКАР) и Совета управляющих национальных антарктических программ (КОМНАП).

(4) В соответствии с Правилами 39 и 42 Правил процедуры Совещание посетили Эксперты из следующих международных и неправительственных организаций: Международной гидрографической организации (МГО), Международного союза охраны природы (МСОП), Всемирной метеорологической организации (ВМО), Коалиции по Антарктике и Южному океану (АСОК) и Международной ассоциации антарктических туристических операторов (МААТО).

(5) Германия в качестве принимающей страны XLIV КСДА выполнила все требования в отношении информационного обеспечения Сторон Договора, Наблюдателей и Экспертов путем рассылки Нот Секретариата, писем и размещения информации на специально предназначенном для этих целей сайте Секретариата.

Пункт 1: Открытие Совещания

(6) Официальное открытие Совещания состоялось 24 мая 2022 г. От имени правительства принимающей страны и в соответствии с Правилами 5 и 6 Правил процедуры Глава Секретариата правительства принимающей страны доктор Манфред Райнке (Manfred Reinke) открыл Совещание и предложил кандидатуру г-жи Тани фон Услар-Гляйхен (Tania von Uslar-Gleichen) в качестве Председателя XLIV КСДА. Предложение было принято и г-жа Таня фон Услар-Гляйхен была назначена Председателем XLIV КСДА в соответствии с Правилом 6.

(7) Председатель тепло приветствовала все Стороны, Наблюдателей и Экспертов, собравшихся в Берлине, и выразила признательность за оказанную честь быть

избранной Председателем Совещания. Председатель выразила надежду, что сотрудничество Сторон будет плодотворным и послужит на благо Антарктики и Договора.

(8) Председатель также отметила, что XLIV КСДА пройдет в гибридном формате в соответствии с Правилами процедуры и *Специальными руководящими принципами по проведению гибридного совещания XLIV КСДА – XXIV заседания КООС*, которые были утверждены и приняты для XLIV КСДА всеми Консультативными сторонами и которые не заменяют и не имеют преимущества над Правилами процедуры (см. Приложение 1).

(9) Делегаты почтили минутой молчания память друзей, коллег и сотрудников, которые были активными членами антарктического сообщества и скончались в предыдущем году. Председатель отдельно отметила кончину д-ра Ива Френо (Yves Frenot), бывшего директора Французского полярного института и бывшего председателя КООС (2010-2014 гг.).

(10) Г-жа Дженнифер Ли Морган (Jennifer Lee Morgan), статс-секретарь и специальный посланник для международных действий по борьбе с изменением климата изменению климатическим в федеральном министерстве иностранных дел, приветствовала делегатов в Берлине, отметив, что это первое очное заседание КСДА после двух лет пандемии. Она отметила, что объединению Сторон послужила именно Антарктика и ее ключевая роль в усилиях человечества жить в равновесии с Землей, а также ее охраняемый статус в соответствии с Протоколом по охране окружающей среды, и упомянула о праздновании 30-й годовщины Протокола по охране окружающей среды в прошлом году в Мадриде. Она поблагодарила ученых, которые десятилетиями работали вместе над охраной Антарктики, и напомнила Сторонам об их важных задачах по обсуждению и принятию мер по управлению и охране Антарктики. Она подчеркнула, что изменения в антарктическом климате будут иметь глобальные климатические последствия, отметив, что потеря массы ледникового покрова Антарктики по прогнозам будет в значительной степени способствовать глобальному повышению уровня моря. Призывая Стороны к продвижению их важной работы, г-жа Ли Морган признала, что решение собраться вместе в Берлине, когда одна Консультативная сторона ведет войну с другой Консультативной стороной, было непростым. Г-жа Ли Морган заявила, что Российская Федерация ведет неоправданную, неспровоцированную и незаконную войну против Украины, нарушая Устав Организации Объединенных Наций и другие основополагающие принципы международного права. Она призвала Российскую Федерацию положить конец начатой ею войне и прекратить военную агрессию, отметив, что это нарушение международного права также противоречит духу Договора об Антарктике, который считается ярким примером эффективно функционирующих многосторонних отношений. Она также призвала Стороны взять на себя ответственность за охрану уникальной и уязвимой экосистемы Антарктики и не блокировать важные решения по причинам, не связанным с интересами Антарктики. Г-жа Ли Морган подчеркнула крайнюю необходимость заботы о Белом континенте, отметив, что недавно Антарктида послала нам несколько тревожных сигналов. Она подчеркнула важность понимания и мониторинга антарктического климата для выживания человечества. Результаты научных исследований могут поспособствовать принятию правильных решений по охране. Г-жа Ли Морган отметила, что создание сети охраняемых территорий имеет ключевое значение для охраны и сохранения биоразнообразия Антарктики, а также для противодействия последствиям изменения климата. Она отметила, что Стороны обсудят предложения по этому вопросу, а также упомянула, что, хотя и в другом контексте, необходимо также продолжать работу по созданию новых морских охраняемых районов. Отметив вероятное расширение антарктического

туризма после пандемии, г-жа Ли Морган также призвала Стороны проявить осмотрительность и принять стратегический подход к устойчивому управлению туризмом в Антарктике и обеспечить соответствие туристической деятельности строгим требованиям охраны окружающей среды. Наконец, г-жа Ли Морган заявила, что необходимо поддерживать целостность Системы Договора об Антарктике, чтобы Антарктика оставалась демилитаризованным континентом, где преобладает мирное международное сотрудничество. Она подтвердила, что Германия готова взять на себя эту ответственность, принимая у себя это КСДА даже в такие трудные времена и принимая на себя обязательство вместе со всеми Сторонами стремиться к тому, чтобы сохранить красоту и ценность Антарктики.

(11) Д-р Беттина Хоффманн (Bettina Hoffmann), статс-секретарь парламента Федерального министерства окружающей среды, охраны природы, ядерной безопасности и охраны прав потребителей, приветствовала Стороны и отметила гибридный характер Совещания, который позволил участникам вносить свой вклад в разных часовых поясах в режиме онлайн. Она напомнила, что Антарктида всегда была континентом, который воплощал в себе идею мирного использования, даже в те времена, когда между народами были большие разногласия. Во время холодной войны Договор об Антарктике выступал связующим звеном, которое позволяло различным сторонам встречаться и работать вместе для достижения общей цели. Д-р Хоффманн заявила, что Договор столкнулся с новыми политическими препятствиями, и самым решительным образом осудила агрессивную войну Российской Федерации против Украины, которая является нарушением международного права. Она добавила, что агрессия одной Стороны против другой не должна ставить под угрозу работу КСДА в интересах мира, научных исследований и охраны окружающей среды. Глобальные кризисы изменения климата, потери биоразнообразия и загрязнения не будут ждать окончания войны. Д-р Хоффманн напомнила о 30-летии Протокола по охране окружающей среды и подчеркнула необходимость охраны и сохранения того, над чем Стороны работали последние 30 лет. Она отметила, что принципы Договора, среди них принцип предосторожности, должны и впредь служить ориентиром для Сторон. В связи с этим она выделила три приоритетных вопроса, требующих действий со стороны КСДА. Во-первых, она подчеркнула влияние глобального климатического кризиса на Антарктику, и в частности на императорского пингвина, и призвала Стороны принять незамедлительные меры для повышения его природоохранного статуса. Во-вторых, она отметила важность охраны районов для предотвращения потери биоразнообразия и призвала Стороны к дальнейшей разработке планов управления для охраны уникальной флоры и фауны Антарктики. Она также упомянула о текущей работе по морским охраняемым территориям в рамках председательства Германии в G7. В-третьих, д-р Хоффманн подчеркнула, что глобальный кризис загрязнения также затронул Антарктику, и отметила, что микропластики представляют серьезную угрозу. Она напомнила о поручении Ассамблеи Организации Объединенных Наций по окружающей среде провести переговоры, направленные на завершение проекта юридически обязывающего соглашения по пластмассам к концу 2024 года. Она также призвала Стороны работать над снижением уровня шума в водах Антарктики, отметив, что это особенно важно для китов и других диких животных Антарктики. Наконец, она подчеркнула важность совместного сотрудничества для дальнейшего укрепления превентивной охраны и сохранения Антарктики, подавая тем самым пример мирного сосуществования и многосторонних отношений.

(12) Российская Федерация заявила о своем праве на ответ и сделала полное заявление о своей позиции, которое зафиксировано в пункте 38.

Пункт 2: Выборы должностных лиц и формирование Рабочих групп

(13) Г-жа Йенни Хаукка (Jenny Haukka), глава делегации Финляндии, являющейся принимающей страной КСДА XLV, была избрана Заместителем Председателя Совещания. В соответствии с Правилом 7 Правил процедуры обязанности Секретаря Совещания были возложены на г-на Альберта Льюбераса Бонабу (Albert Lluberas Bonaba), Исполнительного секретаря Секретариата Договора об Антарктике. Обязанности заместителя Секретаря Совещания были возложены на д-ра Манфреда Райнке (Manfred Reinke), руководителя Секретариата принимающей страны.

(14) Совещание отметило, что заседание Комитета по охране окружающей среды возглавляла его председатель г-жа Биргит Ньостад (Birgit Njåstad) из Норвегии.

(15) Были сформированы две рабочие группы:

- Рабочая группа 1: по концептуальным, правовым и институциональным вопросам;
- Рабочая группа 2: по вопросам операционной, научной и туристической деятельности.

(16) Председателями этих рабочих групп были избраны:

- Рабочая группа 1: г-н Теодор Килл (Theodore Kill) из США;
- Рабочая группа 2: г-жа Соня Рамос Гарсия (Sonia Ramos Garcia) из Испании и д-р Филлип Трейси (Phillip Tracey) из Австралии.

Пункт 3: Принятие Повестки дня, распределение пунктов Повестки дня по Рабочим группам и рассмотрение Многолетнего стратегического плана работы

(17) Была принята следующая повестка дня:

1. Открытие Совещания
2. Выборы должностных лиц и формирование Рабочих групп
3. Принятие Повестки дня, распределение пунктов Повестки дня по Рабочим группам и рассмотрение Многолетнего стратегического плана работы
4. Работа Системы Договора об Антарктике: Отчеты Сторон, Наблюдателей и Экспертов
5. Отчет Комитета по охране окружающей среды
6. Работа системы Договора об Антарктике
    a. Заявка Канады на получение статуса Консультативной стороны
    b. Общие вопросы
7. Работа Системы Договора об Антарктике: вопросы, касающиеся Секретариата
8. Материальная ответственность
9. Биопроспектинг в Антарктике
10. Обмен информацией
11. Вопросы образования
12. Многолетний стратегический план работы
13. Безопасность и деятельность в Антарктике
14. Инспекции в рамках Договора об Антарктике и Протокола по охране окружающей среды

15. Вопросы науки, будущих проблемных аспектов научной деятельности, научного сотрудничества и содействия
16. Последствия изменения климата для режима управления в районе действия Договора об Антарктике
17. Туризм и неправительственная деятельность в районе действия Договора об Антарктике
18. Подготовка XLV КСДА
19. Прочие вопросы
20. Принятие Заключительного отчета
21. Закрытие совещания

(18) Совещание одобрило следующее распределение пунктов повестки дня:

- Пленарные заседания: пункты 1, 2, 3, 4, 5, 6a, 18, 19, 20, 21
- Рабочая группа 1: пункты 6b, 7, 8, 9, 10, 11, 12
- Рабочая группа 2: 13, 14, 15, 16, 17.

(19) Совещание также приняло решение направлять проекты нормативных актов, которые могут быть подготовлены по результатам работы Комитета по охране окружающей среды и Рабочих групп, в группу правовых консультаций для рассмотрения правовых и институциональных аспектов данных документов.

Пункт 4: Работа Системы Договора об Антарктике: Отчеты Сторон, Наблюдателей и Экспертов

(20) В соответствии с положениями Рекомендации XIII-2 на Совещании были представлены доклады правительств-депозитариев и их секретариатов.

(21) Соединенные Штаты Америки, выступая в качестве Правительства-депозитария Договора об Антарктике и Протокола по охране окружающей среды, представили отчет о состоянии Договора об Антарктике и Протокола по охране окружающей среды к Договору об Антарктике (Информационный документ IP 52). Со времени составления предыдущего доклада никто не присоединился к Договору и было одно утверждение Протокола. Австрия сдала на хранение документ об утверждении Протокола 27 июля 2021 г., и Протокол вступил в силу для Австрии 26 августа 2021 года. Соединенные Штаты Америки сообщили, что на текущий момент Сторонами Договора являются 54 государства и 42 государства являются Сторонами Протокола. Далее они также отметили, что в отношении Меры 1 (2005 г.), в которой рекомендуется сделать Приложение VI о материальной ответственности, возникающей в результате чрезвычайных экологических ситуаций, частью Протокола по охране окружающей среды, Чили и Франция утвердили Меру 1 (2005 г.), соответственно, 15 июня 2021 г. и 18 ноября 2021 года. Они также сообщили, что 23 февраля 2022 г. Канада сдала на хранение документы о принятии Приложения V и Поправки к Приложению II к Протоколу по охране окружающей среды.

(22) Австралия, выступая в качестве Правительства – депозитария Конвенции о сохранении морских живых ресурсов Антарктики (АНТКОМ), проинформировала о том, что со времени завершения работы XLI КСДА к Конвенции не присоединилось ни одно новое государство. Австралия отметила, что на данный момент участниками Конвенции являются 36 государств (Информационный документ IP 46).

(23) Великобритания, выступая в качестве правительства – депозитария Конвенции о сохранении тюленей Антарктики (КОАТ), проинформировала, что со времени завершения работы XLIII КСДА она не получила ни одной заявки на присоединение к Конвенции, равно как и ни одного документа о присоединении к ней (Информационный документ IP 18 ред. 2). Великобритания призвала все Стороны КОАТ к своевременному предоставлению информации.

(24) Австралия, выступая в качестве правительства – депозитария Соглашения о сохранении альбатросов и буревестников (АКАП), проинформировала, что со времени завершения работы XLII КСДА ни одно новое государство не присоединилось к Соглашению и в настоящий момент участниками данного Соглашения являются 13 государств (Информационный документ IP 45). Австралия призвала Стороны присоединиться к АКАП.

(25) АНТКОМ представила Информационный документ IP 14 *Доклад наблюдателя АНТКОМ для Сорок четвертого Консультативного совещания по Договору об Антарктике*, в котором представлен отчет о 40-м ежегодном заседании АНТКОМ, которое было проведено в онлайн-формате с 18 по 29 октября 2021 года под председательством д-ра Якоба Гранита (Jakob Granit) (Швеция). АНТКОМ сообщил, что в 2021 г. НК-АНТКОМ и его рабочие группы проделали большую работу по разработке пересмотренной стратегии управления крилем. АНТКОМ также сообщил, что Комиссия добавила одно судно в список ННН Недоговаривающихся Сторон и одно судно в список ННН Договаривающихся Сторон. Он далее отметил, что большинство показателей соответствия в Сводном отчете АНТКОМ о соответствии требованиям превышали 92 %. АНТКОМ отметил проблему столкновений морских птиц с ваерами и кабелями сетевого зонда при промысле криля, а также случаи прилова тюленей и горбатых китов. В нем сообщается, что Комиссия одобрила повторный созыв Рабочей группы по побочной смертности, связанной с рыбным промыслом (РГ-ПССРП, WG-IMAF), для решения этого вопроса. АНТКОМ также отметил создание двух МОР на Южных Оркнейских островах и в море Росса, а также три дополнительных предложения МОР, включая МОР Восточной Антарктики, МОР моря Уэдделла и МОР в районе Антарктического полуострова. Комиссия рассмотрела пересмотренную резолюцию об изменении климата, но не смогла прийти к соглашению и решила рассмотреть предложенный пересмотр резолюции на 41-й сессии АНТКОМ. АНТКОМ уведомил Совещание, что площадь ледника Пайн-Айленд сократилась на 22 % с 2017 г., что соответствует критериям определения в качестве Особого района для научных исследований. 12 июня 2021 г. ему была присвоена 1-я степень в соответствии с Мерой по сохранению 24-04. В заключение АНТКОМ доложил, что 41 Совещание будет проведено в Хобарте (Австралия) с 24 октября по 4 ноября 2022 года.

(26) Совещание поблагодарило АНТКОМ за его доклад, отметив важность 40-го совещания Комиссии и основных областей работы: изменение климата, неместные виды, охрана видов, управление морскими пространствами и мониторинг. Совещание подчеркнуло, что Декларация по случаю 40-летия АНТКОМ была приложена к отчету АНТКОМ, и отметило ее актуальность для КСДА, включая, например, решимость дальнейшего устранения последствий и воздействия изменения климата и подтверждение обязательства Комиссии развитию репрезентативной сети морских охраняемых районов.

(27) СКАР представил Информационный документ IP 16 *Ежегодный доклад Научного комитета по антарктическим исследованиям за 2022 г. XLIV Консультативному совещанию по Договору об Антарктике*, в котором резюмируется его недавняя работа по содействию просвещению и распространению научных знаний об

Антарктике. СКАР акцентировал внимание на работе, проделанной тремя его рабочими группами: Комплексная наука для информирования об охране Антарктики и Южного океана (Ant-ICON); Нестабильность и критические параметры в Антарктике (INSTANT); Краткосрочная изменчивость и прогноз климатической системы Антарктики (AntClimnow). СКАР сообщил, что в рамках Десятилетия науки об океане в интересах устойчивого развития Организации Объединенных Наций (2021-2030 гг.) он возглавил Целевую группу по Южному океану, которая была создана для разработки плана действий по Южному океану, запущенному в апреле 2022 года. СКАР также организовал два мероприятия на 26-й Конференции Сторон Организации Объединенных Наций по изменению климата (КС-26) в Глазго в 2021 г.: официальное параллельное мероприятие "Antarctic and Overshoot Scenarios: Risk of Irreversible Sea-Level rise" [«Антарктика и сценарии превышения показателей: риск необратимого повышения уровня моря»] и, в рамках Дня полярных океанов в Павильоне Криосферы, мероприятие под названием «Antarctic Marine Ecosystems Under Pressures Protection Needs Action Locally and Globally» (Морские экосистемы Антарктики, находящиеся под давлением, нуждаются в охране на местном и глобальном уровнях). СКАР также сослался на Информационный документ IP 5, отметив, что его Стипендиальная программа нацелена на поддержку активного участия начинающих профессиональных исследователей Антарктики, а также на установление новых связей и дальнейшего укрепления международного потенциала и сотрудничества в исследованиях Антарктики. СКАР особо отметил свой фильм «Мир и наука» и призвал Стороны ознакомиться с ним на сайте СКАР. СКАР также сообщил о своей работе с межправительственными форумами, многочисленных инициативах по наращиванию научного потенциала и просветительской деятельности, а также о совместных с МААТО проектах по разработке комплексного плана сохранения Антарктического полуострова, направленного на содействие одновременному управлению биоразнообразием, наукой и туризмом. Наконец СКАР сообщил, что 10-я Открытая научная конференция СКАР будет организована Индией в режиме онлайн с 1 по 10 августа 2022 г. с темой «Антарктика в изменяющемся мире».

(28) КОМНАП представил Информационный документ IP 19 *Ежегодный отчет Совета управляющих национальных антарктических программ (КОМНАП) за 2021/22 г.*, в котором описана его деятельность за предыдущий год. Несмотря на препятствия, связанные с пандемией COVID-19, КОМНАП по-прежнему привержен своей работе в области содействия сотрудничеству национальных антарктических программ, которые поддерживали около 500 научных проектов в Антарктике, и координации обслуживания и безопасности критически важных антарктических инфраструктур. Во время своего 33-го ежегодного общего собрания в июле 2021 г. КОМНАП приветствовал в своих рядах Институт полярных исследований Исследовательского центра TÜBITAK Marmara (Турция), который является 31-м членом КОМНАП. КОМНАП сообщил, что он также обновил свое *Руководство по предотвращению и контролю вспышек COVID-19 на антарктический сезон 2021/22 г.*, чтобы помочь национальным антарктическим программам в подготовке их собственных протоколов. К другим важным событиям года относятся широкое участие антарктического сообщества в семинаре КОМНАП по авиации и усовершенствование продукции КОМНАП для воздушных операций, таких как Руководство по полетной информации для Антарктики и Руководство КОМНАП для операторов ДПАС. КОМНАП также отметил, что надеется на дальнейшее активное участие и сотрудничество своих членов в предстоящем семинаре проведению поисково-спасательных работ в 2023 году.

(29) Совещание поблагодарило КОМНАП за отчет и, в частности, за его компетентную и упорную работу по координации международных ответных мер антарктических

станций, исследователей и персонала на продолжающуюся пандемию COVID-19. Стороны отметили общую эффективность санитарных мер, принятых национальными антарктическими программами под руководством и при поддержке КОМНАП, и выразили особую благодарность Исполнительному секретарю Мишель Роган-Финнемор (Michelle Rogan-Finnemore) за ее усилия в течение сезона.

(30) В рамках положений пункта 2 Статьи III Договора об Антарктике вниманию Совещания были представлены доклады других международных организаций.

(31) ВМО представила Информационный документ IP 21 ред.1 *Годовой отчет ВМО*, в котором сообщается о деятельности ВМО, имеющей отношение к Системе Договора об Антарктике. Она включает деятельность Всемирной программы исследований климата, Программу Всемирной службы погоды, Глобальной службы криосферы и сети антарктических региональных климатических центров. ВМО проинформировала о текущей работе по координации исследований и моделирования (зачастую в сотрудничестве со СКАР) в области баланса массы ледникового покрова и уровня моря, шельфовых и альпийских ледников, морского льда и вечной мерзлоты. Несколько мероприятий по моделированию также имели ценность для КСДА и представили научные и климатические сценарии, которые были использованы в глобальных оценочных отчетах МГЭИК. В отчете также освещается текущий Год полярных прогнозов, заключительный саммит которого должен состояться в августе 2022 года, а также исследовательские возможности ВМО для начинающих исследователей. ВМО рекомендовала Сторонам ознакомиться с Информационными документами IP 71 и IP 74 для получения более подробной информации. ВМО поблагодарила все Стороны за их сотрудничество и поддержку и подтвердила свою неизменную приверженность дальнейшим научным и метеорологическим исследованиям, публикациям и другому долгосрочному сотрудничеству с КСДА..

(32) Совещание поблагодарило ВМО за представленный документ и отметило широкое и разностороннее участие ее членов в ключевых исследованиях в области изменения климата, прогнозирования погоды и исследований криосферы.

(33) АСОК представила Информационный документ IP 88 *Доклад АСОК на КСДА* и сообщила о своей деятельности по содействию сохранению Антарктики за последний год АСОК отметила, что она и ее члены участвовали в совещаниях АНТКОМ, совещаниях ИМО и Конференции сторон Организации Объединенных Наций, на которой член АСОК, Всемирный фонд дикой природы, организовал мероприятие, посвященное синему углероду и антарктическому крилю. АСОК также отметила свою поддержку в проведении политических актуальных научных исследований, включая спонсирование исследования индикаторов биоразнообразия Южного океана. Кроме того, Гринпис, член АСОК, предпринял экспедицию в море Уэдделла, в ходе который был совершен ряд научных подводных погружений. Член АСОК, Благотворительный фонд семьи Пью, организовал международный семинар по климату, на котором собрались эксперты для обсуждения глобальных последствий изменений в Южном океане и политических мер, необходимых для устранения этих климатических рисков. АСОК подчеркнула необходимость перехода к новому этапу сохранения и охраны Антарктики, включая создание новых охраняемых территорий, присвоение императорским пингвинам статуса Особо охраняемого вида (ООВ) и реагирование на последствия изменения климата. В связи с этим АСОК призвала Стороны, а также органы и участников деятельности в Антарктике участвовать в международных дискуссиях, направленных на улучшение результатов природоохранной деятельности Системы Договора об Антарктике.

(34) МААТО представила Информационный документ IP 41 *Annual Report of the International Association of Antarctica Tour Operators [Доклад Международной ассоциации антарктических туристических операторов за 2021-2022 гг.] 2021-22.* В своем отчете МААТО отметила, что в ее состав в настоящее время входят 106 операторов и агентств, представляющих предприятия из 21 страны – участницы Договора об Антарктике, а также что ежегодно операторы МААТО перевозят помимо граждан почти всех сторон Договора также граждан еще 44 стран, не являющихся сторонами Договора. МААТО заявила, что антарктический сезон 2021/2022 гг. прошел гладко, без серьезных происшествий. В сезонах 2020/2021 и 2021/2022 годов деятельность сократилась из-за проблем, связанных с глобальной пандемией. Тем не менее МААТО ожидает, что в сезоне 2022/2023 гг. рост, наблюдавшийся в предыдущие годы, продолжится. За свою историю МААТО вложила средства в различные инструменты для решения проблем, которые может вызвать этот рост. В ходе ежегодного совещания были согласованы дополнительные меры для повышения эффективности реагирования МААТО, такие как распространение требования о проведении онлайн-оценки МААТО для капитанов и некоторых старших специалистов. МААТО сообщила, что инструменты и меры, которые она реализовала, будут и впредь развиваться по мере дальнейшего роста.

(35) Украина представила Информационный документ IP 85 ред.1 *Реализация Национальной антарктической программы Украины в условиях гибридной войны и открытой военной агрессии Российской Федерации: вызовы и полученные знания.* В документе описываются основные проблемы, с которыми сталкивается национальная антарктическая программа Украины в контексте затянувшейся гибридной войны и нынешней полномасштабной военной интервенции со стороны Российской Федерации. Украина уведомила Совещание о том, что недружественные действия Российской Федерации оказали значительное негативное влияние на работу и ход ее антарктической программы. Она сообщила, что судно *«Ноосфера»* вышло в свой первый антарктический рейс под флагом Украины из морского порта Одессы 28 января 2022 года, а с февраля Одесса подвергалась непрерывным артиллерийским и ракетным обстрелам, что препятствовало возвращению украинского судна и исследователей из Антарктики. Украина также сообщила, что после распада СССР в 1991 году Российская Федерация оставила под своей юрисдикцией все советские антарктические станции несмотря на то, что 16,37 % активов СССР должны были быть перемещены в Украину. Далее она отметила, что военная агрессия России привела к секвестру бюджетных ассигнований во всех сферах экономики, включая также национальную антарктическую программу Украины. Украина выразила признательность тем Сторонам, чьи правительства и антарктические программы предложили свою помощь. Украина призвала Стороны инициировать обсуждение о принятии соответствующих ответных мер со стороны антарктического сообщества на недружественные действия одной Консультативной стороны по отношению к другой. Она также призвала Совещание лишить Российскую Федерацию права голоса на следующих КСДА, бойкотировать инициативы Российской Федерации, прекратить реализацию совместных проектов с Российской Федерацией и отказаться от закупки и поставки товаров и услуг Российской Федерации или поставщиков и покупателей, владельцы которых прямо или косвенно связаны с Российской Федерацией.

(36) Большинство Сторон выразили свою солидарность с Украиной и украинским народом и осудили необоснованную, неспровоцированную и незаконную агрессивную войну Российской Федерации против Украины, отметив, что она нарушает международное право и Устав Организации Объединенных Наций и подрывает международную безопасность и стабильность. Многие стороны также

осудили участие Беларуси в подобном незаконном применении силы против Украины. Большинство Сторон поблагодарили Украину за время и усилия, потраченные на представление своего документа, отметив, что он привлек международное внимание к бедственному положению украинских ученых, работающих в Антарктике. Напоминая о предыдущем сотрудничестве с Украиной, большинство Сторон предложили поддержку национальной антарктической программе Украины и ее усилиям по внесению полного вклада в Систему Договора об Антарктике. Большинство Сторон отметили более масштабные негативные последствия вторжения Российской Федерации в Украину для мировой и энергетической безопасности и многостороннего сотрудничества в целом. Эти стороны призвали Российскую Федерацию немедленно прекратить любые боевые действия против Украины, вывести свои войска из Украины, а также уважать территориальную целостность Украины.

(37) Несколько Сторон сообщили, что они осудили Российскую Федерацию за вторжение на территорию Украины и на соответствующих международных форумах призвали к прекращению незаконного применения силы. Эти Стороны признали проблемы, стоящие перед украинской национальной антарктической программой, а некоторые из них предложили помощь с логистикой в Антарктике. Эти Стороны подчеркнули, что Договор об Антарктике преодолел сложные политические вызовы на протяжении всей своей 60-летней истории, опираясь на свои основные принципы, такие как мир и международное сотрудничество, а также что Совещание должно стремиться к продвижению насущных вопросов, подпадающих под мандат Системы Договора об Антарктике.

(38) Российская Федерация осудила Информационный документ IP 85 ред. 1, заявив, что многие утверждения в документе были ложными. Она отметила, что документ, а также комментарии многих Сторон представляют угрозу духу международного сотрудничества, лежащему в основе Системы Договора об Антарктике. Российская Федерация выразила возмущение по поводу того, что ее действия в Украине были охарактеризованы как неспровоцированные и необоснованные, а также сослалась на части вступительных речей во время официальной церемонии открытия XLIV КСДА. Она заявил, что ее военная операция в Донецкой и Луганской областях Украины необходима для защиты россиян от украинской агрессии и проводится в соответствии со Статьей 51 Устава ООН. Российская Федерация призвала Стороны проигнорировать документ, воздержаться от любой обвинительной риторики и оставаться в рамках мандата КСДА.

(39) Председатель отметила, что значительное число Сторон встали и покинули зал заседаний на время выступления Российской Федерации.

(40) Признавая проблемы, стоящие перед украинской национальной антарктической программой, Китай предположил, что КСДА не является подходящей площадкой для обсуждения геополитических вопросов. Китай отметил, что КСДА следует сосредоточиться на своей работе и не выходить за рамки своего мандата, и напомнил Совещанию, что многосторонние механизмы, такие как КСДА, не должны быть политизированы. Китай призвал к мирному урегулированию кризиса в Украине.

Пункт 5: Отчет Комитета по охране окружающей среды

(41) Председатель Комитета по охране окружающей среды г-жа Биргит Ньостад представила отчет XXIV заседания КООС. КООС рассмотрел 44 Рабочих документа и 63 Информационных документа. Кроме того, в рамках пунктов повестки дня КООС были представлены 4 Документа Секретариата и 4 Вспомогательных документа.

(42) Размышляя об итогах и достижениях XXIV заседания КООС, Совещание выразило признательность за отменное лидерство, продемонстрированное Председателем и Вице-председателями КООС, а также большой объем работы, проделанной Комитетом в рамках его полной рабочей программы. При этом Стороны подчеркнули важность обязанностей и ролей Комитета: во всесторонней охране окружающей среды Антарктики в соответствии с Протоколом по охране окружающей среды; в консультировании КСДА с использованием передовых научных рекомендаций; и в более широкой Системе Договора об Антарктике. Стороны подчеркнули, что роль КООС становится все более актуальной по мере того, как Антарктика сталкивается с последствиями изменения климата, интродукции неместных видов и другими проблемами, четко сформулированными в таких отчетах, как отчеты, представленные СКАР, а также важность, своевременность и эффективность принятых мер в соответствии с Протоколом.

(43) Напоминая о действиях, предпринятых одним Членом на XXIII заседании КООС для подрыва консенсуса, большинство Сторон выразили разочарование в связи с тем, что аналогичные действия были вновь предприняты на XXIV заседании КООС. Некоторые Стороны выразили обеспокоенность по поводу того, что этот Член предложил параллельные или встречные предложения вместо того, чтобы конструктивно участвовать в соответствующей межсессионной работе, которая была открыта для всех Членов и проводилась в течение многих лет многими Членами в рамках согласованной приоритетной работы или в рамках работы вспомогательных органов КООС. Это создало препятствия на пути к осуществлению согласованной приоритетной работы и привело к отсутствию согласия в других важных сферах деятельности.

(44) Большинство Сторон призвали Членов придерживаться духа консенсуса и двигаться вперед вместе, конструктивно работая над поддержанием регулярного потока высококачественных рекомендаций для КСДА, не допускать отклонений от научных и технических дискуссий и обеспечивать результаты, которые приносят пользу окружающей среде Антарктики в соответствии со статьей 12 Протокола. Некоторые Стороны также напомнили о Парижской декларации, принятой на XLIII КСДА, в которой все Стороны подтвердили свою твердую и непоколебимую приверженность целям Договора об Антарктике, его Протоколу по охране окружающей среды и другим инструментам Системы Договора об Антарктике, а также подтвердили обязательство использовать передовые научные и технические рекомендации.

(45) Китай заявил о свей неизменной приверженности охране экосистемы Антарктики и поддержал систему принятия решений, уже созданную в рамках Системы Договора об Антарктике. В ответ на комментарии, сделанные большинством Сторон, Китай подтвердил свою готовность работать над достижением консенсуса в соответствии с Договором об Антарктике и Протоколом по охране окружающей среды на основе надежных научных данных и подчеркнул, что Стороны должны соблюдать те правила, которые были согласованы, в том числе те, которые содержатся в Правилах и процедурах КООС и КСДА.

Открытие заседания (пункт 1 повестки дня КООС)

(46) Председатель КООС призвала КООС поприветствовать Австрию в качестве его нового Члена после ее присоединения к Протоколу по охране окружающей среды 26 августа 2021 г. и отметил, что теперь в КООС входят 42 участника.

(47) Комитет поприветствовал Австрию, которая стала новым Членом Комитета и поздравил ее с присоединением к Протоколу по охране окружающей среды.

(48) Комитет выразил искренние соболезнования в связи с кончиной д-ра Ива Френо, который занимал пост Председателя КООС с 2010 по 2014 гг., и признал неоценимый вклад д-ра Френо в работу Комитета.

(49) Совещание также выразило искренние соболезнования в связи с кончиной д-ра Ива Френо и признал его неоценимый вклад в работу Комитета.

Стратегическое обсуждение дальнейшей работы КООС (Пункт 3 повестки дня КООС)

(50) Председатель КООС рекомендовал обсудить предложение о пересмотре стратегических приоритетов и Пятилетнего плана работы КООС. Подчеркнув, что КООС отлично функционировал в рамках текущего плана работы и успешно выполнял свой мандат, изложенный в статье 12 Протокола по охране окружающей среды, Комитет признал своевременность пересмотра стратегических приоритетов в свете изменившихся обстоятельств и новых проблем.

(51) В связи с этим КООС согласился рекомендовать КСДА пересмотреть приоритеты и деятельность Комитета, а также его Пятилетний план работы на XXV заседании КООС. Комитет отметил, что в ходе рассмотрения стратегических приоритетов КООС будут предприняты все возможные меры по выявлению существующих и новых проблем. КООС согласился, что это пройдет в виде семинара, организованного в сотрудничестве с Финляндией перед XXV заседанием КООС, и что при необходимости Членам и Наблюдателям будет предложено способствовать широкому участию в межсессионных дискуссиях, чтобы обеспечить разнообразие и инклюзивность семинара. Комитет далее отметил, что участники будут руководствоваться принципами Протокола по охране окружающей среды, опираясь на передовые научные данные.

(52) Председатель КООС проинформировала о внесении уточнений и дополнений в Пятилетний план работы Комитета с включением в него мероприятий, выработанных в ходе XXIV заседания КООС.

(53) Совещание одобрило и высоко оценило инициированный КООС процесс пересмотра своих стратегических приоритетов и Пятилетнего плана работы, в частности, в свете изменения нагрузки, срочных действий, необходимых для устранения последствий изменения климата, а также удовлетворения запросов КСДА о рекомендациях. Совещание приветствовало проведение семинара в Хельсинки и ожидает результатов, которые также будут иметь отношение к работе КСДА.

Работа КООС (пункт 4 повестки дня КООС)

(54) Председатель КООС сообщила, что Комитет обсудил эффективность размещения информации о двух своих вспомогательных группах (Вспомогательной группе по планам управления (ВГПУ) и Вспомогательной группе по реагированию на изменение климата (SGCCR)) на веб-сайте Секретариата. КООС согласился с тем, что веб-страницы будут полезными инструментами для распространения информации среди существующих и новых Членов Комитета. Комитет поддержал разработку отдельных специализированных веб-страниц Секретариата для двух Вспомогательных групп КООС, утвердил первоначальное содержание этих веб-страниц и отметил, что любые будущие обновления будут утверждаться на основе консенсуса Комитета.

Сотрудничество с другими организациями (пункт 5 повестки дня КООС)

(55) Председатель КООС сообщила, что в Комитет поступили годовые отчеты от НК-АНТКОМ, КОМНАП, МААТО, СКАР и ВМО и что были назначены

представители КООС для проведения совещаний с другими организациями. Комитет отметил важность вклада Наблюдателей в работу КООС.

Последствия изменения климата для окружающей среды: стратегический подход (пункт 7 повестки дня КООС)

Стратегический подход

(56) Председатель КООС отметила, что Комитет рассмотрел десятилетнее обновление отчета «Изменение климата Антарктики и окружающая среда» (ACCE) (Информационный документ IP 72) и обсудил рекомендации в области политики и исследовательской деятельности, выдвинутые СКАР на его основе. Комитет поздравил СКАР с юбилейным десятилетним обновлением. Комитет отметил, что обновленная информация подчеркивает необходимость проведения дальнейших исследований для устранения пробелов в науке и принятия ответных мер. Он отметил отчет ACCE как наилучший имеющийся источник научной информации для поддержки обсуждения Комитетом мер по реагированию на изменение климата в Антарктике, а также источник актуальных результатов для работы SGCCR и CCRWP. Наконец, Комитет подчеркнул важность огласки и распространения выводов этого доклада среди более широкого мирового сообщества.

(57) Совещание поблагодарило КООС за его работу и приветствовало его рекомендации. Стороны также приветствовали текущую работу СКАР по информированию КООС и КСДА об изменении климата в Антарктике на основании передовых научных данных, отметив, что изменение климата стало одной из самых серьезных угроз для Антарктики. Отметив итоги отчета ACCE, Стороны подчеркнули необходимость своевременных действий в связи с изменением климата.

(58) СКАР вновь призвал к решительным действиям, связанным с изменением климата, и выразил удовлетворение тем, что Стороны признали необходимость безотлагательных действий в этом отношении.

Реализация и пересмотр Рабочей программы ответных мер в отношении изменения климата

(59) Председатель КООС отметила, что в рамках этого пункта повестки дня Комитет рассмотрел отчет Вспомогательной группы по реагированию на изменение климата (SGCCR), касающийся публикации, реализации и пересмотра Рабочей программы ответных мер в отношении изменения климата (CCRWP), а также другие документы по этому вопросу. Комитет одобрил работу, проделанную членами SGCCR в межсессионный период 2021–2022 гг., и заявил о необходимости продолжения реализации SGCCR на основе данных об изменении климата и связанных с ним проблемах. Комитет также согласился информировать КСДА о ходе реализации действий CCRWP.

(60) Председатель КООС отметила, что Комитет не достиг консенсуса в отношении обновлений CCRWP, предложенных SGCCR, и что SGCCR в предстоящий межсессионный период продолжит работу по реализации существующей CCRWP (2016 г.) в соответствии со своим текущим техническим заданием.

(61) Совещание поблагодарило КООС и подчеркнуло огромное значение глубокого понимания последствий изменения климата в Антарктике и необходимости принятия мер на основании имеющихся передовых научных знаний. Совещание приветствовало стратегический подход КООС и его внимание к реализации

CCRWP. Оно также подчеркнуло ценность ежегодных отчетов КООС о ходе работы для КСДА.

(62) Совещание призвало все Стороны поддержать продолжение этой работы в приоритетном порядке и активно участвовать в работе SGCCR. Стороны подчеркнули, что с целью достижения Сторонами консенсуса межсессионные обмены должны быть прагматичными и способствовать взаимопониманию между участниками, особенно если существуют разные точки зрения.

(63) Большинство Сторон были разочарованы тем, что консенсус по обновленной версии CCRWP не был достигнут. Эти Стороны выразили свое неудовлетворение в связи с тем, что один член в индивидуальном порядке представил документ с мнениями, отличными от точек зрения SGCCR, вместо того чтобы конструктивно участвовать в работе SGCCR, и не стремился достичь согласия по своим предложениям, блокируя процесс достижения консенсуса в этом вопросе. Большинство Сторон поддержали обновление CCRWP и подчеркнули, что CCRWP не устанавливает юридически обязательных требований. Эти Стороны призвали всех Членов КООС принять участие в межсессионных дискуссиях и работать над достижением консенсуса, что является обязанностью всех Сторон в соответствии с Договором об Антарктике.

(64) В ответ на эти комментарии Китай заявил, что его участие в межсессионных дискуссиях носило конструктивный характер, в ходе которых он предлагал, чтобы КООС сосредоточился на реализации существующей CCRWP, а не на ее обновлении. Китай заявил, что Комитет должен сосредоточиться на исследованиях и мониторинге, чтобы сократить пробелы в знаниях CCRWP. Учитывая, что почти все пробелы/потребности и действия/задачи еще предстояло выполнить в рамках текущей версии CCRWP, Китай не видел необходимости в ее обновлении на данном этапе. Китай подчеркнул важность признания различных мнений среди членов КООС и отметил необходимость улучшения способа эффективного и действенного обновления CCRWP.

(65) Председатель КООС отметила, что Комитет также согласился уведомить КСДА о том, что он преимущественно сосредоточится на реализации CCRWP и уже выполнил или начал работу почти по всем 34 Действиям, определенным в рамках CCRWP, а также привел соответствующие примеры.

(66) Далее Председатель КООС сообщила, что Комитет также согласился сообщить КСДА, что для полной реализации всех Действий CCRWP предстоит еще много работы. Комитет отметил приоритетные действия, на которых можно с пользой сосредоточить усилия.

(67) Председатель КООС сообщила, что Комитет отметил, что в отношении некоторых из этих приоритетных действий работа уже ведется или запланирована на межсессионный период 2022-2023 гг.

(68) Совещание поблагодарило КООС за то, что он выполнил или инициировал работу почти по всем 34 Действиям, определенным в рамках CCRWP. В частности, оно отметила работу, проделанную д-ром Кевином Хьюзом (Kevin Hughes) (Великобритания) по координации и управлению работой SGCCR. Стороны отметили, что в межсессионный период был достигнут значительный прогресс в обновлении CCRWP и многие члены КООС конструктивно участвовали в дискуссиях.

(69) Председатель КООС сообщила, что в рамках этого пункта повестки дня Комитет также рассмотрел ход внедрения рекомендаций, определенных на Совместном семинаре КООС и НК-АНТКОМ по вопросам изменения климата и мониторинга (2016 г.). Подчеркнув важность сотрудничества и коммуникации между КООС и

НК-АНТКОМ, Комитет согласился в течение следующего межсессионного периода инициировать процесс подготовки следующего совместного семинара КООС и НК-АНТКОМ, который пройдет не позднее 2024 г.

(70) Совещание приветствовало планы проведения еще одного Совместного семинара КООС и НК-АНТКОМ и подчеркнуло важность сотрудничества между КООС и НК-АНТКОМ для решения проблем, связанных с изменением климата в Антарктике.

(71) Председатель КООС отметила, что в рамках этого пункта повестки дня Комитет также инициировал обсуждение возможных рисков воздействия изменения климата на ценные объекты антарктического наследия, а также предложенного двухлетнего плана работы по разработке инструмента оценки рисков изменения климата для объектов антарктического наследия. Комитет выразил полную поддержку предлагаемой деятельности.

(72) Совещание сообщило Председателю КООС о своем решении провести совместную сессию с КООС, а также рекомендовало СКАР и КОМНАП в следующем году рассмотреть выполнение рекомендаций отчета СКАР об изменении климата и окружающей среде Антарктики (ACCE) и поручило КООС представить сессии рекомендации, относящиеся к его функциям. Председатель КООС указала на готовность и желание КООС принять в этом участие.

Проекты документов по Всесторонней оценке окружающей среды

(73) Председатель КООС сообщила, что проекты документов по всесторонней оценке окружающей среды не были представлены Комитету на рассмотрение на этом Заседании.

Другие вопросы ОВОС

(74) Председатель КООС сообщила, что в рамках этого пункта повестки дня Комитет рассмотрел документ, касающийся эффективности ОВОС в Антарктике, в котором обобщаются результаты независимой оценки по этому вопросу. Комитет подчеркнул важность процесса ОВОС для охраны окружающей среды Антарктики и провел детальное обсуждение тем, освещенных в полном отчете. Комитет сообщил КСДА, что он согласился продолжить работу по этому вопросу в рамках неформальных обсуждений в межсессионный период, а также согласился с тем, что улучшение системы ОВОС в Антарктике необходимо проводить осторожно, чтобы не создавать дополнительных проблем.

(75) Совещание поблагодарило Великобританию за ведущую роль в работе по поиску возможностей оптимизации ОВОС в Антарктике, в том числе за модернизацию процесса ОВОС с учетом современных передовых методик. Оно призвало все Стороны применять национальное законодательство в отношении требований ОВОС для Антарктики. Совещание согласилось с тем, что процесс ОВОС является краеугольным камнем Протокола по охране окружающей среды. Некоторые Стороны также подчеркнули важность обновления Приложений в качестве более масштабного подхода. Кроме того, Совещание поблагодарило КООС за его рекомендацию и выразило надежду на получение результатов дальнейших межсессионных дискуссий.

(76) Председатель КООС отметила, что в рамках этого пункта повестки дня Комитет также рассмотрел предварительные результаты проекта, направленного на составление карты уязвимостей береговой линии и карты уязвимости береговой линии к загрязнению нефтью в районе Антарктического полуострова. Комитет подтвердил полезность предварительной карты уязвимости в процессе планировании действий и ликвидации разливов нефти и призвал Членов и

Наблюдателей внести предложения по повышению детализации и удобства карты для улучшения управления ликвидацией потенциальных разливов нефти в районе Антарктического полуострова. Председатель КООС также отметила, что Комитет счел предварительную карту уязвимости полезным инструментом при проведении ОВОС.

Охрана районов и планы управления (пункт 9 повестки дня КООС)

Планы управления

(77) Председатель КООС сообщила, что Комитет рассмотрел документы, в которых представлены семнадцать пересмотренных планов управления Особо охраняемыми районами Антарктики (ООРА) и один пересмотренный план управления Особо управляемым районом Антарктики (ОУРА).

(78) В соответствии с рекомендациями КООС Совещание приняло следующие меры в отношении охраняемых районов:

- Мера 1 (2022 г.) *Особо управляемый район Антарктики № 7 «Юго-Западная Часть Острова Анверс и Бассейн Палмера»: пересмотренный план управления*
- Мера 2 (2022 г.) Особо охраняемый район Антарктики № 109 «Остров Муэ» *(Южные Оркнейские острова): пересмотренный план управления.*
- Мера 3 (2022 г.) *Особо охраняемый район Антарктики № 110 «Остров Линч» (Южные Оркнейские острова): пересмотренный план управления.*
- Мера 4 (2022 г.) *Особо охраняемый район Антарктики № 111 «Южная Часть Острова Поуэлл и Соседние Острова» (Южные Оркнейские острова): пересмотренный план управления.*
- Мера 5 (2022 г.) *Особо охраняемый район Антарктики № 113 «Остров Личфилд» (бухта Артур, остров Анверс, архипелаг Палмер): пересмотренный план управления.*
- Мера 6 (2022 г.) *Особо охраняемый район Антарктики № 115 «Остров Лаготельри» (залив Маргерит, Земля Грейама): пересмотренный план управления.*
- Мера 7 (2022 г.) *Особо охраняемый район Антарктики № 119 «Долина Дейвис и Озеро Форлидас» (массив Дуфек, горы Пенсакола): пересмотренный план управления.*
- Мера 8 (2022 г.) *Особо охраняемый район Антарктики № 122 «Высоты Аррайвал» (полуостров Хат-Пойнт, полуостров Росса)*: *пересмотренный план управления.*
- Мера 9 (2022 г.) *Особо охраняемый район Антарктики № 124 «Мыс Крозиер» (полуостров Росса): пересмотренный план управления.*
- Мера 10 (2022 г.) *Особо охраняемый район Антарктики № 126 «Полуостров Байерс» (остров Ливингстон (Смоленск), Южные Шетландские острова)*: *пересмотренный план управления.*
- Мера 11 (2022 г.) *Особо охраняемый район Антарктики № 127 «Остров Хасуэлл»: пересмотренный план управления.*
- Мера 12 (2022 г.) *Особо охраняемый район Антарктики № 129 «Мыс Ротера» (остров Аделейд): пересмотренный план управления.*
- Мера 13 (2022 г.) *Особо охраняемый район Антарктики № 133 «Мыс Хармони» (остров Нельсон (Лейпциг), Южные Шетландские острова): пересмотренный план управления.*
- Мера 14 (2022 г.) *Особо охраняемый район Антарктики № 139 «Мыс Биско» (остров Анверс, архипелаг Палмер): пересмотренный план управления.*

- Мера 15 (2022 г.) *Особо охраняемый район Антарктики № 140 «Части Острова Десепшен (Тейля)» (Южные Шетландские острова): пересмотренный план управления.*
- Мера 16 (2022 г.) *Особо охраняемый Район Антарктики № 149 «Мыс Шерефф и Остров Сан-Телмо» (остров Ливингстон (Смоленск), Южные Шетландские острова)*: *пересмотренный план управления.*
- Мера 17 (2022 г.) *Особо охраняемый район Антарктики № 164 «Утесы Скаллин-Монолит и Марри-Монолит» (Земля Мак-Робертсона): пересмотренный план управления.*

(79) Комитет согласился направить на рассмотрение ВГПУ пересмотренные планы управления для предложенного слияния ООРА №152 и ООРА №153.

(80) Комитет не смог утвердить пересмотренный План управления ООРА №145 из-за разного понимания требований Решения 9 (2005 г.). Комитет предложил Наблюдателю от КООС в НК-АНТКОМ обратить внимание НК-АНТКОМ на вопрос, обсуждавшийся в отношении критериев в Решении 9 (2005 г.).

(81) Комитет также рассмотрел проект плана управления новой охраняемой территорией в западной части гор Сер-Рондане (Земля Королевы Мод, Восточная Антарктика) и подтвердил, что он признает необходимость в охране выдающихся ценностей этого участка, а также направил проект плана управления района на рассмотрение ВГПУ.

(82) В рамках этого пункта повестки дня Комитет также рассмотрел предварительную оценку трех предлагаемых новых охраняемых районов в соответствии с *Руководством по Порядку проведения предварительной оценки для определения ООРА и ОУРА*: i) горы Грубер (Земля Королевы Мод, Восточная Антарктика); ii) острова Дейнджер (северо-восточная часть Антарктического полуострова); и iii) седловина Ферриер *(Farrier Col)* (остров Хорсшу, залив Маргерит). Комитет согласился с тем, что ценности трех предложенных ООРА требуют особой охраны, и одобрил разработку планов управления этими районами. Комитет также подчеркнул эффективность процедуры предварительной оценки, которая дает возможность рассмотреть предлагаемые новые районы до того, как будет выполнена большая часть работы по их определению.

(83) Германия поблагодарила КООС за рассмотрение предварительных оценок предлагаемых ООРА в горах Грубер (Земля Королевы Мод, Восточная Антарктика) и на островах Дейнджер (северо-восточная часть Антарктического полуострова). Ссылаясь на результаты совместного семинара СКАР и КООС, проведенного перед XXII заседанием КООС (Рабочий документ WP 70 XXII заседания КООС), Германия выразила готовность вносить дальнейший вклад в систематическое развитие системы управления охраняемыми районами Антарктики.

Исторические места и памятники

(84) Председатель КООС отметила, что Комитет согласился направить предложения по изменению информации об участках №№ 26, 29, 36, 38, 39, 40, 41, 42, 43 и 93 в Перечне Исторических мест и памятников на утверждение КСДА посредством принятия Меры, впервые используя механизмы Решения 1 (2021 г.). Кроме того, Комитет сообщил, что для ИМП №93 он внес в перечень дополнительные обновления в поля, которые не требуют принятия посредством Меры. Председатель КООС также отметила обнаружение места крушения *«Эндьюранс»* (ИМП №93).

(85) Австралия отметила, что было бы уместным обновить данные ИМП о крушении *«Эндьюранс»*, и поздравила группу исследователей с успешно проделанной работой по определению его местонахождения. Совещание приняло Меру 18 (2022 г.) *Пересмотренный Перечень Исторических мест и памятников: Обновленная информация для Исторических мест и памятников № 26, 29, 36, 38, 39, 40, 41, 42, 43 и 93*

(86) Комитет также рассмотрел руководство для поддержки Сторон в разработке планов управления по сохранению с целью охраны антарктического наследия. Комитет подчеркнул, что, хотя они и не требуются для всех ИМП, планы управления сохранением являются полезным инструментом для охраны ИМП. Комитет согласился обновить *Руководство по методике оценки и управления наследием Антарктики*. Комитет призвал Членов продолжать обмениваться друг с другом своими планами управления по сохранению объектов наследия и опытом в целях повышения стандартов управления наследием и рассмотреть возможности упрощения этого процесса.

(87) Совещание приняло Резолюцию 1 (2022 г.) *Пересмотренное Руководство по методике оценки и управления наследием Антарктики.*

Правила поведения для посетителей участков

(88) Относительно работы Комитета над Правилами поведения для посетителей участков Председатель КООС сообщила, что были пересмотрены правила поведения для посетителей участка «Дом Уорди» (остров Уинтер) и утвержден запрос на исключение участка «Остров Торгерсен» (бухта Артур) из списка Правил поведения, который ведет Секретариат, так как утратил актуальность в связи с закрытием зоны для посетителей в ОУРА №7.

(89) Приняв рекомендации КООС, Совещание рассмотрело и утвердило новые и пересмотренные правила поведения для посетителей участков «Дом Уорди» (остров Уинтер), согласилось исключить участок «Остров Торгерсен» (бухта Артур) из списка Правил поведения, и приняло Резолюцию 2 (2022 г.) *Правила поведения для посетителей участков*.

Пространственная охрана морской среды и меры пространственного управления

(90) Председатель сообщила, что в рамках данного пункта повестки дня не было представлено никаких документов и отметила, что Комитет не выполнил свое обязательство и не ответил на запрос от КСДА, содержащийся в Резолюции 5 (2017 г.).

Прочие вопросы, связанные с Приложением V

(91) Председатель КООС сообщила, что Комитет на основании положительного предварительного рассмотрения Комитетом пересмотренных проектов планов управления перед виртуальным XXIII заседанием КООС рассмотрел и согласовал процедуры эффективного предварительного рассмотрения пересмотренных планов управления, представленных КООС в рамках компетенции ВГПУ. Комитет согласился пересмотреть Техническое задание ВГПУ и отразить в нем необходимость регулярного предварительного рассмотрения планов управления. Комитет также принял план работы ВГПУ на 2022/2023 г.

(92) КООС также рассмотрел отчет о последних исследованиях по составлению реестра типовых мест обитания наземных и пресноводных видов на антарктическом континенте и прибрежных островах в районе действия Договора об Антарктике. Комитет признал ценность этой работы для оптимизации систематической охраны Антарктики и призвал Членов использовать эти исследования, а также другие соответствующие инструменты при рассмотрении

планов управления для существующих ООРА. Комитет также призвал Членов продолжать поддерживать усилия по углублению знаний о биоразнообразии Антарктики, включая проведение исследований по определению распределения, а также состояния и тенденций видов, характерных для местообитаний в районе действия Договора об Антарктике.

Сохранение антарктической флоры и фауны (пункт 10 повестки дня КООС)

Карантин и неместные виды

(93) Председатель КООС отметила, что в рамках данного пункта повестки дня не было представлено никаких документов. Тем не менее Комитет был проинформирован о текущей работе, связанной с неместными видами, относящейся к этому приоритетному пункту Пятилетнего плана работы КООС, и был удовлетворен большой приверженностью и активным участием в этой сфере.

Особо охраняемые виды

(94) Председатель КООС отметила, что в рамках этого пункта повестки дня Комитет рассмотрел отчет Межсессионной контактной группы КООС, созданной для разработки плана действий по Особо охраняемым видам в отношении императорского пингвина для предоставления ему статуса особо охраняемого вида, а также другие соответствующие документы. Комитет подчеркнул важность использования передовых научных данных для поддержки управленческих решений КООС, таких как внесение в список Особо охраняемых видов, и напомнил о рекомендации СКАР о необходимости сохранения императорского пингвина. Все Члены, кроме одного, решительно поддержали рекомендации о том, что императорскому пингвину должен быть присвоен статус ООВ в соответствии с Приложением II к Протоколу и что план действий должен быть реализован. Однако Комитет не достиг консенсуса по этому вопросу, несмотря на почти полную поддержку со стороны всех Членов, кроме одного. Все Члены за исключением одного согласились с тем, что действующая нормативно-правовая база по ООВ не препятствует деятельности по включению императорских пингвинов в список ООВ и что эта база не требует дальнейшего немедленного рассмотрения, хотя и есть определенная необходимость пересмотра некоторых аспектов руководства.

(95) Совещание выразило признательность Комитету и, в частности, координатору SGCCR д-ру Кевину Хьюзу (Великобритания) за проделанную по этому вопросу работу. Большинство Членов выразили сожаление в связи с тем, что не удалось достичь согласия по присвоению императорскому пингвину статуса ООВ Антарктики.

(96) Большинство Сторон выразили полную поддержку рекомендациям по включению императорского пингвина в список Особо охраняемых видов Антарктики. Эти Стороны подчеркнули, что эта рекомендация оправдана, отвечает положениям Приложения II и соответствующих руководств и основана на передовых научных данных, комплексно обобщенных СКАР. Большинство Сторон отметили высокое качество анализа СКАР, основанного на научных данных, прошедших экспертную оценку, его беспристрастный многосторонний подход к научным исследованиям и сотрудничеству, а также то, что СКАР поделился своими знаниями и опытом в качестве наблюдателя на КСДА в соответствии с Правилами процедуры КСДА. Большинство Сторон далее подчеркнули, что не существует никаких юридических или практических препятствий для включения императорского пингвина в список ООВ.

(97) Большинство Сторон с сожалением отметили, что, несмотря на масштабную работу МКГ по поиску точек соприкосновения и убедительные рекомендации СКАР, один член КООС представил параллельный Рабочий документ с целью противодействия рекомендациям МКГ, а не конструктивного участия в обсуждении МКГ. Большинство Сторон выразили озабоченность по поводу нежелания этой Стороны участвовать в достижении консенсуса и выразили надежду, что представленный ею параллельный документ не создаст прецедента.

(98) Несколько Сторон отметили, что информация, представленная этим членом, не соответствует передовым научным результатам, а также предупредили, что, если КСДА не будет действовать в соответствии с четкой рекомендацией СКАР по охране императорского пингвина, он рискует не выполнить свои обязательства в соответствии с Протоколом по охране окружающей среды. Большинство Сторон указали, что они примут меры по выполнению рекомендации МКГ на основании передовых научных данных и принципа предосторожности, даже если один член будет продолжать препятствовать скоординированным действиям по охране вида.

(99) Китай поблагодарил координатора SGCCR за проделанную им работу в межсессионный период и выразил готовность присоединиться к любому консенсусу в соответствии с Правилами и процедурами КСДА и КООС, а также на основании передовых научных данных. Китай отметил, что он сотрудничал с другими членами КООС и предоставил большой объем данных и информации об императорском пингвине в проект плана действий, основанный на Рабочем документе WP 37 XLIII КСДА, представленном СКАР, и представил, таким образом, передовую научную информацию по этому вопросу. Он также отметил, что в соответствии с уставом процесса оценки в Руководстве КООС по ООВ Антарктики, одобренным КСДА в 2005 г., КООС должен дать дополнительную оценку потенциальных будущих угроз для вида, который был занесен в Красный список МСОП, но имеет более низкий охранный статус, чем «Уязвимый». Проект плана действий, представленный МКГ, подготовлен на основании передовых научных данных, предоставленных как членами КООС, так и СКАР, и содержит следующие выводы: императорский пингвин занесен в Красный список МСОП как вид, близкий к уязвимому положению; популяция вида увеличивается в региональном (антарктическом) масштабе; уже известные и возникающие наземные и морские угрозы, затрагивающие императорского пингвина, считаются относительно незначительными, если вообще не пренебрежимо малыми; оценка угрозы изменения климата и сокращения морского льда для вида оставалась в значительной степени неопределенной; по прогнозам, угроза виду возникнет только после 2050 года. Следуя научным рекомендациям СКАР, изложенным в Рабочих документах WP 34 XXVIII КСДА /VIII заседания КООС и WP 38 XXIX КСДА /IX заседания КООС, Китай подтвердил свою позицию, согласно которой нет оснований для присвоения такого статуса императорскому пингвину, и рекомендовал КСДА разработать адресные исследования и план управления для императорского пингвина как вида, находящегося под угрозой исчезновения, для обеспечения раннего предупреждения.

(100) АСОК выразила сожаление по поводу того, что Совещание не смогло принять решение о включении императорского пингвина в список Особо охраняемых видов. Она отметила, что это было бы своевременным, научно обоснованным и целенаправленным действием, которое КСДА могло бы предпринять в ответ на угрозу изменения климата и в целях охраны важных видов. Она подчеркнула, что это действие полностью бы соответствовало Договору об Антарктике и Протоколу по охране окружающей среды. АСОК была удивлена тому, что КСДА не согласилось принять данную меру.

(101) СКАР еще раз выразил признательность КООС за рассмотрение и поддержку его научных рекомендаций по природоохранному статусу императорского пингвина. СКАР поблагодарил Комитет за его сильную мотивацию действовать на основании его рекомендаций. Он повторил, что эксперты СКАР провели научно обоснованную оценку, по результатам которой был сделан вывод о том, что присвоение императорскому пингвину статуса ООВ является оправданным и обосновано передовыми научными данными, прошедшими экспертную оценку, и подробным рассмотрением наиболее актуальных критериев и процессов МСОП. СКАР также отметил, что, по его мнению, не существует никаких юридических или практических препятствий для присвоения императорскому пингвину статуса ООВ. Он отметил, что продолжит консультировать КСДА по мере поступления новой научной информации, но предупредил, что ожидание дополнительных доказательств до принятия мер может означать упущенную возможность для охраны императорского пингвина. СКАР далее отметил, что присвоение такого статуса стало бы четким сигналом Сторон об их степени озабоченности последствиями изменения климата и необходимостью сокращения выбросов парниковых газов.

(102) Большинство Сторон призвали к достижению консенсуса по вопросам, изложенным в этом пункте, и призвали Стороны сохранить приоритет рассмотрения природоохранного статуса императорского пингвина на КСДА XLV – XXV заседании КООС.

Прочие вопросы, связанные с Приложением II

(103) Председатель КООС отметила, что Комитет рассмотрел документ «Важные районы обитания морских млекопитающих (IMMA)», в котором указано, что IMMA могут быть полезным инструментом для Сторон при планировании и проведении ряда мероприятий в Антарктике. Председатель КООС сообщила, что Комитет призвал Членов продолжить рассмотрение этого вопроса и вернуться к обсуждению IMMA на одном из предстоящих совещаний, а также что Члены выразили заинтересованность в этом.

(104) Председатель КООС также сообщила, что Комитет рассмотрел предложение о пересмотре *Руководства по экологическим аспектам использования дистанционно пилотируемых авиационных систем в Антарктике*, принятого Резолюцией 4 (2018 г.). Комитет отметил, что использование Дистанционно пилотируемых авиационных систем (ДПАС) в Антарктике становится все более частым явлением и требует особого внимания, а также отсутствие четкого согласия относительно срочной необходимости пересмотра руководства по ДПАС. Комитет призвал к дальнейшему межсессионному обсуждению между заинтересованными Членами и представлению отчета о таких обсуждениях на одном из предстоящих заседаний КООС.

Контроль состояния окружающей среды (пункт 11 повестки дня КООС)

(105) Председатель КООС сообщила, что Комитет обсудил и рассмотрел рекомендации по Порталу окружающей среды Антарктики. Комитет поблагодарил СКАР за его работу и подтвердил свою неизменную поддержку порталу, еще раз отметив его ценность как источника высококачественной научной информации по вопросам, имеющим отношение к работе Комитета.

(106) Признавая ценность Портала для КСДА и соответствующую информацию, которую СКАР предоставил Порталу, Новая Зеландия призвала все Стороны использовать его.

(107) Председатель КООС также сообщила, что Комитет рассмотрел документ, обращающий внимание Членов на потребность в более структурированной системе отбора проб и сбора данных о химическом загрязнении Антарктики. Комитет признал ценность активизации коллективных усилий по созданию структурированной базы данных образцов загрязнения окружающей среды в Антарктике. Комитет выразил широкую поддержку рекомендациям, изложенным в этом документе, поручил СКАР представить рекомендации по более систематическому отбору проб и сбору данных о химическом загрязнении в Антарктике на XXV заседании КООС, а также призвал Членов активизировать сотрудничество между всеми заинтересованными сторонами, начать более структурированный сбор данных и образцов загрязнения окружающей среды в Антарктике.

(108) Отметив, что КООС уделяет все больше внимания загрязнению Антарктики, Германия выразила свою широкую поддержку систематическому сбору образцов и данных в Антарктике, призвала к более тесному сотрудничеству по этому вопросу и поблагодарила СКАР за его готовность предоставить научные рекомендации по этому вопросу на предстоящем КСДА.

(109) Кроме того, Председатель КООС сообщила, что Комитет также рассмотрел документ о мониторинге как ключевом инструменте принятия решений для адаптивного и устойчивого управления туризмом в Антарктике. После активных дискуссий Комитет подчеркнул важность разработки программ для оценки воздействия туристической деятельности, выразил поддержку содержащимся в документе рекомендациям и призвал Членов и Наблюдателей сотрудничать в этом вопросе.

Общие вопросы (Пункт 13 Повестки дня КООС)

(110) Председатель КООС сообщила, что Комитет рассмотрел документ, направленный на усиление информирования исследователей и национальных организаций, финансирующих научную деятельность, о научных потребностях КООС. Комитет отметил, что освещенные в документе вопросы актуальны для всех Членов, особенно для тех, чьи финансирующие организации и национальные антарктические программы не имеют тесной связи между собой. Комитет постановил: i) инициировать процесс рассмотрения вопроса о том, как может быть доработан список научных потребностей КООС для управления Антарктикой в Пятилетнем плане работы КООС, чтобы исследователям и финансирующим организациям было легче понимать потребности в исследованиях и принимать соответствующие меры; и ii) рекомендовать КСДА обязать Стороны регулярно уведомлять национальные организации, финансирующие научную деятельность, о потребностях КООС в научных исследованиях для информирования КСДА о точке зрения КООС на основе своевременно предоставленных научных данных.

(111) Несколько Сторон отметили, что качественные научные исследования требуют адекватного финансирования, и просили Стороны сообщать о потребностях КООС национальным организациям, финансирующим научную деятельность. Стороны также отметили, что о научных приоритетах КООС следует четко сообщать соответствующим организациям, финансирующим научную деятельность.

(112) Председатель КООС также отметила, что Комитет рассмотрел документ Секретариата об анализе информации в СЭОИ о планах по управлению ликвидацией отходов и планах действий в чрезвычайных ситуациях. Комитет подчеркнул важность наличия свободного доступа к информации о планах по управлению ликвидацией отходов и планах действий в чрезвычайных ситуациях и напомнил, что в Статье 9 (3) Приложения III к Протоколу по охране окружающей

среды четко определены обязанности Членов по распространению и пересмотру планов обращения с отходами. Комитет призвал Членов обмениваться соответствующей информацией с помощью СЭОИ.

Выборы должностных лиц (пункт 14 повестки дня КООС)

(113) Председатель КООС сообщила, что Комитет избрал д-ра Хайке Херата (Heike Herata) (Германия) на двухлетний срок на должность заместителя Председателя. Комитет поблагодарил д-ра Кевина Хьюза за эффективный, самоотверженный и систематический подход к работе, которую он выполнял на своем посту в течение четырех лет

(114) Совещание тепло поблагодарило д-ра Кевина Хьюза за его прекрасную работу и большой вклад на посту заместителя Председателя КООС и координатора SGCCR. Совещание также поздравило д-ра Херата с избранием на пост заместителя Председателя.

Подготовка следующего заседания (пункт 15 повестки дня КООС)

(115) Председатель Комитета проинформировала о принятии Комитетом предварительной повестки дня XXV заседания КООС, которая соответствует повестке дня XXIV заседания КООС.

(116) Совещание выразило признательность КООС и дало высокую оценку консультациям и рекомендациям, которые Комитет предоставляет КСДА по вопросам реализации положений Протокола по охране окружающей среды.

(117) Совещание тепло поблагодарило г-жу Биргит Ньостад за отменное руководство Комитетом, которое позволило провести продуктивное заседание КООС. Ее также поблагодарили за подготовительную работу и за обеспечение высокого качества обсуждений, несмотря на гибридный формат и обстоятельства встречи.

Пункт 6а: Работа Системы Договора об Антарктике: Заявка Канады на получение статуса Консультативной стороны

(118) Канада проинформировала Совещание о том, что 21 октября 2021 года она официально направила Правительству-депозитарию запрос о предоставлении статуса Консультативной стороны. Канада была Неконсультативной стороной с 1988 года и стала полноправным членом Протокола по охране окружающей среды в 2003 году. Она внедрила все действующие в настоящее время Приложения и находится на пути к утверждению Приложения VI, которому она уже соответствует.

(119) Соединенные Штаты Америки, выступая в качестве Правительства – депозитария Договора об Антарктике подтвердили, что Канада соблюла правила, изложенные в Решении 2 (2017 г.).

(120) Консультативные стороны поблагодарили Канаду за представленный доклад. Все Консультативные стороны, кроме двух, согласились с тем, что заявка Канады отвечает требованиям руководящих принципов, изложенных в Решении 2 (2017 г.), включая требование проведения существенной научно-исследовательской деятельности в соответствии с пунктом 2 Статьи IX Договора об Антарктике.

(121) Две Консультативные стороны выразили сомнения по поводу запроса Канады. Китай и Российская Федерация указали как на процедурные, так и прагматические основания для отказа от принятия решения на этом КСДА.

(122) После обсуждений и консультаций Консультативные стороны не приняли решения относительно запроса Канады о предоставлении статуса Консультативной стороны. Они договорились, что заявка Канады будет включена в повестку дня для последующего рассмотрения и принятия решения на XLV КСДА в Хельсинки.

Пункт 6b. Работа Системы Договора об Антарктике: Общие вопросы

(123) Исполнительный секретарь представил Документ секретариата SP 3 ред. 1 *Перечень мер со статусом «Еще не вступило в силу»* и сообщил, что в соответствии с информацией, содержащейся в базе данных СДА, имеется ряд мер, которые все еще не вступили в силу. Они включают Меры, принятые на XXVII КСДА (Кейптаун, 2004 г.), XXVIII КСДА (Стокгольм, 2005 г.) и XXXII КСДА (Балтимор, 2009 г.).

(124) Российская Федерация представила Рабочий документ WP 50 *Продолжение обсуждения актуальных вопросов, тенденций и вызовов для Системы Договора об Антарктике*. Она напомнила, что XLII КСДА добавило новый приоритетный вопрос (номер 16) в Многолетний стратегический план работы, чтобы побудить Стороны активно выявлять и реагировать на текущие и будущие тенденции, связанные с Системой Договора об Антарктике. За этим последовали два раунда неофициальных межсессионных дискуссий, в которых приняли участие многие Стороны. Выражая мнение о том, что условия позволяют начать новый, более практически ориентированный этап работы по этому вопросу, Российская Федерация предложила рассмотреть в рамках этой темы в первую очередь проблему изменения климата. Российская Федерация предложила, чтобы дальнейшее обсуждение этого вопроса было сосредоточено как на воздействии изменения климата на Антарктику, так и на деятельности в районе действия Договора об Антарктике, которая повлияла на глобальное изменение климата. Ссылаясь на раннее проделанную работу, связанную с изменением климата, в рамках Системы Договора об Антарктике, Российская Федерация подчеркнула необходимость учитывать соответствующие решения всех органов Системы Договора об Антарктике в ходе дальнейших обсуждений. Она подчеркнула необходимость того, чтобы КСДА приняло решение о том, как применять актуальные правовые инструменты, не входящие в Систему Договора об Антарктике, такие как Парижское соглашение по климату и Межправительственная группа экспертов по изменению климата. Российская Федерация рекомендовала Совещанию: обсудить дальнейшие шаги по рассмотрению актуальных вопросов, тенденций и вызовов для Системы Договора об Антарктике; рассмотреть определение изменения климата в качестве приоритетного вопроса без ущерба для охвата темы, отраженной в Многолетнем стратегическом плане работы на 2019 и 2021 годы; рассмотреть возможность продолжения неофициальных дискуссий на Форуме КСДА; и обновить Многолетний стратегический план работы по мере необходимости.

(125) Некоторые Стороны поблагодарили Российскую Федерацию за ее работу в межсессионный период и подчеркнули важность совместной работы над решением возникающих проблем и задач Системы Договора об Антарктике. Стороны также подтвердили необходимость решения проблемы изменения климата в Антарктике.

(126) Некоторые Стороны поддержали предложенные рекомендации. Отметив, что изменение климата уже рассматривается в рамках других соответствующих пунктов повестки дня КСДА и КООС, Совещание решило не продолжать неофициальные обсуждения соответствующих вопросов, тенденций и вызовов для Системы Договора об Антарктике на Форуме КСДА.

(127) Приветствуя дальнейшие усилия по решению проблемы изменения климата, ВМО подчеркнула, что изменение климата является не только естественным явлением, как это было отмечено в Рабочем документе WP 50. ВМО указала, что, хотя естественная изменчивость является важной причиной изменения климата, преобладает влияние человека, что подтверждается Шестым оценочным отчетом МГЭИК.

(128) Республика Корея представила Информационный документ IP 11 *The Act on the Promotion of Polar Activities of the Republic of Korea [Закон о продвижении полярной деятельности Республики Корея]*, в котором описывается Закон о продвижении полярной деятельности, принятый правительством Республики Корея в апреле 2021 года. Она указала, что его цель состоит в продвижении и обеспечении институциональной основы для деятельности Республики Корея в Арктике и Антарктике, а также в увеличении ее вклада в решение глобальных проблем, стоящих перед человечеством, таких как изменение климата. Республика Корея выразила заинтересованность в разработке эффективных механизмов, которые позволили бы координировать аналогичные средства и ресурсы, используемые для решения различных задач, а также в изучении опыта других Сторон.

(129) Аргентина представила Информационный документ IP 34 *Commemoration of the 62nd Anniversary of the signing of the Antarctic Treaty by the APAL countries [Ознаменование 62-й годовщины подписания Договора об Антарктике странами APAL]*, подготовленный совместно с Бразилией, Чили, Эквадором, Перу, Уругваем, Колумбией и Венесуэлой. В документе описывается ознаменование 62-й годовщины подписания Договора об Антарктике в странах –администраторах латиноамериканских антарктических программ (АПАЛ). Ознаменование было сосредоточено на деятельности и мероприятиях по информированию общественности и включали участие Секретариата, СКАР, КОМНАП и других организаций.

(130) Совещание поблагодарило соавторов за их документ, и некоторые Стороны поддержали Аргентину, подчеркнув важность информационно-просветительской работы с общественностью, такой как это и другие подобные мероприятия.

(131) Эквадор представил Информационный документ IP 124 *Organización en Ecuador de la XXXIII Reunión de Administradores de Programas Antárticos Latinoamericanos – RAPAL 2022 [Организация в Эквадоре XXXIII Совещания администраторов латиноамериканских антарктических программ – RAPAL 2022 г.]*. Он сообщил, что 33-е совещание стран РАПАЛ пройдет с 23 по 26 августа 2022 года в Кито.

(132) Китай представил Рабочий документ WP 24 *Рассмотрение правовой основы по Особо охраняемым видам Антарктики и ее применения* и сослался на Информационный документ IP 44 *An Overview on the Legal Framework on Antarctic Specially Protected Species and Its Application [Рассмотрение правовой основы по Особо охраняемым видам Антарктики и ее применения]*. Китай сообщил, что он рассмотрел правовую основу статуса Особо охраняемых видов Антарктики (ООВ) и ее применение в рамках КСДА и КООС с научными рекомендациями СКАР с целью формирования полезного руководства по присвоению статуса ООВ в будущем. Он выделил несколько замечаний, имеющих отношение к правовой базе ООВ Антарктики, с примерами из аналогичных решений КСДА в прошлом. А именно: что присвоение статуса ООВ обычно является временной мерой; что некоторая охрана этого вида уже обеспечивается Протоколом по охране окружающей среды и другими договорами; и что статус ООВ Антарктики должен применяться ко всей антарктической популяции вида. Китай также подчеркнул свое мнение о том, что категория «Уязвимый» или выше в Красном списке МСОП

является пороговым значением для рассмотрения возможности присвоения статуса ООВ Антарктики, а также о том, что процессы принятия решений и консультаций на КСДА в конечном итоге независимы от МСОП и других органов. Китай рекомендовал КСДА привести предстоящее присвоение статуса ООВ в соответствие с предыдущими практиками КСДА и КООС; призвать СКАР оценить риск исчезновения видов с использованием самых современных критериев МСОП; и рассмотреть и согласовать несоответствие между Руководством и Приложением II к Протоколу.

(133) Большинство Сторон указали, что действующая правовая база ООВ не препятствует деятельности по присвоению императорскому пингвину статуса ООВ. Отвечая на озабоченность, отраженную в документе, большинство Сторон отметили, что они не находят существенных несоответствий между Приложением II и Руководством, а также что правовая база не требует дальнейшего немедленного рассмотрения. Большинство Сторон далее подчеркнули, что согласно Руководству включение вида в список МСОП в статусе «Уязвимого» не является обязательным условием для присвоения статуса ООВ. Все Стороны подтвердили, что КСДА является независимым руководящим органом, который не ограничен установленной МСОП классификацией видов, и подтвердили важность присвоения статуса ООВ Антарктики в соответствии с Приложением II и Руководством.

(134) Подчеркнув, что информация, предоставленная СКАР, указывает на необходимость принятия срочных мер, большинство Сторон предупредили, что дальнейшая задержка с присвоением императорскому пингвину статуса ООВ будет противоречить использованию принципа предосторожности в принятии решений как фундаментальной части Протокола и работы КООС. Большинство Сторон отметили ценность экспертных рекомендаций СКАР как источника передовых научных данных. Большинство Сторон выразили особую озабоченность по поводу того, что заявление Китая о том, что императорскому пингвину в настоящее время не угрожает опасность, игнорирует прогнозы о неутешительных перспективах существования этого вида к концу века.

(135) СКАР повторил, что его эксперты оценили риск для императорского пингвина на основе самых последних критериев и информации и определили его охранный статус как «уязвимый». СКАР отметил, что он, соответственно, рекомендовал КООС рассмотреть возможность присвоения императорскому пингвину статуса ООВ. Он поблагодарил многие Стороны за подтверждение того, что СКАР является основным источником научной информации, касающейся присвоения статуса ООВ. СКАР подтвердил, что он будет продолжать предоставлять дальнейшие научные рекомендации по мере их поступления в соответствии с Приложением II и текущим Руководством.

(136) Китай поблагодарил Стороны и СКАР за комментарии и вопросы, представленные в отношении Рабочего документа WP 24. Китай отметил, что его вывод о том, что императорскому пингвину не угрожает опасность, был сделан на основе проекта плана действий, представленного КООС межсессионной контактной группой по этому вопросу. Китай также пояснил, что СКАР является важным, но не единственным источником информации в процессе принятия решений на КСДА. Хотя Китай считает, что между Руководством и Приложением II имеются незначительные несоответствия, он вновь заявил о своей поддержке присвоению статуса ООВ Антарктики в соответствии с Приложением II и Руководством.

(137) Совещание поблагодарило Китай за представленный документ и прилагаемый Информационный документ. В отношении рекомендаций, выдвинутых в Рабочем документе WP 24, консенсуса достигнуто не было.

(138) Великобритания представила Рабочий документ WP 33 *Отчет об эффективности Оценки воздействия на окружающую среду в Антарктике*, подготовленный совместно с Нидерландами. В нем изложены результаты проведенной по заказу Великобритании независимой оценки эффективности ОВОС в Антарктике. Великобритания отметила, что отчет по оценке показал, что система ОВОС Антарктики остается значимым инструментом, действующим в помощь охране окружающей среды Антарктики, хотя в условиях все возрастающей нагрузки на окружающую среду Антарктики не помешало бы улучшить эффективность системы. Авторы запросили мнение КООС о том, как продвигать какие-либо выявленные ими возможности улучшения, и Комитет сообщил, что он согласен рассмотреть и продолжить работу по повышению эффективности системы ОВОС посредством неофициальных межсессионных обсуждений. Великобритания и Нидерланды предложили КСДА и впредь призывать все Стороны Протокола по охране окружающей среды, которые еще не сделали этого, разработать и ввести в действие национальное законодательство, особенно в отношении требований к ОВОС, изложенных в Приложении I. Они также предложили КСДА, рассмотрев рекомендации КООС, принять любые дальнейшие меры, которые могут повысить эффективность системы ОВОС Антарктики, и обсудить необходимость начала соответствующей работы по подготовке к пересмотру Приложения I к Протоколу по охране окружающей среды.

(139) Совещание поблагодарило Великобританию и Нидерланды за их ценную работу по анализу эффективности системы ОВОС Антарктики. Оно подтвердило, что система ОВОС Антарктики является важным инструментом охраны окружающей среды Антарктики, и согласилось с тем, что ее можно улучшить. Многие Стороны предложили использовать накопленный Сторонами опыт проведения ОВОС, а также разработки в области национальной и международной ОВОС и процессов оценки кумулятивного воздействия. Отметив, что авторы рекомендовали Сторонам, которые еще не сделали этого, разработать и ввести в действие внутреннее законодательство, несколько Сторон предложили поделиться своим опытом в этом вопросе. Некоторые Стороны запросили доступ к документу, на основании которого были сделаны выводы, включенные в Рабочий документ. Некоторые Стороны также предупредили, что дальнейшие усовершенствования системы ОВОС не должны усложнять этот процесс. Великобритания подтвердила, что она готова поделиться документом со всеми заинтересованными Сторонами.

(140) Совещание поддержало курс действий, намеченный КООС по этому вопросу, и действия, имеющие отношение к КСДА. Совещание согласилось с тем, что сначала следует приступить к улучшениям, которые могут быть реализованы в рамках существующей нормативно-правовой базы, и указало, что любые предложения о пересмотре Приложения I следует рассматривать с осторожностью. Совещание отметило, что улучшения, требующие пересмотра текста Приложения I, могут быть обсуждены позднее. Совещание с нетерпением ожидает обновлений от Комитета после межсессионного периода, а многие Стороны выразили готовность участвовать в предстоящих дискуссиях и вносить свой вклад в эту текущую работу.

(141) Испания отметила, что текущий процесс составления документов КООС и КСДА можно упростить к выгоде всех Сторон, особенно новых Сторон, у которых еще мало опыта в представлении документов совещаний. Испания также отметила большое количество представленных документов и значительное количество времени и усилий, которое требуют председатели заседаний для их рассмотрения и классификации для обсуждения. Испания предложила, чтобы Секретариат подготовил досье или руководство с соответствующей информацией в качестве помощи Сторонам в подаче документов на КСДА и КООС.

(142) Совещание поблагодарило Испанию и выразило свою поддержку в отношении данного предложения. Оно согласилось поручить Секретариату разработать руководство по представлению документов на КООС и КСДА для представления на рассмотрение на XXV заседании КООС и XLV КСДА.

(143) В рамках данного пункта повестки дня был также подан и принят к сведению следующий документ:

- Информационный документ IP 51 *Communicating the Antarctic Treaty System to the United Nations [Передача информации системы Договора об Антарктике Организации Объединенных Наций]* (Аргентина, Австралия, Чили, Франция, Новая Зеландия, Норвегия, Великобритания, Соединенные Штаты).

(144) В рамках данного пункта повестки дня были также представлены следующие документы:

- Вспомогательный документ BP 8 *South Africa's Antarctic Treaties Regulations [Положения о Договорах об Антарктике в Южной Африканской Республике]* (Южно-Африканская Республика).
- Вспомогательный документ BP 12 *Establishment of the Advisory Committee on the National Polar Policy [Создание Консультативного комитета по национальной полярной политике]* (Польша).
- Вспомогательный документ BP 27 *Postergación de la XXVI Expedición Antártica Ecuatoriana [Отсрочка XXVI антарктической экспедиции Эквадора]* (Эквадор).

Пункт 7: Работа Системы Договора об Антарктике: вопросы, касающиеся Секретариата

(145) Исполнительный секретарь представил Документ Секретариата SP 4. *Отчет Секретариата за 2021/21 г.*, в котором содержится подробная информация о деятельности Секретариата в 2021/21 финансовом году (с 1 апреля 2021 г. по 31 марта 2022 г.), включая решение проблем при подготовке к виртуальным XLIII КСДА и XXIII заседанию КООС во Франции и подготовку к гибридным XLIV КСДА и XXIV заседанию КООС в Берлине. Исполнительный секретарь привлек внимание Совещания к изменению дизайна СЭОИ и другим улучшениям на его сайте, включая новую платформу для представления документов совещания. Касательно финансовых вопросов Исполнительный секретарь представил обзор полученных им взносов и прошедший внешнюю аудиторскую проверку финансовый отчет за 2020/2021 финансовый год. Он также представил предварительный Финансовый отчет за 2021/2022 финансовый год, отметив, что статьи ассигнований, которые уже были скорректированы для виртуального формата XLIII КСДА, были дополнительно сокращены, учитывая, что большинство запланированных поездок были отменены из-за пандемии и что Секретариат закончил с предварительным профицитом за этот период в размере 253 302 долл. США. Исполнительный секретарь сообщил, что кадровых изменений не произошло и что был достигнут прогресс в обновлении кадровой политики. Исполнительный секретарь также упомянул, что в этот период был возобновлен процесс реорганизации, о котором было объявлено на предыдущих совещаниях, и были предприняты несколько рекомендованных мер.

(146) Исполнительный секретарь представил Документ Секретариата SP 5 *Программа работы Секретариата на 2022/2023 финансовый год*, в котором излагаются мероприятия, предложенные Секретариату на 2022/2023 финансовый год (с 1 апреля 2022 г. по 31 марта 2023 г.). Он рассказал о регулярной деятельности Секретариата, связанной с подготовкой XLV КСДА, публикацией отчетов и решением других поставленных перед Секретариатом задач в соответствии с

положениями Меры 1 (2003 г.). Исполнительный секретарь не предвидит каких-либо кадровых изменений в предстоящий период. В соответствии с Положением о персонале 6.3(е) Исполнительный секретарь сообщил, что он намерен продлить контракт помощника Исполнительного секретаря еще на четыре года. Касательно финансовых вопросов Исполнительный секретарь обратил внимание Совещания на рост стоимости жизни в Аргентине, который лишь в минимальной степени компенсировался повышением курса доллара США по отношению к аргентинскому песо. Исполнительный секретарь сообщил, что, несмотря на влияние местной и глобальной инфляции, был достигнут сбалансированный бюджет, и что размер взносов на 2023/2024 финансовый год не увеличится. Касательно межсессионной деятельности он сообщил о некоторых изменениях сайта и информационных систем, таких как модернизация базы данных контактной информации, которая будет включать в себя усовершенствование процесса регистрации делегатов на совещание. Секретариат также расширил предложение о проведении виртуальных учебных и дискуссионных сессий СЭОИ, которые были реализованы по запросу нескольких Сторон на XLIII КСДА.

(147) Исполнительный секретарь представил Документ Секретариата SP 6 – *Перспективная пятилетняя бюджетная оценка на 2023/24–2027/28 финансовые годы*, в котором приводится план бюджета Секретариата на 2023–2028 годы. Он отметил, что, несмотря на местную и глобальную инфляцию, накопленный профицит в Общем фонде обеспечивает возможность нулевого номинального увеличения взносов до 2027/2028 финансового года.

(148) Совещание выразило благодарность Секретариату за поддержку, которую он оказывал и продолжает оказывать в трудные времена. Он также выразил признательность Исполнительному секретарю за его руководство и терпение.

(149) Учитывая положительный опыт виртуального обучения использованию СЭОИ, ряд Сторон призвали Стороны использовать эту возможность. Совещание также поручило Секретариату подготовить для XLV КСДА документ об использовании Сторонами СЭОИ в целях обеспечения прозрачности, на что Секретариат согласился.

(150) После дальнейшего обсуждения Совещание приняло Решение 1 (2022 г.) *Отчет, Программа и Бюджет Секретариата*.

Пункт 8: Материальная ответственность

(151) Исполнительный секретарь представил Документ Секретариата SP 9 *Пределы ответственности и восстановление окружающей среды*, который представляет собой ответ на запрос XLII КСДА (Заключительный отчет XLII КСДА, пункт 174). Документ имеет два Приложения: краткое изложение всех соответствующих Мер, Резолюций и предыдущих рекомендаций КООС, касающихся вопросов восстановления окружающей среды и ответственности (Приложение 1) и отчет о пределах ответственности в соответствующих международных документах (Приложение 2) для возможного будущего изменения пределов ответственности в Статье 9(2) Приложения VI к Протоколу по охране окружающей среды к Договору об Антарктике.

(152) Совещание поблагодарило Секретариат за подготовку документа, отметив, что он содержит ценную информацию для предстоящих дискуссий об улучшении режима ответственности в Антарктике.

(153) Консультативные стороны представили обновленную информацию о положении дел с ратификацией их государствами Приложения VI к Протоколу по охране окружающей среды и приведением национального законодательства в соответствие с положениями Приложения VI. Чили и Франция уведомили

Совещание о том, что они утвердили Приложение VI в предыдущем году. Несколько Сторон поздравили Чили и Францию с утверждением и отметили положительный прогресс, достигнутый на пути к вступлению в силу Приложения VI. Девятнадцать Консультативных сторон одобрили Приложение VI (Австралия, Великобритания, Германия, Испания, Италия, Нидерланды, Новая Зеландия, Норвегия, Перу, Польша, Российская Федерация, Украина, Уругвай, Финляндия, Франция, Чили, Швеция, Эквадор, Южно-Африканская Республика). Пять Консультативных сторон сообщили, что они применяют национальное законодательство о реализации Приложения VI до вступления Приложения VI в силу (Бельгия, Норвегия, Финляндия, Швеция и Южно-Африканская Республика). Некоторые Стороны сообщили, что они находятся в процессе приведения национального законодательства в соответствие с требованиями Приложения VI. Некоторые Стороны сообщили, что в их странах вышеупомянутый процесс может быть завершен уже в текущем законодательном периоде.

(154) Некоторые Стороны выразили желание получить дополнительную информацию и рекомендации от Сторон, которые уже завершили процесс принятия Приложения VI. Несколько Сторон, уже утвердивших Приложение VI к Протоколу, отметили, что они готовы поделиться своим опытом, как и Стороны, находящиеся в процессе реализации Приложения VI в свое внутреннее законодательство. Некоторые из этих Сторон предложили поделиться своим опытом, и им было предложено сделать это через СЭОИ.

(155) Несколько Сторон отметили, что они считают вступление в силу Приложения VI текущим приоритетом в отношении вопросов ответственности. Некоторые Стороны, сославшись на возможные трудности в обеспечении достаточной поддержки со стороны национальных законодательных органов, призвали все Стороны продолжать более широкий обмен мнениями по этому вопросу, пока продолжается принятие Приложения.

(156) Совещание решило продолжить оценку прогресса, достигнутого Консультативными сторонами в ратификации и принятии Приложения VI об ответственности, возникающей в результате чрезвычайных экологических ситуаций, и ввести это Приложение в действие в соответствии со Статьей IX Договора об Антарктике. Совещание призвало Стороны, все еще не одобрившие Приложение VI, заняться решением этого вопроса в первоочередном порядке. Совещание дало высокую оценку усилиям Сторон, направленным на введение документа в силу, и выразило надежду на получение новой информации о прогрессе на XLV КСДА.

(157) Совещание отметило, что в соответствии с Решением 5 (2015 г.) КСДА должно было принять в 2020 г. решение об установлении сроков для возобновления переговоров об ответственности и что обсуждение этого вопроса не проводилось в течение двух лет. Оно также отметило прогресс, достигнутый на пути к вступлению в силу Приложения VI, и то, что многие Стороны считают это текущим приоритетом в отношении ответственности. Совещание согласилось вернуться к вопросу об установлении сроков возобновления переговоров об ответственности в 2025 году и соответствующим образом обновить Многолетний стратегический план работы.

(158) После дискуссий Совещание приняло Решение 2 (2022 г.) *Ответственность, возникающая в результате чрезвычайных экологических ситуаций.*

Пункт 9: Биопроспектинг в Антарктике

(159) Совещание отметило, что биопроспектинг в Антарктике остается одним из пунктов Многолетнего стратегического плана работы, и рекомендовало сохранить

приоритетный статус этого вопроса на последующих совещаниях. Совещание также приняло к сведению рекомендации, которые СКАР представил в своем опросе среди стран-участниц относительно сбора биологических проб (Информационный документ IP 12 - XLIII КСДА). Большинство Сторон поддержали сохранение пункта Многолетнего стратегического плана работы и сохранение Форума КСДА по биопроспектингу для продолжения межсессионных дискуссий.

(160) Одна Сторона отметила отсутствие документов, представленных на XLIV КСДА, низкую эффективность Форума КСДА и предложила закрыть Форум КСДА по биопроспектингу. Некоторые Стороны выступили против сохранения этого пункта в Многолетнем стратегическом плане работы в 2023 году. Эти Стороны выразили готовность рассмотреть повторное включение этого пункта в Многолетний стратегический план работы на предстоящих совещаниях.

(161) Совещание вновь подтвердило, что Система Договора об Антарктике является отвечающей требованиям структурой для решения вопросов управления сбором биоматериала в районе действия Договора об Антарктике и его использования. Совещание согласилось сохранить этот пункт в повестке дня, но не достигло консенсуса в отношении сохранения Форума КСДА по биопроспектингу или сохранения этого пункта в Многолетнем стратегическом плане работы. Было заявлено, что Сторонам не нужен форум для продолжения обмена мнениями по этому вопросу в межсессионный период. Некоторые Стороны выразили заинтересованность в продолжении обсуждения сбора биологического материала в ходе неофициальных межсессионных консультаций. Несколько Сторон также заявили, что они работают над документами, касающимися биопроспектинга в Антарктике, которые они планируют представить будущему КСДА.

Пункт 10: Обмен информацией

(162) Испания представила Рабочий документ WP 9 *Обзор научной информации, содержащейся в СЭОИ.* В нем содержится напоминание Совещанию, что обмен информацией является обязательством, взятым на себя Сторонами в соответствии со Статьей III (1) (a) и Статьей VII (5) Договора об Антарктике, а также в соответствии со Статьей 17 Протокола по охране окружающей среды и его приложениями. Испания напомнила, что в Документе Секретариата SP 10 XLIII КСДА был отмечен спад активности обмена научной информацией между Сторонами, и предложила провести пересмотр научной информации, направленной в СЭОИ. Испания предложила Совещанию создать МКГ для инициирования такого пересмотра, а также для обсуждения и обмена идеями, которые помогут разработать полезные для Сторон инструменты. Испания призвала Наблюдателей и Экспертов внести свой вклад в эту работу, чтобы обеспечить согласованность данных в различных соответствующих базах данных.

(163) Совещание поблагодарило Испанию за ее документ и подчеркнуло, что обмен информацией является краеугольным камнем Системы Договора об Антарктике. Совещание также отметило недавние улучшения, внесенные Секретариатом в СЭОИ, и поблагодарило Секретариат за эту работу. Совещание подчеркнуло, что обмен научными данными и информацией уже осуществляется через ряд других национальных и международных хранилищ, таких как Справочник антарктических метаданных (AMD), которым управляет СКАР. Совещание согласилось с тем, что будущая работа должна быть направлена на упрощение обмена информацией и обеспечение согласованности данных в различных системах.

(164) СКАР поблагодарил Испанию за ее документ и подчеркнул свой давний интерес к обмену научной информацией и управлению данными. СКАР напомнил Совещанию о своем Постоянном комитете по управлению антарктическими данными (SCADM), который способствовал сотрудничеству между учеными и Сторонами в отношении обмена научными данными. СКАР также подчеркнул принцип FAIR в отношении данных, отметив, что данные полезны только в том случае, если они могут быть легко найдены (Findable), доступны (Accessible), согласованы (Interoperable) и пригодны для дальнейшего использования (Reusable). Он заявил, что достижение согласованности данных является особенно сложной задачей. СКАР также приветствовал приглашение Испании принять участие в потенциальной МКГ.

(165) Совещание поручило Секретариату запросить у всех Сторон информацию о том, как доказательства несоблюдения Договора или Протокола в Антарктике должны регистрироваться и передаваться в компетентные органы. Секретариат согласился сформировать такой запрос в межсессионный период и приветствовал предложение Великобритании помочь в составлении документа. Секретариат сообщил, что сопоставит ответы и представит документ на XLV КСДА.

(166) Приветствуя предложение, содержащееся в Рабочем документе WP 9, МААТО отметила свою предыдущую работу с компетентными органами по упрощению внесения данных в СЭОИ и выразила заинтересованность в участии в МКГ. Кроме того, МААТО признала, что национальным компетентным органам трудно привлекать к ответственности несанкционированные суда, отметив, что некоторые из этих судов все чаще допускают серьезные нарушения в своей деятельности, которая негативно сказывается на эффективности Системы Договора об Антарктике. МААТО предложила свою помощь в сборе соответствующей информации и запросила дополнительные указания относительно необходимой информации.

(167) Исполнительный секретарь отметил, что во избежание избыточности и дублирования сведений по другим направлениям Секретариат будет сотрудничать со СКАР и предоставлять обновленную информацию, представленную в Документах Секретариата SP 7 и SP 10 XLIII КСДА. По вопросу о несанкционированной деятельности Секретариат напомнил, что на сайте Секретариата был создан специальный форум для обеспечения комуникации между национальными компетентными органами, а также для предоставления информации об отказе в выдаче разрешений в качестве одного из Итоговых отчетов СЭОИ.

(168) Совещание решило создать МКГ по научной информации в СЭОИ с целью:

- обсуждения целесообразности ведения отчетности о международном научном сотрудничестве между Сторонами;
- изучения полей, содержащихся в пункте 2.1.2. (Научная деятельность в предыдущем году) Приложения к Решению 7 (2021 г.), чтобы определить, необходимо ли добавлять другие редактируемые поля, что позволило бы создавать сводные отчеты и тематические карты;
- анализа целесообразности включения в пункт 1 (Предсезонная информация) указанного Приложения раздела о научных проектах, которые предполагается разработать в рамках кампании следующего года;
- избежания дублирования уже представленной информации и избыточной нагрузки при выполнении требований по обмену информацией;
- ведения отчетности о результатах и предложениях МКГ на XLV КСДА с целью обновления Решения 7 (2021 г.); а также

- выявления любых конкретных тенденций в отчетности Сторон по СЭОИ с целью более широкого использования СЭОИ.

(169) Совещание также пришло к согласию относительно:

- предложения Наблюдателям и Экспертам, которые участвуют в КСДА, внести свой вклад;
- создания Исполнительным секретарем форума КСДА для МКГ и оказания содействия работе МКГ;
- назначения Испании координатором и поручения ей доложить на следующем КСДА о ходе работы МКГ.

(170) Эквадор представил Информационный документ IP 116 *Propuesta ecuatoriana de catálogo de objetos geográficos antárticos [Предложение Эквадора по каталогизации географических объектов Антарктики]*. В нем подчеркивается ценность каталогизации геообъектов для определения географических данных за счет оптимизации процессов генерации информации, повышения уровня ее согласованности и логичности, а также согласования структурирования информации. Эквадор привел примеры того, как база географических данных об антарктических объектах расширялась СКАР и Австралией. Эквадор планирует представить каталог и прилагаемое предложение о том, как продвигать эту работу, на 33-м совещании Администраторов латиноамериканских антарктических программ (RAPAL).

(171) Исполнительный секретарь отметил, что геоданные, размещенные на веб-сайте Секретариата, стандартизированы в соответствии с международными нормами.

Пункт 11: Вопросы образования

(172) Болгария представила Рабочий документ WP 23 *Пятый отчет Межсессионной контактной группы по образовательной и информационно-просветительской деятельности,* подготовленный совместно с Бельгией, Бразилией, Великобританией, Испанией, Португалией и Чили. Болгария напомнила, что XLIII КСДА поддержало продолжение работы МКГ по вопросам образовательной и информационно-просветительской деятельности, и отчиталась о работе МКГ за последний год, которую она проводила через Дискуссионный онлайн-форум КСДА. На этом форуме было представлено семь публикаций от четырех Сторон, посвященных национальным и международным образовательным и информационно-просветительским мероприятиям. Основные мероприятия включали празднования 30-летия подписания Протокола по охране окружающей среды и празднования «Полярной недели», в которых приняли участие почти 3000 студентов. МКГ рекомендовала КСДА: признать полезность Форума по вопросам образовательной и информационно-просветительской деятельности и поддержать продолжение работы МКГ в течение еще одного межсессионного периода; рекомендовать Сторонам продолжать пропагандировать использование Форума и предоставлять информацию о своей работе, связанной с образовательной и информационно-просветительской деятельностью; и рекомендовать Сторонам продолжать популяризировать не только Антарктику и антарктические исследования, но и Договор об Антарктике и Протокол по охране окружающей среды посредством своей образовательной и информационно-просветительской деятельности.

(173) Совещание поблагодарило авторов Рабочего документа WP 23 и поздравило МКГ с проделанной в межсессионный период работой. Стороны подчеркнули важную роль образовательной и информационно-просветительской деятельности в углублении наших знаний об Антарктике, особенно в контексте последствий

изменения климата. Стороны подчеркнули важность продвижения инклюзивности и разнообразия в антарктических программах и деятельности и отметили некоторые инициативы, которые уже реализуются. Некоторые Стороны и наблюдатели также отметили возможности получения образования через СКАР, КОМНАП и МААТО, включая различные стипендиальные программы для начинающих исследователей. Одна Сторона также выразила свое мнение о том, что образовательная и информационно-просветительская работа должна осуществляться в соответствии с Правилами процедуры КСДА.

(174) Совещание приняло решение о продлении мандата МКГ на работу по вопросам образовательной и информационно-просветительской деятельности в течение еще одного межсессионного периода с целью:

- обеспечения содействия совместной работе по образовательной и информационно-просветительской деятельности на национальных и международном уровнях;
- определения международных форм деятельности и (или) мероприятий в области образовательной и информационно-просветительской деятельности для возможного участия в них Сторон Договора об Антарктике;
- обеспечения обмена результатами образовательных и информационно-просветительских мероприятий по наглядному представлению работы Сторон Договора об Антарктике в области управления деятельностью в районе действия Договора об Антарктике;
- привлечения особого внимания к осуществляемым мероприятиям в области охраны окружающей среды, по которым имеются данные о результатах работы и научных наблюдений, в целях повышения роли и значения Договора об Антарктике и Протокола по охране окружающей среды к Договору;
- содействия работе Экспертов и Наблюдателей по вопросам образовательной и информационно-просветительской деятельности и поддержки сотрудничества с этими группами;
- обмена передовым опытом, а также поощрения, расширения и продвижения разнообразия и инклюзивности в глобальном антарктическом сообществе, в том числе среди ученых, логистов, политиков и всех других лиц, занимающихся вопросами Антарктики, с целью снижения любых барьеров для привлечения всех талантов, необходимых для решения проблем будущего Антарктики;
- поощрения Сторон к предоставлению в Секретариат ссылок на свои веб-страницы с образовательными и информационно-просветительскими ресурсами (Секретариат включит эти ссылки в свой раздел «Образовательные ресурсы» на веб-странице Секретариата); а также
- приглашения Сторон, Наблюдателей и Экспертов рассмотреть в межсессионный период на Образовательном и информационно-просветительском форуме КСДА работу, проделанную МКГ, и обсудить ее дальнейшее развитие.

(175) Совещание также пришло к согласию относительно:

- рекомендации Наблюдателям и Экспертам, которые участвуют в КСДА, внести свой вклад;
- создания исполнительным секретарем форума КСДА для МКГ и оказания содействия работе МКГ;
- назначения Болгарии координатором МКГ с представлением отчета о результатах работы МКГ на следующем КСДА.

(176) ВМО представила Информационный документ IP 74 *Education and Outreach Activities of the World Climate Research Programme [Образовательная и информационно-просветительская деятельность Всемирной программы исследований климата]*, в котором представлена образовательная и информационно-просветительская деятельность Всемирной программы исследований климата (ВПИК), спонсируемая ВМО. ВМО выделила две новые инициативы ВПИК: Академию ВПИК в области климатологии и стипендии и гранты в рамках проекта «Климат и криосфера» (CliC). Эти инициативы направлены на то, чтобы следующее поколение ведущих климатологов было готово взять на себя важную роль в руководстве программой климатических исследований и чтобы все ученые были готовы к взаимодействию с общественностью в контексте изменения климата.

(177) В рамках данного пункта повестки дня были также представлены и приняты без изменений следующие документы:

- Информационный документ IP 17 *Celebración del 30° Aniversario del Protocolo al Tratado Antártico sobre Protección del Medio Ambiente entre Chile y España [Празднование Чили и Испанией 30-летия Протокола к Договору об Антарктике по охране окружающей среды]* (Чили, Испания).
- Информационный документ IP 105 *Education & Outreach Activities of Turkey in 2021-2022 [Образовательная и информационно-просветительская деятельность Турции в 2021-2022 гг.]* (Турция).
- Информационный документ IP 126 *Actividades en Educación y Comunicación Antártica [Деятельность в области антарктического образования и коммуникации]* (Чили).

(178) В рамках данного пункта повестки дня были также представлены следующие документы:

- Вспомогательный документ BP 24 *Ventana de Tiempo: primera película colombiana filmada en la Antártica [Окно времени: первый колумбийский фильм, снятый в Антарктиде]* (Колумбия).
- Вспомогательный документ BP 28 *Antarctic education and outreach activities along 2021 [Антарктическая образовательная и информационно-просветительская деятельность в 2021 г.]* (Уругвай).
- Вспомогательный документ BP 32 *Romanian Education and Outreach Activities in 2020-2022 Pandemic [Образовательная и информационно-просветительская деятельность Румынии во время пандемии 2020-2022 гг.]* (Румыния).

Пункт 12: Многолетний стратегический план работы

(179) На Совещании был рассмотрен Многолетний стратегический план работы, принятый на XLIII КСДА (Документ Секретариата SP 11). Были рассмотрены возможные пути продвижения вперед в решении каждого вопроса первостепенной важности в предстоящие годы, а также вопросы возможного исключения из плана отдельных первоочередных задач и включения в него новых задач первостепенной важности.

(180) После обсуждения Совещание приняло Решение 3 (2022 г.) *Многолетний стратегический план работы Консультативного совещания по Договору об Антарктике.*

(181) Совещание подтвердило, что Многолетний стратегический план работы является полезным инструментом для поддержки его работы. Отметив, что прошло десять

лет с тех пор, как план работы был впервые принят на XXXV КСДА, Совещание сочло своевременным уделить внимание плану работы, поручив Секретариату помочь Совещанию в повышении эффективности и действенности Плана работы. Также было предложено, чтобы Стороны рассмотрели возможность представления на XLV КСДА документов о том, как Совещание могло бы использовать, поддерживать и оптимизировать план работы.

(182) Совещание поручило Секретариату проанализировать использование КСДА Многолетнего стратегического плана работы и доложить о своих выводах на XLV КСДА.

Пункт 13: Безопасность и деятельность в Антарктике

Безопасность и операционная деятельность: авиация

(183) КОМНАП представил Рабочий документ WP 17 *Дополнительные рекомендации КОМНАП в отношении пересмотра КСДА Резолюции о безопасности полетов в Антарктике* со ссылкой на Информационный документ IP 6 *Antarctic Aviation Workshop 2022 Report [Отчет Семинара по антарктической авиации 2022 г.]* и поблагодарил всех экспертов, принявших участие в работе семинара. В документе содержатся дополнительные рекомендации в отношении Резолюции 6 (2021 г.) *Безопасность полетов в Антарктике*. КОМНАП предложил обновления на основе результатов Антарктического авиационного проекта и Семинара по антарктической авиации 2022 года. Ключевые рекомендации включали: удаление слов «печатная копия»; рассмотрение возможности добавления нового подпункта постановляющей части в отношении требования включения транспондеров на всех воздушных судах, работающих в районе действия Договора об Антарктике, и в отношении настоятельной рекомендации использования технологии ADS-B In на всех воздушных судах, работающих в этом районе; добавление в пункт 8 слов «и другие операторы»; и добавление нового абзаца постановляющей части, касающегося наличия минимально рекомендуемого аварийно-спасательного оборудования на борту воздушных судов.

(184) МААТО заявила, что полностью поддерживает работу КОМНАП в области безопасности полетов, и отметила, что операторы воздушных судов МААТО были рады принять участие в семинаре и межсессионных дискуссиях. МААТО поддержала предложение о том, чтобы все операторы, как неправительственные, так и правительственные, установили оборудование для обеспечения безопасности воздушных операций.

(185) Многие Стороны поздравили КОМНАП с проделанной работой по обеспечению безопасности полетов и координации Семинара по антарктической авиации в 2022 году. Совещание приветствовало эту дополнительную рекомендацию КОМНАП в поддержку рассмотрения КСДА Резолюции о безопасности полетов в Антарктике. После обсуждения и консультаций Совещание в целом согласилось с рекомендациями, представленными КОМНАП в Рабочем документе WP 17.

(186) Совещание приняло Резолюцию 3 (2022 г.) *Безопасность полетов в Антарктике*.

(187) Колумбия представила Информационный документ IP 110 *Identificación de peligros de la operación aérea en la Antártida para gestionar la seguridad operacional de la Fuerza Aérea Colombiana — Fase II [Выявление опасностей для воздушных операций в Антарктике для управления оперативной безопасностью ВВС Колумбии — Фаза II]*. В нем сообщается о текущем исследовании ВВС Колумбии, направленном на выявление потенциальных рисков при проведении воздушных операций над Антарктическим полуостровом. Цель исследования состояла в том, чтобы эффективно разработать процедуры для повышения безопасности полетов

в этом районе. Колумбия отметила, что в исследовании особое внимание уделялось улучшению и обслуживанию взлетно-посадочных полос, а также использованию аэрофотосъемки и дронов для получения более подробных сведений об условиях полетов над Антарктическим полуостровом.

Операционная деятельность: морские операции

(188) Бразилия представила Информационный документ IP 64 *Hydrographic and Cartographic Activities of Brazil in the Antarctic Region carried out during the last two campaigns of the Brazilian Antarctic Program (OPERANTAR XXXIX e XL) [Гидрографическая и картографическая деятельность Бразилии в Антарктическом регионе, осуществленная в ходе двух последних кампаний Бразильской антарктической программы (OPERANTAR XXXIX e XL)]*. В документе сообщается о недавней работе Управления гидрографии и навигации (DHN) – организации, представляющей Бразилию в МГО. В нем также представлен обзор проведенных батиметрических и гидрографических съемок, а также навигационных карт и связанных с ними публикаций, обновленных Бразильской антарктической программой за последние два сезона.

(189) Аргентина представила Информационный документ IP 87 *Report on the 24th edition of the Joint Antarctic Naval Patrol between Argentina and Chile – 2021/2022 [Отчет о 24-м совместном морском патрулировании в Антарктике, проведенном Аргентиной и Чили]*, подготовленный совместно с Чили. Аргентина отметила, что с 1998 года совместно с Чили она проводит морское патрулирование Антарктики. Патрулирование включает в себя поисково-спасательные работы, работы по сбору отходов, мониторинг загрязнения и действия по ликвидации экологического ущерба с целью защиты судоходства и окружающей среды.

(190) Болгария сообщила Совещанию, что в предстоящем антарктическом сезоне она направит свое судно на болгарскую станцию Св. Климент Охридский.

(191) Ссылаясь на Информационный документ IP 92, Великобритания отметила, что ее исследователи наблюдали большие объемы загрязнения пластиком, поступающего с рыболовецких судов, действующих в Южном океане. Великобритания призвала АСОК продолжить представлять отчеты по этому вопросу.

(192) Касательно представленных документов по вопросам судоходства Совещание отметило важность активизации обмена мнениями о национальном опыте гидрографических исследований, а также о применении Полярного кодекса в Антарктике. Поэтому Совещание предложило Сторонам поделиться документами по этим вопросам на следующем КСДА. Следуя предложению Финляндии, Совещание поддержало организацию тематического заседания по повестке дня XLV КСДА для улучшения и поддержки согласованного применения Полярного кодекса ИМО в водах вокруг обоих полюсов.

(193) В рамках данного пункта повестки дня был также представлен и принят без изменений следующий документ:

- Информационный документ IP 92 *Developments to enhance the safety of pleasure yachts and fishing boats operating in the Antarctic Treaty area [Разработки по повышению безопасности прогулочных яхт и рыболовных судов, работающих в районе действия Договора об Антарктике]* (АСОК).

Безопасность и операционная деятельность: станции

(194) КОМНАП представил Рабочий документ WP 18 *Отчет о планах действий в чрезвычайных ситуациях и выполнении оценки рисков стихийных бедствий на*

антарктических станциях. Он напомнил, что в Резолюции 7 (2021 г.) КОМНАП было предложено представить отчет для оценки общей ситуации с планами действий в чрезвычайных ситуациях на антарктических базах и его вспомогательных операций, а также степени выполнения программ оценки риска стихийных бедствий. КОМНАП сообщил, что провел опрос для оценки общей ситуации с планами действий в чрезвычайных ситуациях и эвакуации, процедур и наличия укрытий или мест эвакуации в случае стихийного бедствия, затрагивающего антарктические станции и их вспомогательные операции. Опрос прошли все национальные программы Членов, имеющие станции. Результаты опроса показывают, что 20 из 29 национальных антарктических программ Членов КОМНАП с одной или несколькими станциями в районе действия Договора об Антарктике имеют планы действий в чрезвычайных ситуациях на случай стихийного бедствия. Они также показали, что 23 из этих национальных антарктических программ имеют убежища на случай стихийного бедствия. КОМНАП предложил Сторонам учесть эти результаты при пересмотре своих планов действий в чрезвычайных ситуациях и будущей работе в рамках КСДА по этой теме. КОМНАП также подчеркнул, что это исследование было первым шагом к более крупному проекту по этим вопросам.

(195) Совещание поблагодарило КОМНАП за комплексный документ о планах действий в чрезвычайных ситуациях и оценке риска стихийных бедствий на антарктических станциях. Многие Стороны подчеркнули важность этой работы и заявили, что они учтут эти результаты при разработке будущих планов действий в чрезвычайных ситуациях. Многие Стороны и МААТО также выразили готовность продолжить сотрудничество с КОМНАП по этому вопросу.

(196) Великобритания и Аргентина отметили, что при дальнейшей оценке положения дел с планами действий в чрезвычайных ситуациях и эвакуации, процедурах и наличии укрытий или мест эвакуации на антарктических станциях следует принимать во внимание риск возникновения стихийных бедствий, чтобы сосредоточить усилия там, где в этом есть потребность. В контексте чрезвычайных ситуаций было предложено рассмотреть другие стихийные бедствия.

(197) Наконец, Совещание подчеркнуло важность содействия широкому участию в Группе технического сотрудничества, которую КОМНАП организует для выявления пробелов в знаниях и готовности реагировать на риски, связанные с сейсмической активностью. КОМНАП согласился представить дополнительную информацию об этой работе на одном из предстоящих КСДА.

(198) Германия представила Информационный документ IP 59 *Report on Refurbishment and Modernization of the German Antarctic Receiving Station GARS O'Higgins [Отчет о реконструкции и модернизации немецкой антарктической приемной станции GARS O'Higgins]*. В нем подчеркивается необходимость модернизации станции GARS O'Higgins для уменьшения антропогенного влияния и отмечается, что станция находится в эксплуатации более 30 лет. Германия отметила, что использование кранов было разрешено только к востоку от станции, где находится чилийский участок, в целях защиты гнездовий колоний папуасских пингвинов в непосредственной близости от зданий станции. Меры по защите папуасских пингвинов также включали ограждение для защиты пингвинов. Германия поблагодарила, в частности, Чили, а также Бразилию за оказанную логистическую поддержку.

(199) Германия представила Информационный документ IP 70 *Energetic modernisation of the German Neumayer-Station III [Модернизация энергетической инфраструктуры немецкой станцииНоймайер III]*, в котором рассматриваются возможности модернизации энергетической инфраструктуры, совершенствования

технологий возобновляемых источников энергии и снижения эксплуатационных расходов. Хотя станция Ноймайер III была значительно больше, чем станция Ноймайер II, она потребляла на 50 процентов меньше топлива благодаря оптимизации энергопотребления. Германия также сообщила Совещанию, что в качестве начала модернизации в январе 2023 года планируется установить новую ветряную турбину номинальной мощностью 50 кВт и испытывать ее в течение минимум одного года.

(200) Совещание поблагодарило Германию за представленные документы и отметило свою заинтересованность в сотрудничестве и заимствовании опыта у Германии в отношении будущих планов модернизации с целью всеобщего снижения антропогенного влияния на Антарктику.

(201) Несколько Сторон отметили, что в перспективе действенным решением в борьбе с изменением климата может стать не только модернизация, но и объединение станций или совместная логистическая деятельность. Отметив увеличение объема строительных работ в Антарктике, Совещание предложило Сторонам продолжить обмен информацией и опытом в вопросах окружающей среды, безопасности и культуры в процессе строительных работ на благо всех Сторон.

(202) КОМНАП напомнил Совещанию о своем Информационном документе IP 47 XLII КСДА и материалах Симпозиума КОМНАП по модернизации станций. КОМНАП также отметил свою готовность продолжать предоставлять практические и технические консультации, чтобы помочь КСДА в принятии решений в вопросах модернизации.

(203) Эквадор представил Информационный документ IP 115 *Análisis de riesgos de desastres naturales en la zona de influencia de la Estación Sientífica "Pedro Vicente Maldonado" [Анализ риска стихийных бедствий в зоне влияния Научной станции «Педро Висенте Мальдонадо»]*, в котором приведен анализ климатических, экологических и антропогенных аспектов для снижения риска возможных стихийных бедствий на эквадорской научной станции. Эквадор отметил инициативу КОМНАП по оценке состояния планов действий в чрезвычайных ситуациях на антарктических базах и выполнения программ по оценке рисков, связанных со стихийными бедствиями, изложенную в Резолюции 7 (2021 г.). Эквадор сообщил, что он планирует совместно с Чили разработать совместные правила поведения при возникновении чрезвычайных ситуаций, поскольку обе стороны имеют опыт оповещения о цунами.

(204) Уругвай представил Информационный документ IP 33 *Proyecto Cambio de matriz energética Base Científica Antártica Artigas*. Instalación de Generador Eólico *[Проект изменения энергетического баланса антарктической научной базы Артигас. Установка ветрогенератора]*, в котором сообщается об установке портативной ветряной турбины на станции Артигас. Уругвай заявил, что в настоящее время он проводит испытания, результаты которых будут оценены в сезоне 2022/23 гг., и что он намерен в конечном итоге построить парк ветряных электростанций, чтобы свести к минимуму выбросы парниковых газов и отказаться от использования ископаемых видов топлива в Антарктике.

(205) Секретариат представил Документ Секретариата SP 7 *Планы по управлению ликвидацией отходов и Планы действий в чрезвычайных ситуациях: Анализ информации, предоставленной Сторонами в СЭОИ*. В этом документе анализируется состояние и изменения данных, соответствующих требованиям к обмену информацией для планов по управлению ликвидацией отходов и планов действий в чрезвычайных ситуациях, содержащихся в годовом отчете и постоянной информации, которые Стороны представили в СЭОИ в период с 2012 по 2021 гг. Настоящее исследование показывает, что в отношении положений

Приложения III и Приложения IV к Протоколу данные, предоставленные в отношении планов по управлению ликвидацией отходов и планов действий в чрезвычайных ситуациях, представляются неполными и несогласованными между Сторонами. Секретариат отметил, что отсутствие доступных и обновленных планов по управлению ликвидацией отходов и планов действий в чрезвычайных ситуациях в СЭОИ не обязательно исключает наличие таких планов. Секретариат упомянул о своей готовности помочь Сторонам в использовании СЭОИ.

(206) МААТО приветствовала обмен информацией о планах по управлению ликвидацией отходов и планах действий в чрезвычайных ситуациях. Она отметила, что Приложения III и IV также применимы к неправительственным операторам и операторы МААТО заинтересованы в том, чтобы их планы действий в чрезвычайных ситуациях и в случае необходимости планы по управлению ликвидацией отходов были доступны в СЭОИ.

(207) Совещание поблагодарило Секретариат за проведенный анализ и призвало его продолжать представлять подобные отчеты. Оно отметило, что управление ликвидацией отходов является важным аспектом Протокола по охране окружающей среды и требует постоянного совершенствования. Кроме того, Совещание подтвердило важность обмена информацией для соблюдения требований прозрачности Системы Договора об Антарктике и необходимость продолжения работы по его совершенствованию. Совещание также призвало Стороны воспользоваться предложением Секретариата о проведении виртуальных учебных занятий по использованию СЭОИ.

(208) В рамках данного пункта повестки дня были также представлены следующие документы:

- Вспомогательный документ BP 1 *Indoor Farming Facility at the Antarctic King Sejong Station [Крытый фермерский комплекс на антарктической станции King Sejong]* (Республика Корея).
- Вспомогательный документ BP 4 *Resumen sobre la Campaña Antártica de Verano 2021-2022 [Краткий обзор летней антарктической кампании 2021-2022 гг.]* (Уругвай).
- Вспомогательный документ BP 5 *Update of the Information on the Progress of the Renovation of the Henryk Arctowski Polish Antarctic Station on King George Island, South Shetland Islands [Обновление информации о ходе реконструкции польской антарктической станции Арцтовский на острове Кинг-Джордж (Ватерлоо), Южные Шетландские острова]* (Польша).
- Вспомогательный документ BP 6 *40th Brazilian Antarctic Operation (OPERANTAR XL) – 2021/2022 [40-я антарктическая операция Бразилии (OPERANTAR XL) – 2021/2022 гг.]* (Бразилия).
- Вспомогательный документ BP 7 *Celebrating the 40 years of the Brazilian Antarctic Program (PROANTAR) [Празднование 40-летия Бразильской антарктической программы (PROANTAR)]* (Бразилия).
- Вспомогательный документ BP 16 *Мониторинг опасных объектов на леднике в районе холмов Ларсеманн (Восточная Антарктида)* (Российская Федерация).
- Вспомогательный документ BP 20 *Installation of the VHF Repeater Module on Horseshoe Island [Установка модуля ретранслятора УКВ на острове Хорсшу]* (Турция).
- Вспомогательный документ BP 22 *О ходе работ по сборке нового зимовочного комплекса станции Восток в сезоне 2021/2022* (Российская Федерация).

- Вспомогательный документ BP 27 *Postergación de la XXVI Expedición Antártica Ecuatoriana [Отсрочка XXVI антарктической экспедиции Эквадора]* (Эквадор).

Вопросы, касающиеся борьбы с пандемией COVID-19

(209) КОМНАП представил Информационный документ IP 94 *National Antarctic Programs' operations as the global pandemic continued [Работа национальных антарктических программ во время продолжающейся глобальной пандемии]* (КОМНАП). КОМНАП заявил, что совместная работа национальных антарктических программ по реагированию на COVID-19, возможно, стала лучшим примером международного сотрудничества в отношении антарктической деятельности за последнее время. В документе сообщается о сезоне 2021/2022 г., о руководстве КОМНАП по COVID-19 и о выполнении этого руководства национальными антарктическими программами в целях содействия научным исследованиям Антарктики. Он высоко оценил приверженность всех национальных антарктических программ выполнению протоколов.

(210) Совещание поблагодарило КОМНАП за обновленную информацию и подчеркнуло чрезвычайно сложные обстоятельства для проведения исследований в Антарктике в сезоне 2021/2022 г. Совещание высоко оценило ведущую роль КОМНАП в содействии обмену опытом и разработке рекомендаций, которые помогли Сторонам содействовать развитию передовой науки в условиях пандемии. Особая благодарность была выражена Объединенной экспертной группе СКАР и КОМНАП по биологии человека и медицине и Специальному подкомитету КОМНАП по COVID-19 за их отменную и неустанную работу во время пандемии.

(211) Совещание выразило особую благодарность всем ученым и сотрудникам национальных антарктических программ, которые совместно работали над спасением жизней и обеспечением того, чтобы научные исследования могли продолжаться несмотря на пандемию. Оно признало работу национальных антарктических программ в отправных пунктах Аргентины, Австралии, Чили, Новой Зеландии и Южно-Африканской Республики по содействию и обеспечению связи для безопасного попадания в Антарктику участников других программ через их аэропорты и порты, а также работу по управлению их собственными комплексными программами. Совещание также отметило ценную работу Объединенной экспертной группы по биологии человека и медицине под руководством Медицинского подразделения Британской антарктической службы и Специального подкомитета КОМНАП по COVID-19 под руководством Института Альфреда Вегенера в (Центр полярных и морских исследований им. Гельмгольца).

(212) МААТО поблагодарила КОМНАП за тесное сотрудничество и коммуникацию во время пандемии. Хотя операторы МААТО не осуществляли посещения туристами научно-исследовательских станций в сезоне 2020–2021 годов, пять операторов МААТО оказали логистическую помощь национальным антарктическим программам. МААТО отметила, что эти операторы соблюдали протоколы КОМНАП и национальных антарктических программ и будут продолжать делать это в будущем. МААТО также отметила совместную работу и коммуникацию со Сторонами, имеющими отправные пункты в Антарктику.

(213) СКАР отметил, что долгосрочные исследования необходимы для понимания текущих и будущих условий окружающей среды Антарктики и Южного океана, динамики нашей Солнечной системы и основ устройства Вселенной. От имени научного сообщества СКАР поблагодарил КОМНАП и национальные

антарктические программы за предоставление возможности продолжать подобные долгосрочные научные исследования в сложных условиях пандемии и за обеспечение безопасности научного сообщества в эти непростые времена.

(214) КОМНАП поблагодарил Стороны за их огромную поддержку и отметил, что решение проблем, связанных с пандемией, стало возможным только благодаря участию национальных антарктических программ и открытому общению с Секретариатом МААТО. КОМНАП подтвердил, что уже работает над обновленным руководством на сезон 2022/2023 годов.

(215) В рамках данного пункта повестки дня были также представлены и приняты без изменений следующие документы:

- Информационный документ IP 57 *DROMLAN's efforts to prevent the spread of SARS-CoV-2 virus within the Dronning Maud Land, Antarctica [Усилия DROMLAN по предотвращению распространения вируса SARS-CoV-2 на Земле Королевы Мод, Антарктида]* (Германия, Индия).
- Информационный документ IP 58 ред.1 *Efficiently and Safely Conducting Expeditions in the Arctic and Antarctic During the SARS-CoV-2 Pandemic [Эффективное и безопасное проведение экспедиций в Арктике и Антарктике во время пандемии SARS-CoV-2]* (Германия).

(216) В рамках данного пункта повестки дня был также представлен следующий документ:

- Вспомогательный документ BP 29 *Outcome of the application of the Sanitary Protocol for Uruguay's Antarctic activities during 2021-2022, and its update [Результат применения Санитарного протокола для деятельности Уругвая в Антарктике в 2021-2022 гг. и его обновление]* (Уругвай).

Пункт 14: Инспекции в рамках Договора об Антарктике и Протокола по охране окружающей среды

(217) Чили представила Информационный документ IP 29 *Seminario sobre inspecciones Antárticas [Семинар по антарктическим инспекциям].* В документе инспекции отмечены как ключевой механизм Системы Договора об Антарктике и представлена концепция семинара, позволяющего Сторонам, проводившим инспекции в Антарктике, поделиться своими знаниями и создать возможности для сотрудничества. Чили сообщила Совещанию, что совместно с Аргентиной они организуют семинар по антарктическим инспекциям в ноябре 2022 г. и со временем предоставит свое техническое задание другим Сторонам.

(218) Совещание напомнило, что на XLII КСДА было принято решение неофициально обсудить вопросы, связанные с инспекциями. Совещание поблагодарило Чили и Аргентину за организацию семинара в соответствии с этим решением. Многие Стороны отметили, что они готовы принять участие в семинаре.

Пункт 15: Вопросы науки, будущих проблемных аспектов научной деятельности, научного сотрудничества и содействия

Вопросы научного сотрудничества и содействия

(219) Турция представила Информационный документ IP 99 *Czechia-Turkey Scientific and Logistic Collaboration in Antarctica [Научное и логистическое сотрудничество Турции и Чехии в Антарктике]*, подготовленный совместно с Чешской Республикой, в котором представлена информация о сотрудничестве между

Чехией и Турцией во время 6-й Турецкой антарктической экспедиции (TAE-VI). Турция также представила Информационный документ IP 102 *Bulgaria-Turkey Scientific and Logistic Collaboration in Antarctica [Научное и логистическое сотрудничество Болгарии и Турции в Антарктике]*, подготовленный совместно с Болгарией, в котором представлена информация о сотрудничестве между 30-й Болгарской антарктической экспедицией и TAE-VI. Турция сообщила, что все Стороны этого проекта добросовестно выполнили свои обязательства и провели совместные операции в духе солидарности и взаимной поддержки. Турция отметила, что международное научное сотрудничество не только способствует интересам отдельных исследовательских проектов, но и помогает уменьшить углеродный след в Антарктиде.

(220) Турция представила Информационный документ IP 103 *A Memorandum of Understanding between the Ministry of Science and Innovation of the Kingdom of Spain and the Scientific and Technological Research Council of Turkey [Меморандум о взаимопонимании между Министерством науки и инноваций Королевства Испания и Советом по научным и технологическим исследованиям Турции]*, подготовленный совместно с Испанией, в котором сообщается о подписании меморандума о взаимопонимании между Испанией и Турцией в отношении сотрудничества в области полярных наук и логистики. Турция также представила Информационный документ IP 104 *Memorandum of Understanding between the Scientific and Technological Research Council of Turkey, Marmara Research Center, Polar Research Institute and the National Institute of Polar Research, the Research Organization of Information and Systems [Меморандум о взаимопонимании между Советом по научным и технологическим исследованиям Турции, Исследовательским центром Marmara, Институтом полярных исследований и Национальным институтом полярных исследований, Исследовательской организацией информации и систем]*, подготовленный совместно с Японией, в котором сообщается о подписании меморандума о взаимопонимании между национальными компетентными учреждениями Турции и Японии, занимающимися полярными исследованиями. На Совещании Турция выразила надежду, что результатом этого станет проведение совместных полярных исследований и координация интеллектуальной деятельности, более эффективное использование ресурсов, сотрудничество в сфере полярной логистики, а также расширенный обмен научной информацией и материалами исследований.

(221) Совещание поблагодарило Турцию и отметило полезность информирования КСДА об официальных соглашениях, которые они заключают по вопросам антарктического или полярного научного сотрудничества.

(222) ВМО представила Информационный документ IP 106 *WMO Unified Data Policy and the Global Basic Observing Network (GBON) [Единая политика данных и Глобальная базовая сеть наблюдений ВМО (GBON)]*, в котором сообщается о принятии пересмотренной и обновленной политики данных и сети обмена информацией после внеочередной сессии Всемирного метеорологического конгресса 2021 года. ВМО сообщила, что Единая политика данных устанавливает общие задачи, объем и цель обмена данными между всеми членами ВМО, в то время как ожидается, что GBON значительно повысит глобальную доступность данных наблюдений. Политика направлена на расширение опыта ВМО по обмену информацией, чтобы охватить все соответствующие данные ВМО о Земле, выходя за рамки данных о погоде, климате и воде и включая такие области, как состав атмосферы, океанография, криосфера и космическая погода. ВМО сообщила, что новые инструменты призваны облегчить свободный и открытый обмен данными и результатами измерений между различными метеорологическими организациями, улучшить модели численного прогнозирования и помочь метеорологическим учреждениям во всем мире получить доступ к крайне необходимым наблюдениям.

(223) Совещание поблагодарило ВМО за ее доклад и отметило потенциал новой политики и сети, которые могут принести пользу ключевым исследовательским и метеорологическим учреждениям во всем мире.

(224) КОМНАП представил Информационный документ IP 5 *Early Career Opportunities: Antarctic Fellowships & Scholarships [Возможности для молодых специалистов: стипендии и дотации для антарктических исследований]*, подготовленный совместно с АНТКОМ, СКАР и МААТО. В документе описывается совместная работа четырех соавторов в области поддержки молодых специалистов в их исследованиях Антарктики и инженерных проектах. КОМНАП подчеркнул важность предоставления возможностей молодым специалистам как для начинающих ученых и инженеров, так и для общего благополучия антарктических исследований. КОМНАП призвал все Стороны довести эти возможности до сведения своих молодых сотрудников.

(225) Участники Совещания поблагодарили соавторов за Информационный документ IP 5 и отметили высокую ценность последних двадцати лет сотрудничества в вопросах поддержки молодых специалистов в области антарктических исследований, науки и инженерных проектов.

(226) Уругвай представил Информационный документ IP 28 *Uruguay, país anfitrión de la XXXII Reunión de Administradores de Programas Antárticos Latinoamericanos [Уругвай, принимающая страна XXXII Совещания руководителей латиноамериканских антарктических программ]*, в котором сообщается о последнем совместном заседании RAPAL в сентябре 2021 года. Уругвай представил ключевые функции RAPAL как форума, содействующего дискуссиям и обменам по антарктическим научным, логистическим и исследовательским вопросам между латиноамериканскими странами и другими приглашенными сторонами. Он отметил, что сотрудничество осуществлялось на протяжении более двух десятилетий в духе солидарности и кооперации в рамках системы Договора об Антарктике.

(227) Совещание поблагодарило Уругвай за представленный документ. Аргентина поблагодарила Уругвай за организацию мероприятия и подчеркнула важность RAPAL для всех национальных латиноамериканских антарктических программ.

(228) Совещание поблагодарило Стороны за их документы и подтвердило свою поддержку дальнейшей международной кооперации в области научного сотрудничества и оказания помощи в Антарктике.

(229) В рамках данного пункта повестки дня были также представлены и приняты без изменений следующие документы:

- Информационный документ IP 12 *Scientific and Science-related Cooperation with the Antarctic Community and Responses to COVID-19 [Научное и связанное с наукой сотрудничество с антарктическим сообществом и меры по реагированию на COVID-19]* (Республика Корея).
- Информационный документ IP 13 *Korea-Chile Collaboration in Antarctic Research [Сотрудничество Кореи и Чили в проведении антарктических исследований]* (Республика Корея, Чили).

(230) В рамках данного пункта повестки дня были представлены следующие документы:

- Вспомогательный документ BP 2 *Icebreaking polar class research vessels: New Antarctic fleet capabilities [Ледокольные научно-исследовательские суда полярного класса: новые возможности антарктического флота]* (КОМНАП).

- Вспомогательный документ BP 17 *Colombia avanza en los propósitos de su Programa Antártico con la construcción de un buque de investigación científico-marina Ice Class 1C [Колумбия продвигается вперед в достижении целей своей антарктической программы, построив научно-морское научно-исследовательское судно ледового класса 1C]* (Колумбия).
- Вспомогательный документ BP 31 *Antarctic research skills acquired under cooperation between Romania and Republic of Korea 2015-2020 [Опыт проведения антарктических исследований, приобретенный в рамках сотрудничества Румынии и Республики Корея в 2015–2020 гг.]* (Румыния).

Вопросы науки и будущие проблемные аспекты научной деятельности

(231) США представили Информационный документ IP 26 *International Thwaites Glacier Collaboration: The Future of Thwaites Glacier and its Contribution to Sea-level Rise [Международное сотрудничество по леднику Туэйтса: будущее ледника Туэйтса и его влияние на повышение уровня моря],* подготовленный совместно с Великобританией. В документе содержится обновленная информация о совместной исследовательской программе Национального научного фонда США (NSF) и Научно-исследовательского совета по охране окружающей среды Великобритании (NERC), целью которой было получение надежных долгосрочных прогнозов потери льда и повышения уровня моря, обусловленному таянием ледника Туэйтса. В нем подчеркивается важная роль ледника Туэйтса как области, представляющей интерес в связи с продолжающимся изменением климата. Согласно текущим оценкам, таяние лишь этого ледника способствовало повышению глобального уровня моря на четыре миллиметра из общего повышения глобального уровня моря на три метра, которое могло произойти в результате общей потери Западно-Антарктического ледяного щита. Результаты проекта были опубликованы в различных средствах информации и широко доступны мировому научному сообществу. В заключение США подчеркнули важность международного сотрудничества в поддержке долгосрочных исследовательских проектов и подтвердили свою полную приверженность продвижению научного исследования морских ледяных щитов и климатических условий в районе ледника Туэйтса.

(232) Великобритания подчеркнула важность международного сотрудничества в осуществлении исследовательских проектов такого масштаба и отметила, что для решения важнейших и сложных вопросов, связанных с глобальным изменением климата, необходимо наладить тесное сотрудничество в области науки, логистики и обмена информацией.

(233) Норвегия представила Информационный документ IP 73 *Troll Observing Network (TONe) – A new research infrastructure supporting Earth System science with data from Dronning Maud Land [Сеть наблюдения станции Тролль (TONe) — Новая исследовательская инфраструктура, поддерживающая науку о системе Земли с данными с Земли Королевы Мод]*, в котором описывается новый проект исследовательской инфраструктуры, финансируемый Норвежским исследовательским советом. Норвегия подчеркнула, что Сеть наблюдения станции Тролль (TONe) является ответом на Резолюцию 8 (2021 г.), в которой содержится призыв к Сторонам поддержать усилия по проведению исследований изменения климата Антарктики и его последствий. Она отметила, что TONe получила поддержку от ряда заинтересованных сторон из Норвегии и других стра, и что данные, собранные обсерваториями TONe, будут доступны всему научному сообществу в соответствии со Статьей III Договора об Антарктике.

(234) Швейцария представила Информационный документ IP 119 *Switzerland's contribution to snow research in Antarctica 2011-2021 [Вклад Швейцарии в исследования снега в Антарктике в 2011–2021 гг.]*, в котором подводятся итоги исследований за последние десять лет, проведенных швейцарскими учеными в отношении снега и фирна в Антарктике на различных принимающих станциях. Рассмотрев различные научные вклады и достижения, Швейцария выразила благодарность всем своим международным партнерам и, в частности, Сторонам, станции которых принимали швейцарские экспедиции и исследователей.

(235) ВМО представила Информационный документ IP 71 *Winter Targeted Observing Periods and Further Plans of the Year of Polar Prediction in the Southern Hemisphere (YOPP-SH) [Зимние целевые периоды наблюдений и дальнейшие планы Года полярного прогноза в Южном полушарии (ГПП-ЮП)]*. В документе представлена обновленная информация о деятельности, предпринятой в Антарктике в рамках Проекта полярного прогнозирования (ППП) ВМО после XLII КСДА. В документе описывается, как Год полярных прогнозов (ГПП), будучи неотъемлемой частью деятельности ППП, активизировал дополнительные усилия по наблюдениям и моделированию как в Арктике, так и в Антарктике. ВМО сообщила, что текущая деятельность в рамках ГПП включала второй специальный период наблюдений за Антарктикой, целью которого было улучшение прогнозирования в нелетние месяцы. Работа и анализ результатов продолжатся до сезона 2023-2024 годов. ВМО также сообщила, что предстоящий Заключительный саммит ГПП должен состоятся в Монреале в августе 2022 года. В заключение ВМО поручила всем Сторонам поделиться информацией о портале данных ГПП со своими метеорологическими субъектами и сетями, чтобы помочь создать комплексную метеорологическую базу данных для взаимной выгоды.

(236) Совещание поблагодарило ВМО за ее ценный вклад и подчеркнуло важность Года полярных прогнозов для всего антарктического сообщества. Оно также поздравило ВМО с ее работой по информированию общественности и широким обменом данными о погоде в полярных регионах.

(237) Эквадор представил Информационный документ IP 113 *Avances del proyecto de Generation de un robot submarino para su uso en la Antártida [Ход реализации проекта по созданию подводного робота для использования в Антарктике]*, в котором представлен обзор разработки подводного робота, предназначенного для глубоководных исследований Антарктики. Устройство с дистанционным управлением, сочетающее технологии подводной робототехники и искусственный интеллект, может использоваться для погружения на глубину до 8000 метров и было разработано исследователем, специализирующемся в этой области, в ходе сотрудничества с университетами Эквадора, Новой Зеландии и Австралии. Эквадор предложил другим Сторонам рассмотреть вопрос об оказании Эквадору помощи в транспортировке подводной лодки в антарктические воды и помощи в проведении ее испытаний в антарктических условиях.

(238) Китай представил Информационный документ IP 122 *Group-size effect on vigilance and flight initiation distances of Adélie penguins in south-eastern Antarctica [Влияние размера группы на активное внимание и дистанцию начала полета у пингвинов Адели в юго-восточной Антарктиде]*, в котором описаны результаты 36-й Китайской национальной антарктической исследовательской экспедиции в отношении пингвинов Адели к потенциальному беспокойству в результате деятельности человека. Сообщив о результатах проведенных исследований, которые могут помочь улучшить методы навигации и охрану окружающей среды в Антарктике, Китай подтвердил намерение продолжить поддерживать это исследование. В заключение он предложил другим Сторонам со схожими интересами присоединиться к этим исследованиям.

(239) Германия представила Информационный документ IP 60 *Information about the German concept paper "Polar Regions in Transition" [Информация о немецком концептуальном документе «Переходная фаза полярных регионов»]*. В документе обобщены выводы и рекомендации подробного концептуального документа о полярных исследованиях, составленного новым специальным консультативным советом по заказу Федерального министерства образования и исследований Германии. Германия обратила внимание других Сторон на структуру концептуального документа, в которой был использован подход к исследованиям Антарктики путем постановки ряда наводящих вопросов и предоставления конкретных рекомендаций по программам дальнейших исследований. Она отметила, что документ был размещен в открытом доступе онлайн на английском языке для ознакомления всех заинтересованных Сторон.

(240) США представили Информационный документ IP 27 *The Value of Long-term Ecological Datasets to Evaluate Ecosystem Response to Environmental Change along the Antarctic Peninsula [Значение долгосрочных наборов экологических данных для оценки реакции экосистемы на изменение окружающей среды вдоль Антарктического полуострова]*. В отчете подчеркивается необходимость проведения исследований сложных климатических обратных связей между атмосферой, льдом и океанами, определяющих динамику и эволюцию экосистемы Антарктики. В нем подчеркивается ценность долгосрочных исследовательских программ, направленных на прогнозирование развития глобальных изменений в ближайшие десятилетия и создание научной основы для разработки будущих планов действий по повышению устойчивости экосистем. США отметили, что их Долгосрочная программа экологических исследований (LTER) разрабатывается с 1980-х годов и охватывает пять полярных участков, два из которых находятся в Антарктике. Таким образом, они смогли предоставить уникальную информацию о региональных экологических изменениях за три десятилетия. Среди заслуживающих особого внимания долгосрочных результатов, помимо данных о прямой потере ледяных щитов, были наблюдения за критическими последствиями потери морского льда, приводящими к изменениям в местах обитания, что благоприятствует одним видам и подвергает опасности другие. Результаты были широко опубликованы, и США призвали все заинтересованные Стороны обратиться в Центр данных антарктических исследований США для получения дополнительной информации.

(241) СКАР представил Информационный документ IP 107 ред. 1 *The Southern Ocean contribution to the United Nations Decade of Ocean Science for Sustainable Development [Вклад Южного океана в Десятилетие науки об океане в интересах устойчивого развития под эгидой Организации Объединенных Наций]*, подготовленный совместно с Бельгией, Нидерландами, МААТО, ВМО и Целевой группой по Южному океану. В нем сообщается, что в состав Целевой группы входят организации из научно-исследовательского сообщества, промышленных секторов, а также национальных и международных органов управления. СКАР сообщил, что целью Десятилетия наук об океане под эгидой ООН было собрать заинтересованные в океане стороны со всего мира в рамках общей структуры исследований для поддержки устойчивого будущего мирового океана. Сообщество Южного океана участвовало в процессах, ориентированных на заинтересованные стороны, для разработки плана действий по Южному океану, опубликованного в апреле 2022 года. СКАР отметил, что Десятилетие наук об океане предоставило уникальную возможность объединить заинтересованные стороны, чтобы сосредоточиться на потребностях в исследованиях Южного океана. Он также сообщил, что целью плана действий является определение задач исследований, укрепление связей между наукой, промышленностью и политикой, а также поощрение международной совместной деятельности для устранения

пробелов в знаниях и данных. Как указано в Информационном документе, план действий по Южному океану теперь можно бесплатно загрузить.

(242) Колумбия представила Информационный документ IP 109 *II Congreso Internacional «Colombia y su proyección en la Antártica» [II Международный конгресс «Колумбия и ее проекция в Антарктике»]*, в котором представлен ежегодный международный конгресс, проводимый в Колумбии, по охране Антарктики как пространства академических исследований и научного сотрудничества. В 2021 году конгресс проходил в гибридном формате и был направлен на содействие обсуждению и повышению осведомленности об Антарктике, а также на помощь в формулировании национальной политики в отношении Антарктики. Отметив участие международных партнеров из Бразилии, Чили, Эквадора и других стран, Колумбия выразила признательность всем национальным и международным антарктическим институтам за их активное сотрудничество.

(243) Турция представила Информационный документ IP 101 *Turkish Polar Science Workshops [Турецкие Семинары по полярной науке]*, в котором сообщается о ежегодных Национальных научных семинарах по полярной науке, проводимых в Турции с 2017 года. Турция отметила, что 5-й Национальный семинар по полярной науке собрал более 500 участников, было представлено более 100 тезисов и что в работе приняли участие более 80 учреждений, а лекции всемирно известных докладчиков привлекли значительное внимание в интернете.

(244) Совещание поблагодарило все Стороны и СКАР за их презентации по научным вопросам и отметило множество обсуждавшихся успехов и достижений.

(245) В рамках данного пункта повестки дня были представлены и приняты без изменений следующие документы:

- Информационный документ IP 95 *Progress of glaciological research activities at the Dome Fuji station and its vicinity [Текущие гляциологические исследования на станции «Дом-Фуджи» в ее окрестностях]* (Япония).
- Информационный документ IP 108 *The Ice Memory Programme [Проект «Память льда»]* (Франция, Италия).

(246) В рамках данного пункта Повестки дня были также представлены указанные ниже документы:

- Вспомогательный документ BP 15 *Российские гляциологические исследования на станции Восток в сезоне 67-й РАЭ (январь 2022 г.)* (Российская Федерация).
- Вспомогательный документ BP 18 *Seeds for Future - Global Wild Plant Seed Vault [Семена для будущего - Глобальное хранилище семян дикорастущих растений]* (Италия).

Основные научные направления и результаты национальных программ

(247) В качестве предварительного комментария Председатель предложила Сторонам, чтобы в соответствии с положениями Правил процедуры КСДА (в частности, Правил 50 и 51) документы, содержащие информацию о деятельности и результатах их национальных антарктических программ, были представлены Совещанию в форме Вспомогательных документов. Она также отметила, что те документы, в которых представлены научные приоритеты в среднесрочной и долгосрочной перспективе, и с учетом того значения, которое они могут иметь для выявления возможностей для сотрудничества, было бы целесообразно представить в виде Информационных документов.

(248) Австралия представила Информационный документ IP 50 *Australian Antarctic Science Program 2021-22 [Австралийская программа исследований Антарктики 2021-2022 гг.]*, в котором сообщается об основных достижениях ее научной программы на 2021/2022 годы. К ним относятся прибытие нового австралийского ледокола RSV *Nuyina*, а также испытания и ввод в эксплуатацию научных систем судна; полевые работы для поддержки проектов по климатическим процессам и его изменению, а также экосистемам Южного океана и по охране и управлению окружающей средой; и публикация ряда важных статей. Австралия сообщила, что она приступила к разработке десятилетнего плана развития науки об Антарктике, в котором будут изложены приоритетные научные вопросы и исследовательские приоритеты. Австралия подчеркнула, что Австралийская антарктическая научная программа продолжает получать пользу от национальных и международных исследований и оперативного сотрудничества.

(249) Малайзия представила Информационный документ IP 63 *Malaysia's Activities and Achievements in Antarctic Research and Diplomacy [Деятельность и достижения Малайзии в антарктических исследованиях и дипломатии],* в котором сообщалась обновленная информация о ее антарктических исследованиях и дипломатии в сезоне 2021/2022 годов. Малайзия поблагодарила Чили, Республику Корея и Великобританию за их постоянную поддержку ее деятельности в Антарктике.

(250) Малайзия представила Информационный документ IP 69 *Report from Asian Forum of Polar Sciences to the ATCM XLIV [Отчет Азиатского форума полярных исследований на XLIV КСДА]*, в котором сообщалось о деятельности Азиатского форума полярных исследований (AFoPS) по развитию сотрудничества между азиатскими полярными научными учреждениями. Отметив председательство Малайзии в AFOPS в 2021–2022 годах, она сообщила Совещанию, что ее недавняя работа включала: вебинар по наращиванию потенциала; ежегодное общее собрание AFOPS 2021 г., проведенное в режиме онлайн 28-29 октября 2021 г., на котором был подписан Меморандум о взаимопонимании между СКАР, Международным арктическим научным комитетом (IASC) и AFOPS; и специальную онлайн-встречу, проведенную 28 марта 2022 г. в связи с международной конференцией «Неделя арктической науки» (ASSW). Малайзия поблагодарила членов AFOPS за их работу.

(251) Япония представила Информационный документ IP 96 *Japan's Antarctic Research Highlights 2021-22 [Основные достижения Японии в исследовании Антарктики в 2021-2022 г.]*. В нем изложены основные направления исследований сезона 2021-2022 годов, в том числе наблюдения за атмосферой Антарктики с высокой разрешающей способностью при помощи радара и дополнительных инструментов Программы станции Сёва по изучения антарктической мезосферы, стратосферы и тропосферы/некогерентного рассеяния (PANSY), а также передовые наблюдения антарктической верхней тропосферы и нижней стратосферы с аэростатов и бурение при помощи горячей воды на леднике Лангховде. Япония отметила, что ее научная деятельность вернулась на уровень, который наблюдался до наступления пандемии.

(252) Секретариат напомнил Сторонам, что в ответ на просьбу, сделанную на XLII КСДА (Заключительный отчет XLII КСДА, пункт 311), он создал раздел на своем веб-сайте, чтобы выделить ключевые научные приоритеты национальных антарктических программ и сделать их легкодоступными для всех Сторон. Совещание призвало Стороны, еще не сделавшие этого, предоставить Секретариату информацию для размещения на сайте.

(253) Следующие документы были представлены и приняты без изменений:

- Информационный документ IP 78 *Update on the Australian Antarctic Strategy and 20 Year Action Plan [Обновление Антарктической стратегии Австралии и плана действий на 20 лет]* (Австралия).

- Информационный документ IP 125 *Actividad de Chile en Glaciar Unión [Активность Чили на леднике Юнион]* (Чили).

(254) В рамках данного пункта повестки дня были представлены следующие документы:

- Вспомогательный документ BP *Aotearoa New Zealand Antarctic Research Directions and Priorities 2021-2030 [Направления и приоритеты антарктических исследований на 2021–2030 годы Аотеароа Новой Зеландии]* (Новая Зеландия).
- Вспомогательный документ BP 9 *Expedición Científica del Perú a la Antártida [Антарктическая научная экспедиция Перу]* (Перу).
- Вспомогательный документ BP 10 *Actividades del Programa Nacional Antártico de Perú Periodo 2021–2022 [Деятельность Национальной антарктической программы Перу на период 2021–2022 гг.]* (Перу).
- Вспомогательный документ BP 19 *Antarctic Publications by Turkish Scientists (2021/2022 Update) [Публикации научных документов турецких ученых (Обновление 2021/2022)]* (Турция).
- Вспомогательный документ BP 21 *The Sixth Turkish Antarctic Expedition (TAE-VI) [Шестая Турецкая антарктическая экспедиция (TAE-VI)]* (Турция).
- Вспомогательный документ BP 23 *Report on the scientific activity of the Argentine Antarctic Institute – 2021 [Отчет о научной деятельности Аргентинского антарктического института за 2021 г.]* (Аргентина).
- Вспомогательный документ BP 25 *VIII Expedición Científica de Colombia a la Antártica, verano austral 2020-2021 [VIII Антарктическая научная экспедиция Колумбии, летний сезон 2020-2021 гг.]* (Колумбия).
- Вспомогательный документ BP 30 *Indian Antarctic Scientific Activities During 2021-22 [Антарктическая научная деятельность Индии в 2021-2022 гг.]* (Индия).

Проблемы разнообразия в антарктической науке

(255) Австралия представила Информационный документ IP 55 *Diversity and inclusion in the Australian Antarctic program [Разнообразие и инклюзивность Австралийской антарктической программы]*, в котором описан ряд мероприятий, направленных на увеличение разнообразия во всех аспектах Австралийской антарктической программы (ААП) за последние годы. В нем приветствуется обсуждение вопросов равенства, разнообразия и инклюзивности на Совещании. Австралия отметила, что деятельность ААП по разнообразию и инклюзивности направлена на то, чтобы все сотрудники и участники экспедиций чувствовали себя в безопасности, открытыми и уважаемыми, а также не подвергались какой-либо дискриминации. Австралия подчеркнула, что Австралийская антарктическая служба стремится к увеличению разнообразия во всех аспектах ААП.

(256) Аргентина представила Информационный документ IP 114 ред.1 *Gender approach in the National Antarctic Program of Argentina [Гендерный подход в Национальной антарктической программе Аргентины]*, в котором сообщалось о деятельности Аргентинской антарктической программы в отношении гендерного равенства. В этом документе представлено, что женщины, работающие в Национальном управлении Антарктики и Аргентинском антарктическом институте, занимали руководящие должности в качестве директоров и менеджеров. Касательно научного персонала Аргентина отметила, что в течение нескольких лет среди

сотрудников, выполнявших задачи на различных аргентинских антарктических станциях, наблюдался гендерный паритет. Касательно работников логистической поддержки она отметила, что женщины нанимаются водителями и автомобилистами и что на станции Карлини достигнут гендерный паритет.

(257) СКАР приветствовал документы Австралии и Аргентины и упомянул о своих собственных усилиях по дальнейшему обеспечению равенства, разнообразия и инклюзивности посредством создания в январе 2022 г. Инициативной группы по вопросам равенства, разнообразия и инклюзивности (EDI).

(258) КОМНАП поблагодарил Совещание за признание его усилий по улучшению гендерного равенства, инклюзивности и разработке рекомендаций, позволяющих безопасно сообщать о домогательствах, нежелательных заигрываниях и ненадлежащем поведении в Антарктике. Он сослался на семинар его экспертной группы по предотвращению домогательств в Антарктике, проведенный в 2018 г., и отметил, что он работал вместе со СКАР, МААТО и АНТКОМ над тем, чтобы предоставленные молодым специалистам возможности также способствовали равенству, разнообразию и инклюзивности.

(259) Совещание поблагодарило Австралию и Аргентину за их документы и признало растущий международный интерес к факторам, связанным с интерсекциональностью и разнообразием. Совещание также выразило желание обеспечить безопасность, открытость, уважение и отсутствие дискриминации всех, кто работает в Антарктике. Совещание выразило твердую приверженность этому вопросу и приветствовало дальнейший обмен информацией о деятельности, а также передовым опытом между Сторонами, Наблюдателями и Экспертами. Совещание также выразило признательность СКАР и КОМНАП за их обширную работу по этим вопросам.

Пункт 16: Последствия изменения климата для режима управления в районе действия Договора об Антарктике

(260) Великобритания представила Рабочий документ WP 29 *Antarctica in a Changing Climate – Implementing ATCM Resolution 8 (2021) [Антарктика в условиях изменения климата — Реализация Резолюции 8 КСДА (2021 г.)]*, подготовленный совместно с Австралией, Бельгией, Финляндией, Францией, Германией, Нидерландами, Норвегией, Швецией, США, СКАР и АСОК. В документе представлена обновленная информация о реализации Резолюция 8 (2021 г.), которая была принята на XLIII КСДА в ответ на Специальный доклад (МГЭИК) об океане и криосфере в условиях изменения климата (SROCC). В нем отмечено множество мероприятий и пресс-конференций, проведенных со времени XLIII КСДА, целью проведения которых был обмен имеющимися на данный момент научными сведениями и информирование лиц, принимающих решения, о последствиях изменения климата в Антарктике. Великобритания поблагодарила СКАР, Международную инициативу по криосфере и климату (ICCI), Ассоциацию молодых полярных исследователей (APECS), Арктическое и антарктическое партнерством Великобритании (UKAAP) и Всемирный фонд дикой природы (WWF), который является членом АСОК, за их поддержку. Авторы подчеркнули необходимость срочных действий по смягчению последствий изменения климата, сосредоточив внимание на двух обширных темах: вклад ледникового покрова Антарктики в необратимое глобальное повышение уровня моря с последствиями для прибрежных регионов; и экосистемы Южного океана (включая криль), испытывающие давление из-за изменения климата, закисления и опреснения, а также и их роль в поддержании стабильного климата. Авторы также рекомендовали КСДА: поддерживать исследования фактических и потенциальных

последствий изменения климата; продолжить поддержку СКАР по вопросу обмена результатами исследований по изменению климата и его воздействию путем регулярных обновлений значимой информации для КСДА; поддерживать работу КООС по рассмотрению экологических последствий изменения климата через CCRWP. Великобритания также отметила Информационный документ IP 23 *Antarctic Blue Carbon [Синий углерод в Антарктике]*.

(261) АСОК поблагодарила авторов, выразила поддержку рекомендациям и свою заинтересованность в содействии реализации резолюции. В качестве информационной поддержки АСОК также представила короткий ролик «Krill: Superheroes of the Southern Ocean» [«Криль: Супергерои Южного океана»], созданный WWF.

(262) Совещание поблагодарило АСОК за презентацию ролика и, отметив новаторский характер ролика, подчеркнуло необходимость использования современных методов коммуникации при взаимодействии с широкой общественностью в вопросах изменения климата.

(263) Выразив свою поддержку рекомендациям, изложенным в документе, ВМО заявила, что продолжит работу со Сторонами и СКАР, а также подготовит документы, касающиеся проблемы изменения климата. Она также обратила внимание Совещания на павильон Межправительственной группы экспертов по изменению климата (МГЭИК) ВМО на Конференции Сторон Организации Объединенных Наций по изменению климата 2021 года (КС-26) в Глазго и отметила, что планирует проводить аналогичные мероприятия для Конференции Сторон Организации Объединенных Наций по изменению климата 2022 года (КС-27) в Египте.

(264) СКАР поблагодарил совещание за поддержку и отметил свое участие во многих мероприятиях на КС-26.

(265) Совещание поблагодарило авторов и выразило поддержку их рекомендациям. Кроме того, оно призвало все Стороны довести до сведения правительств, экономического сектора и гражданского общества необходимость безотлагательного принятия мер по решению проблемы изменения климата. Несколько Сторон проинформировали Совещание о дополнительных мероприятиях, которые они проводят в рамках реализации Резолюции 8 (2021 г.).

(266) Совещание одобрило рекомендации, содержащиеся в Рабочем документе WP 29, и решило продолжить работу по реализации Резолюции 8 (2021 г.). Касательно второй рекомендации в Рабочем документе WP 29, в которой содержится призыв к КСДА продолжить поддержку СКАР по вопросу обмена данными последних исследований по изменению климата и его воздействию, было принято решение поддерживать национальные антарктические программы в этом начинании.

(267) СКАР представил Рабочий документ WP 30 ред. 1 *Изменение климата Антарктики и окружающая среда: Десятилетний обзор. Выводы и рекомендации* и сослался на Информационный документ IP 72 *Antarctic Climate Change and the Environment: A Decadal Synopsis and Recommendations for Action [Изменение климата Антарктики и окружающая среда: Десятилетний обзор и рекомендации к действию].* СКАР также представил Рабочий документ WP 31 ред. 1 *Изменение климата Антарктики и окружающая среда: Десятилетний обзор. Первоочередные задачи научных исследований.* СКАР сообщил о значительном обновлении отчета ACCE, заявив, что обзор основан главным образом на выводах Шестого оценочного отчета МГЭИК и опирается на отчеты Межправительственной научно-политической платформы по биоразнообразию и функций экосистем (IPBES). В отчет ACCE включены дополнительные результаты

экологических исследований и результаты определения приоритетов исследований, проведенного СКАР в рамках Сканирования научного горизонта Антарктики и Южного океана, а также в соответствии с приоритетами, определенными программами научных исследований СКАР и другой деятельностью. СКАР подчеркнул, что в отчете представлен глобальный консенсус, согласованный тысячами ученых, в отношении состояния живой и неживой природы Антарктики, особенно в отношении ледникового покрова, прогнозов на будущее и последствий как в глобальном (повышение уровня моря), так и региональном масштабе (биоразнообразие Антарктики и Южного океана). СКАР также представил ряд стратегических рекомендаций для рассмотрения Сторонами.

(268) СКАР обратил внимание Совещания на несколько ключевых выводов его рекомендаций: необходимость незамедлительных действий как на региональном, так и на глобальном уровне для смягчения прогнозируемых последствий изменения климата; потребность в принятии безотлагательных мер не ограничивается необходимостью уменьшить неопределенность, связанную с прогнозами на будущее; необходимость в срочном порядке разработать крупномасштабные комплексные исследовательские подходы в рамках национальных антарктических программ для снижения неопределенности в ключевых областях, включая улучшение прогнозирования изменения криосферы Антарктики (особенно в контексте глобального повышения уровня моря), улучшение понимания и прогнозирования изменения биоразнообразия Антарктики (особенно наиболее уязвимых видов и систем), а также углубление понимания корреляционных связей климата в высокоширотных тропических регионах и климатических моделей (особенно Южный кольцевой режим). Четвертой и последней ключевой идеей было требование обеспечить четкое, своевременное и регулярное информирование правительств, сторон соответствующих международных соглашений, экономического сектора и гражданского общества об экологических изменениях в Антарктике и их последствиях как для окружающей среды Антарктики, так и для системы Земли. Наконец, СКАР отметил, что отчет основан на большом количестве совместных международных исследований, большая часть которых поддерживалась национальными антарктическими программами и подавляющее большинство которых было собрано воедино благодаря волонтерской работе исследователей со всего мира.

(269) Совещание поблагодарило СКАР за существенное обновление отчета АССЕ и ученых, которые внесли свой вклад в этот значительный объем совместной работы. Совещание также подчеркнуло важность получения высококачественных научных результатов. Многие Стороны подчеркнули полезность инфографики, прилагаемой к документам, и отметили дальние корреляционные связи между Антарктидой и остальным миром, а также проблемы, связанные с изменением погодных условий, которые создают препятствия для стабильности исследовательской деятельности в Антарктике. Многие Стороны выразили признательность принимающей стране XLIV КСДА за правильный выбор темы совещания «От науки через политику к охране». Стороны подчеркнули ценность отчета для CCRWP и согласились с неотложной необходимостью принятия мер по ограничению глобального потепления до 1,5°C по сравнению с доиндустриальным уровнем.

(270) Китай, в целом поддерживая рекомендации, изложенные в документах, отметил научную неопределенность относительно тенденций повышения уровня моря, моделей биоразнообразия и климата, представленных СКАР, а также возможности сохранения окружающей среды Южного океана в том состоянии, в котором она находилась последние 200 лет. Отметив решающую роль СКАР в предоставлении

независимых и объективных научных рекомендаций для поддержки работы и информирования КСДА и КООС согласно Резолюции 7 (2019 г.), Китай выразил озабоченность о компетентности СКАР для предоставления стратегических рекомендаций.

(271) В ответ на слова Китая многие Стороны напомнили о важной и давней роли СКАР в предоставлении на протяжении более шестидесяти лет надежных рекомендаций и передовых научных данных для Системы Договора об Антарктике, как указано в Статье 10 (2) Протокола.

(272) ВМО поблагодарила СКАР за представленные документы и проинформировала Совещание о его роли в исследованиях, связанных с климатом, в том числе в рамках Всемирной программы исследований климата (ВПИК).

(273) АСОК поблагодарила СКАР за представленный документ и подчеркнула, что Антарктика имеет ключевое значение для борьбы с изменением климата и что необходимость сокращения выбросов существует и требует реагирования.

(274) КОМНАП сообщил, что передаст отчет СКАР своей Экспертной группе по содействию научной деятельности. Он отметил, что поддержание достаточного государственного финансирования национальных антарктических программ необходимо для обеспечения научных приоритетов.

(275) СКАР поблагодарил Стороны за их комментарии и положительную реакцию на документ и Десятилетний обзор. СКАР высоко оценил признание Сторонами безотлагательности этих вопросов, включая потребности в исследованиях и необходимость выполнения определяемых на национальном уровне вкладов в поддержание глобального потепления на 1,5 градуса. Отвечая на вопросы о сохранении состояния системы, в котором она находится последние 200 лет, СКАР ясно дал понять, что системная динамика также учтена. Отвечая на вопросы о том, является ли он компетентным органом для предоставления стратегических рекомендаций, СКАР отметил, что они основаны на фактических данных и что было бы безответственным не рассмотреть эти рекомендации.

(276) Совещание приветствовало доклад СКАР и приняло Резолюцию 4 (2022 г.) *Antarctic Climate Change and the Environment: A Decadal Synopsis and Recommendations for Action report [Изменение климата Антарктики и окружающая среда: Десятилетний обзор и рекомендации к действию]*, в котором содержится рекомендация о распространении отчета среди департаментов и агентств, занимающихся переговорами об изменении климата, среди научных и исследовательских организаций Антарктики и организаций, финансирующих научную деятельность, а также среди широкой общественности и в средствах массовой информации. Совещание приветствовало обновленную информацию от СКАР об изменении климата и его последствиях.

(277) Совещание также приняло Решение 4 (2022 г.) *Letters on Antarctic Climate Change and the Environment: A Decadal Synopsis and Recommendations for Action report [Сопроводительное письмо к отчету «Изменение климата Антарктики и окружающая среда: Десятилетний обзор и Рекомендации к действию»]* с целью отправки прилагаемых к Десятилетнему обзору писем в РКИК ООН, МГЭИК, ВМО, IPBES и ИМО.

(278) Совещание согласилось провести на XLV КСДА однодневное совместное заседание КООС и КСДА со СКАР и КОМНАП для рассмотрения выполнения рекомендаций АССЕ. Совещание призвало Стороны, Наблюдателей и Экспертов представить документы по этой теме на XLV КСДА и пригласить на совещание экспертов для поддержки этой работы.

(279) Китай представил Рабочий документ WP 48 *Реализация Рабочей программы ответных мер в отношении изменения климата.* Китай напомнил, что Резолюция 4 (2015 г.) призвала КООС приступить к реализации CCRWP в первоочередном порядке. Китай отметил, что КООС учредил SGCCR для содействия эффективной и своевременной реализации CCRWP. На основе своего первоначального обзора работы КСДА и КООС за последние годы Китай рекомендовал КООС сосредоточить свои усилия на реализации CCRWP и: принять переформатированный CCRWP с использованием нового формата, согласованного в 2019 г.; подчеркнуть важность научных исследований и мониторинга как центрального элемента реализации CCRWP; еще раз подтвердить, что SGCCR должен составлять ежегодные отчеты о ходе реализации CCRWP для КООС, в том числе о проделанной работе в области мониторинга, исследований или управления; поручить SGCCR обновить CCRWP в соответствии с решениями КСДА или КООС и представить отчет в следующем году для дальнейшего обсуждения реализации CCRWP КООС и роли SGCCR.

(280) Совещание поблагодарило Китай за представленный документ. Хотя Стороны согласились с ключевой ролью научных исследований и мониторинга в реагировании на изменение климата, они не поддержали конкретные рекомендации, предложенные Китаем в Рабочем документе WP 48. Стороны напомнили об обширных обсуждениях рабочего документа WP 48 на заседании КООС и выразили широкую поддержку работе SGCCR и ее рекомендациям по пересмотру CCRWP, изложенным в рабочем документе WP 37 *Отчет Вспомогательной группы по ответным мерам в отношении изменения климата (SGCCR) за 2021-2022 гг.* (Великобритания). Подтвердив необходимость принятия решительных мер в ответ на изменение климата, Стороны подчеркнули важность продуктивного принятия последующих мер.

(281) АСОК представила Информационный документ IP 90 *Ice Sheet Instability, Long-term Sea-level Rise, and Southern Ocean Acidification: Time for Coordinated Action by Antarctic Treaty Parties [Нестабильность ледяного щита, долгосрочное повышение уровня моря и закисление Южного океана: время для скоординированных действий Сторон Договора об Антарктике]*, в котором утверждалось, что четкое информирование о быстро растущем количестве научных открытий об Антарктике должно представлять собой вопрос, вызывающий глубокую озабоченность в Системе Договора об Антарктике. В частности, АСОК рекомендовала всем участникам уделять больше внимания не только воздействию изменения климата на Антарктику, но и воздействию этих изменений на всю планету. Чтобы расширить спектр задач, АСОК предложила: Сторонам привлечь всеобщее внимание к результатам антарктических исследований на Конференции ООН по вопросам изменения климата; СКАР сделать все возможное, чтобы озвучить выводы антарктических исследований на предстоящих заседаниях КС-27 и Конференции Организации Объединенных Наций по вопросам изменения климата (КС-28) 2023 года; и рекомендовала КСДА регулярно пересматривать и сообщать о своих приоритетах, касающихся необратимых последствий изменения климата.

(282) Совещание поблагодарило АСОК за представленный документ. Многие Стороны выразили поддержку усилиям АСОК по улучшению информирования об антарктических исследованиях и стратегических приоритетах, а также по повышению осведомленности всего мира о роли Антарктики в глобальных последствиях изменения климата. Совещание выразило признательность АСОК за представленные на XLIV КСДА примеры коммуникации и информационно-просветительской деятельности и отметило эффективность деятельности АСОК в качестве координатора по информированию общественности об антарктических приоритетах, действиях и выводах.

(283) СКАР приветствовал документ АСОК и поблагодарил АСОК за проведенную им работу в области научной и политической коммуникации. Он также поблагодарил АСОК за его рекомендации и согласился продолжить представлять результаты антарктических исследований на совещаниях КС в сотрудничестве с другими сопровождающими экспертами и участниками, такими как ВМО.

(284) В рамках данного пункта повестки дня был представлен следующий документ:

- Информационный документ IP 89 *Banning Hydrocarbon Extraction in Antarctica Now: Reducing the Risks and Impacts of Global Climate Change [Запрет на добычу углеводородов в Антарктиде сейчас: снижение рисков и последствий глобального изменения климата]* (АСОК).

Пункт 17: Туризм и неправительственная деятельность в районе действия Договора об Антарктике

Политика и управление

(285) Испания представила Рабочий документ WP 22 *На пути к адаптивному и сбалансированному управлению антарктическим туризмом: Мониторинг как ключевой инструмент принятия решений*, подготовленный совместно с Эквадором и США. Он отмечает, что интенсивность туристической и неправительственной деятельности в Антарктике неуклонно росла с 1960-х годов, и ссылается на Рекомендации КСДА IV-27 и VI-7, в которых признавалось, что туристическая деятельность может поставить под угрозу проведение научных исследований, помешать сохранению флоры и фауны и нанести долговременный ущерб окружающей среде Антарктики. Отметив нехватку данных о воздействии туризма, авторы предложили следующее: Стороны содействуют созданию программ мониторинга для оценки фактического воздействия туристической деятельности; КООС содействует развитию этих программ мониторинга и продолжает свою работу по изучению кумулятивного воздействия туризма на окружающую среду; в программах мониторинга участвуют многочисленные заинтересованные стороны, в том числе такие организации, как СКАР, КОМНАП и МААТО, которые могут внести свой вклад в разработку и реализацию программ; и программы мониторинга учитывают потребности, указанные в этом документе.

(286) Совещание поблагодарило авторов и выразило поддержку рекомендациям, содержащимся в Рабочем документе WP 22.

(287) Совещание подчеркнуло важность сбора данных, которые способствуют изучению и управлению туризмом и неправительственной деятельностью и их кумулятивным воздействием, особенно в контексте возобновления роста туристической деятельности. Совещание подчеркнуло важность программ мониторинга для оценки фактического воздействия туристической деятельности, эффективности мер управления, необходимости оценки и подтверждения воздействия, а также понимания уязвимости участков. Совещание подчеркнуло необходимость конкретных действий по мониторингу воздействия туризма для обеспечения устойчивости туризма с учетом охраны окружающей среды Антарктики и приветствовало внимание КООС и СКАР к вопросам мониторинга. Несколько Сторон отметили национальные инициативы и проекты, в рамках которых проводится сбор данных о туризме и осуществляется систематический мониторинг на протяжении многих десятилетий и которые могли бы служить основой для координации долгосрочных программ мониторинга. Совещание отметило проблемы, связанные с проведением стратегического долгосрочного мониторинга, включая разработку схем мониторинга, вопросы пространственного и временного характера, финансирование, доступ к местам мониторинга и

координацию между Сторонами и проектами. Несколько Сторон отметили важность усилий по мониторингу на локальном уровне в дополнение к скоординированным крупномасштабным схемам мониторинга.

(288) МААТО приветствовала рекомендацию о взаимодействии с широким кругом заинтересованных сторон и отметила поддержку, оказываемую членами МААТО существующим программам долгосрочного мониторинга. Она отметила, что не всегда легко провести различие между воздействием, возникающим в результате туризма, других видов деятельности и изменения климата в Антарктике. МААТО отметила важность сотрудничества для решения практических и логистических проблем и предложила свою поддержку в разработке долгосрочной программы мониторинга.

(289) АСОК поддержала инициативы, предложенные в Рабочем документе WP 22, и отметила важность разработки Сторонами специальных программ для мониторинга воздействия туризма. АСОК подчеркнула, что мониторинг важен для сбора научной информации, необходимой для управления туризмом и разработки стратегии, а также для понимания вклада туризма в кумулятивное воздействие. АСОК также выразила признательность за данные, предоставленные МААТО и Сторонами, которые дополняют данные других видов мониторинга.

(290) СКАР приветствовал эти рекомендации и отметил свой многолетний опыт проведения научных исследований, направленных на то, чтобы отличить естественную изменчивость от антропогенного воздействия. Он также отметил, что многие другие международные программы проводят целенаправленную работу по разработке эффективного мониторинга как с финансовой, так и с логистических точек зрения.

(291) Нидерланды представили Рабочий документ WP 36 *Отчет Межсессионной контактной группы по вопросам постоянных объектов для туризма и другой неправительственной деятельности в Антарктике*, в котором содержится отчет о работе МКГ, созданной на XLIII КСДА и созванной Нидерландами. Нидерланды отметили активное участие в межсессионных дискуссиях и охват широкого круга тем, включая: информацию о предыдущих предложениях по созданию постоянных туристических объектов в Антарктике; определение «постоянных объектов»; а также опасения, связанные с возможным созданием постоянных объектов, озвученные ранее на предыдущих совещаниях. Нидерланды указали, что, несмотря на слабый интерес к созданию этих типов объектов, Стороны поступили подобные вопросы и что существует явная неотложная необходимость действовать. В отчете МКГ рекомендуется, чтобы Совещание приняло Резолюцию о постоянных объектах для туризма и другой неправительственной деятельности в Антарктике, а также предлагается продолжить работу МКГ с целью проведения инвентаризации существующих объектов, поддерживающих туризм и другую неправительственную деятельность, и обсуждения дальнейшего регулирования, включая возможное принятие Меры по этому вопросу.

(292) Совещание поблагодарило Нидерланды за руководство межсессионными дискуссиями и выразило общую поддержку рекомендациям Рабочего документа WP 36. Совещание приветствовало рекомендацию о принятии Резолюции по предотвращению такой деятельности и поддержало предложение о дальнейшем обсуждении в МКГ, включая проведение инвентаризации туристических и негосударственных объектов для дальнейшего обсуждения.

(293) Стороны подняли несколько дополнительных вопросов, в том числе: важность обеспечения того, чтобы туризм в Антарктике оказывал не более чем незначительное или ограниченное по времени воздействие; обеспечение безопасного осуществления туристической и неправительственной деятельности;

последствия увеличения воздушного движения для поддержки наземного туризма, включая риски для безопасности и потенциальное воздействие поисково-спасательных работ; потенциальный вклад туристической деятельности в кумулятивное воздействие; потенциальное воздействие на ценности дикой природы; и новые вызовы и угрозы для окружающей среды, связанные с ростом и диверсификацией туризма и другой неправительственной деятельности.

(294) Некоторые Стороны, признавая обоснованные опасения, возникающие в отношении деятельности, которая может быть связана с постоянными объектами, предложили, чтобы дальнейшее обсуждение оставалось сосредоточенным на ключевых вопросах, возникающих в связи с такими объектами, а не на рассмотрении большого числа смежных или второстепенных вопросов в рамках этой же темы.

(295) Многие Стороны подчеркнули важность применения принципа предосторожности, а некоторые высказались в поддержку принятия юридически обязывающей Меры по этому вопросу. Стороны напомнили о Статье 3 Протокола по охране окружающей среды и ее основополагающей роли в охране окружающей среды Антарктики, зависимых от нее и связанных с ней экосистем, а также ее неотъемлемых ценностей, включая первозданную природу и эстетические ценности. Некоторые Стороны выразили мнение, что создание постоянных объектов в Антарктике противоречит фундаментальному принципу сохранения Антарктики как континента мира и науки. Одна Сторона отметила, что те впечатления, ради которых туристы приезжают в Антарктику, могут быть получены без создания постоянных объектов.

(296) МААТО поблагодарила Нидерланды и выразила поддержку разработке проекта Резолюции, отметив, что создание постоянных объектов в Антарктике будет противоречить уставу МААТО и поставит под угрозу дикую природу и эстетические ценности, которые побуждают многих туристов посещать Антарктику. МААТО также дала высокую оценку определению «постоянных объектов», используемому в МКГ и Рабочем документе WP 36, напомнив, что она опирается на свой Информационный документ IP 101 - XXXII КСДА, в котором прямо указывается, что туризм должен оказывать не более чем незначительное или ограниченное по времени воздействие, и согласуется с существующим уставом МААТО. МААТО отметила, что в условиях несанкционированной туристической деятельности полезно ужесточить требования Сторон, и что сотрудничество и кооперация являются ключевыми факторами успешного управления туризмом. Она подчеркнула необходимость дальнейшей разработки четких определений и согласилась с тем, что любое дальнейшее расширение сферы применения не должно создавать возможность свободной интерпретации, поскольку это может привести к дегармонизации системы санкционирования или выдачи разрешений.

(297) АСОК поблагодарил Нидерланды за документ и выразил поддержку Рабочему документу WP 36 и принятию предложенной Резолюции. АСОК надеется на продолжение обсуждений по этому вопросу.

(298) Совещание решило, что МКГ по постоянным объектам для туризма и другой неправительственной деятельности в Антарктике следует продолжить свою работу в течение следующего межсессионного периода со следующим техническим заданием:

- провести инвентаризацию уже существующей инфраструктуры, поддерживающей туризм и другую неправительственную деятельность в Антарктике;
- обсудить проблемы, связанные с такими объектами, в том числе, например, экологические проблемы и нагрузка на поисково-спасательные службы национальных программ;

- обсудить и определить приоритеты дальнейших действий КСДА в отношении такой инфраструктуры и планов на будущее, включая при необходимости принятие юридически обязывающих мер;
- представить отчет на XLV КСДА.

(299) КСДА согласилось, что Наблюдатели и Эксперты, участвующие в КСДА, будут приглашены для участия в работе, в частности, АСОК и МААТО.

(300) Комитет поприветствовал предложение Нидерландов выступить в роли организатора этой МКГ.

(301) Совещание приняло Резолюцию 5 (2022 г.) *Постоянные объекты для туризма и другой неправительственной деятельности в Антарктике*.

(302) Германия представила Информационный документ IP 8 *Tourism monitoring in Antarctica – Development of a concept for the analysis of the impacts of tourism on the assets to be protected in the Antarctic [Мониторинг туризма в Антарктике – Разработка концепции анализа воздействия туризма на охраняемые ценности в Антарктике].* В нем представлена подробная информация об исследовательском проекте по разработке концепции изучения и мониторинга долгосрочных последствий туризма в Антарктике. В ходе проекта Федеральное ведомство Германии по охране окружающей среды провело семинар на территории отеля Estrel, чтобы привлечь заинтересованные стороны к участию на ранних этапах.

(303) Стороны приветствовали инициативу Германии в Информационном документе IP 8 как пример конкретных действий и отметили другие недавно начатые специальные мероприятия, связанные с усилиями по мониторингу, включая рассмотрение вопросов мониторинга в ходе исследовательской программы по вопросам туризма, учрежденной Нидерландами.

(304) Франция представила Информационный документ 56 *Feedback on a monitoring conducted on a tourist vessel according to Resolution 9 (2021) [Отчет о мониторинге, проведенном на туристическом судне в соответствии с Резолюцией 9 (2021 г.)].* В нем сообщается о результатах миссии по мониторингу туризма, возглавляемой французским НКО в соответствии с системой, установленной Резолюцией 9 (2021 г.), отметив, что намерение Франции состояло в том, чтобы оценить эффективность этой системы непосредственно на объектах. Франция отметила, что в документе представлено несколько важных уроков, извлеченных в ходе реализации схемы мониторинга, и определены преимущества и недостатки системы мониторинга. Франция пришла к выводу, что Резолюция 9 (2021 г.) позволила НКО лучше понять деятельность, находящуюся под их юрисдикцией, и контролировать соответствие релевантным национальным и международным инструментам. Она также отметила, что, как показывает опыт, миссию по мониторингу можно организовать в короткие сроки и с небольшими затратами. Франция призвала Стороны реализовать Резолюцию 9 (2021 г.) и делиться своим опытом.

(305) МААТО поблагодарила Францию за предоставленный документ и подчеркнула, что обмен информацией сделает все программы наблюдений более надежными. МААТО сообщила, что за два предыдущих сезона она провела два виртуальных наблюдения на суперъяхтах в доках. МААТО отметила некоторые уроки, извлеченные из проведения виртуальных наблюдений, подчеркнув необходимость повышения координации и гибкости со стороны всех участников, включая оператора, судно и наблюдателя, а также достаточных возможностей интернета для поддержки виртуальных ознакомлений и интервью. МААТО сообщила, что виртуальные инспекции позволили успешно наблюдать за деятельностью суперъяхт даже во время продолжающейся пандемии. МААТО сообщила, что

планирует провести около 30 наблюдений на яхтах и круизных судах в сезоне 2022-2023 гг., и в связи с тем, что потенциальное количество пассажиров на судах приближается к максимальной вместимости, работает над тем, чтобы организовать наблюдения как можно раньше. МААТО выразила готовность продолжать делиться своим опытом мониторинга и наблюдения за туристической деятельностью.

(306) Совещание поблагодарило Францию за предоставление этой полезной информации и призвало Стороны рассмотреть возможность проведения мониторинга на туристических судах, как это рекомендовано в Резолюции 9 (2021), и обмениваться информацией и опытом в области мониторинга туризма с КСДА.

(307) США представили Информационный документ IP 61 *Expeditions within Expeditions: Authorizing Non-Governmental Organization Activities Associated with Tourist and other Non-Governmental Expedition Organizers [Экспедиции в рамках экспедиций: санкционирование деятельности неправительственных организаций в области туризма и других организаторов неправительственных экспедиций]* и Информационный документ IP 62 *Authorization of Science Activities Associated with Tourist and Other Non-governmental Expedition Organizers [Санкционирование научной деятельности в области туризма и других организаторов неправительственных экспедиций]*. В Информационном документе IP 61 приведены недавние изменения в типах запросов и последующего санкционирования проведения неправительственных, ненаучных экспедиций в Антарктику, логистическая поддержка которых возлагалась на туроператоров. В Информационном документе IP 61 изложены подход и процедуры, применяемые США к этой деятельности. В Информационном документе IP 62 представлена информация о том, как США санкционировали научную деятельность, связанную с туристическими и другими неправительственными организаторами экспедиций, в качестве примера передового опыта и в целях повышения осведомленности о потенциальных проблемах, связанных с тем, как НКО санкционируют и управляют неправительственной деятельностью.

(308) МААТО поблагодарила США за предоставленные документы и призвала к гармонизации процессов санкционирования в НКО. МААТО заявила о своей неизменной приверженности поддержке операторов в соблюдении требований НКО и упрощении связи между операторами и НКО.

(309) Совещание поблагодарило США и признало важность обсуждения возникающих для компетентных органов проблем. Стороны отметили проблемы, которые могут возникнуть при санкционировании комплексных видов деятельности, в частности сложность проведения полной оценки общего воздействия, когда различные виды деятельности проводятся одним судном. Совещание поддержало усилия по максимально возможной гармонизации процессов санкционирования в различных национальных системах и призвало Стороны к более активному обсуждению, например, с использованием форума НКО на сайте Секретариата.

(310) Сопредседатель Рабочей группы 2 д-р Филлип Трейси (Австралия) представил Информационный документ IP 79 *Competent authorities discussion forum on tourism regulatory activities: report by the convener [Дискуссионный форум компетентных органов по вопросам регулирования туризма: отчет координатора]*, в котором описывается работа созванного Председателем веб-форума КСДА для компетентных органов, организованного для обсуждения регулирования туризма и обмена знаниями и опытом. В нем сообщается о начале обсуждения пяти вопросов, определенных в качестве приоритетных для первоначального рассмотрения, в соответствии с согласованными назначением и целью форума.

Председатель призвала Стороны при необходимости обеспечить участие своих НКО в работе группы. Председатель отметила, что одним из вопросов, обсуждаемых на форуме, является санкционирование (иногда разными Сторонами) нескольких связанных или родственных видов деятельности, и подчеркнула, что форум является отличной платформой для обсуждения этих конкретных тем.

(311) Аргентина представила Информационный документ IP 86 Actualización del «Plan Estratégico de Turismo Sustentable de la Provincia de Tierra del Fuego» (PETS-TDF 2025) *[Обновление «Стратегического плана устойчивого управления туризмом провинции Огненная Земля» (PETS-TDF 2025)]*, в котором сообщается о недавнем обновлении «Стратегического плана устойчивого управления туризмом провинции Огненная Земля». В нем отмечено, что план включает вопросы, связанные с ролью города Ушуая как отправного пункта в Антарктику и основного порта для поддержки антарктической туристической деятельности круизных судов. Аргентина предложила Совещанию и, в частности, Сторонам, имеющим отправные пункты в Антарктику, рассмотреть этот документ с целью определения возможных совместных действий, предусмотренных в стратегических планах развития антарктического туризма.

(312) Индия отметила, что данный Информационный документ отражает важность стратегических действий в вопросах туризма, и что обсуждение важности портовых городов и портового контроля было включено в повестку дня КСДА в течение нескольких лет. Индия подчеркнула важность дальнейшего сотрудничества по этому вопросу.

(313) МААТО поблагодарила Аргентину и все другие Стороны, имеющие отправные пункты, за их постоянное сотрудничество с операторами МААТО и отметила, что Комитет МААТО по вопросам отправных пунктов надеется продолжить с этими Сторонами работу по стратегическому планированию и другим вопросам.

(314) АСОК представила Информационный документ IP 91 *Antarctic tourism policies after the "pandemic pause" [Стратегии антарктического туризма после «пандемической паузы»]*, в котором рассматриваются потенциальные изменения в антарктическом туризме после пандемии коронавируса. В документ включены рекомендации для следующих шагов КСДА, в том числе: расширение охраняемой территории в соответствии с Приложением V; обеспечение последовательной оценки туристической деятельности в соответствии с Приложением I; разработка специальных программ мониторинга; оценка эффективности существующих правил; и поощрение видов туризма с низким уровнем воздействия.

(315) Совещание поблагодарило АСОК за ценный документ. Оно признало необходимость учитывать туристическую деятельность, возобновившуюся после паузы, связанной с пандемией, и более взвешено оценивать, какой вид туризма наиболее желателен в Антарктике.

(316) Относительно своего призыва к проведению туризма с низким уровнем воздействия АСОК пояснила, что она была вдохновлена концепцией «медленного туризма». АСОК отметила, что работает над дальнейшим развитием концепции «медленного туризма» применительно к Антарктике.

(317) Индия представила Информационный документ IP 117 '*Building Back [and forth] Better' for Antarctic Tourism: Enduring Concerns in Pursuit of a Strategic Vision [«Сделать лучше, чем было» для антарктического туризма: непреходящие опасения в реализации стратегического подхода]*. В нем представлено обновление Информационного документа IP 104 ред.1 XXXVIII КСДА, в котором были обобщены рекомендации в отношении туризма и неправительственной

деятельности в районе действия Договора об Антарктике. Индия призвала КСДА принять стратегический подход для решения давних и давно обсуждаемых проблем, связанных с туризмом в Антарктике. При этом Индия предложила Сторонам обсудить, что может и должна означать концепция «восстановление лучше, чем было» для управления Антарктикой в целом и, в частности, регулирования антарктического туризма. Индия надеется, что будущие направления позволят достичь консенсуса в отношении более устойчивого развития с помощью передовых методов управления окружающей средой.

(318) Совещание поблагодарило Индию за представленный, наводящий на размышления документ. Совещание отметило ценность документа для его текущей работы, поскольку в нем отражены соответствующие вопросы и перспективы в контексте стратегического подхода.

Информация, деятельность и тенденции

(319) Аргентина представила Рабочий документ WP 51 *Report of the Informal Discussion on Post-Visit Reports [Отчет о неформальном обсуждении Отчетов о посещениях участков].* В нем напоминается об обсуждении на XLIII КСДА Отчетов о посещении (ООП) и договоренности продолжить неофициальные обсуждения ООП в межсессионный период. Обсуждения были сосредоточены на методах обеспечения надлежащего обновления списка объектов и видов деятельности в форме ООП и СЭОИ, а также на определении типов необычных происшествий, о которых можно сообщить через форму ООП. В ходе обсуждений участники рассмотрели определение необычных происшествий и варианты добавления новых участков и видов деятельности в форму ООП. На основе обсуждений были разработаны предлагаемые изменения к разделу D «Отчет руководителя экспедиции об экспедиции» в Части 1 формы ООП, а также предложение по обновлению требований к отчетности СЭОИ. Аргентина рекомендовала Совещанию: согласовать определение необычных происшествий; согласовать механизмы работы с новыми участками и видами деятельности; внести изменения в форму ООП и требования к обмену информацией.

(320) МААТО поблагодарила Аргентину за документ и отметила ценность участия в обсуждениях. Она отметила, что будет продолжать работать с Секретариатом для обеспечения того, чтобы отчеты СЭОИ до и после посещения, экспортируемые в его базы данных, соответствовали требованиям, установленным Сторонами, а также обязалась продолжать содействовать обмену данными между базами МААТО и СЭОИ. МААТО также отметила, что нынешние ООП сосредоточены на морском туризме, и предположила, что было бы полезно также разработать ООП для глубоководных и воздушных видов туристической деятельности.

(321) Совещание поблагодарило Аргентину за представленный документ и за проведение межсессионных дискуссий по этой важной теме. Совещание поддержало рекомендации, предложенные в документе, и подчеркнуло ценность ООП как инструмента, способствующего изучению и управлению туризмом в Антарктике.

(322) Совещание приветствовало предложение Аргентины координировать неофициальные межсессионные обсуждения ООП.

(323) Совещание приняло Решение 5 (2022 г.) *Требования к обмену информацией* и Резолюцию 6 (2022 г.) *Пересмотренная стандартная Форма Отчета о посещении.*

(324) МААТО представила Информационный документ IP 42 *IAATO Overview of Antarctic Tourism: A Historical Review of Growth, the 2021-22 Season, and Preliminary*

Estimates for 2022-23 [Обзор МААТО по антарктическому туризму: Исторический обзор роста, сезон 2021-22 гг. и предварительные оценки на 2022-23 гг.]. В дополнение к ранее полученным данным о посетителях и мероприятиях МААТО предоставила данные, собранные на базе ООП за сезон 2021/22 г., и отметила, что указанное общее количество отражает только тех посетителей, которые совершают рейсы с компаниями-операторами МААТО, за исключением лиц, которые принимают участие в исследовательских проектах и пользуются услугами операторов МААТО. МААТО сообщила, что общее количество посетителей в 2021/22 году составило 23 023 человека. По оценкам МААТО на 2022/2023 годы, количество пассажиров, совершающих высадку, вырастет примерно до 70 289 человек и 35 717 пассажиров, путешествующих только на круизных судах без высадки. МААТО подчеркнула, что любая деятельность членов и операторов МААТО рассчитывается таким образом, чтобы оказывать незначительное или ограниченное по времени воздействие на окружающую среду Антарктики и проводится с соблюдением мер безопасности.

(325) Совещание поблагодарило МААТО за то, что она продолжает предоставлять важную информацию о туристической деятельности в Антарктике. Стороны отметили, что предоставленная информация может быть использована для прогнозирования потребностей управления и поддержки устойчивого и стратегического подхода к антарктическому туризму. Стороны вновь отметили важность того, чтобы туризм не оказывал более чем незначительное или ограниченное по времени воздействие, а также необходимость скоординированного подхода к управлению туризмом в Антарктике. Несколько Сторон также подчеркнули важность ратификации Сторонами Меры 15 (2009 г.).

(326) Несколько Сторон отметили оценку МААТО, согласно которой общее число посетителей Антарктики в сезоне 2022/23 гг. превысит 100 000 человек, и выразили озабоченность по поводу того, не приведет ли такое большое количество посетителей к увеличению нагрузки на окружающую среду. Некоторые Стороны предложили, чтобы принцип предосторожности был основополагающим для стратегического и скоординированного подхода к недопущению увеличения давления на окружающую среду в результате прогнозируемого роста, отметив также важность работы и рекомендаций КООС по этому вопросу. В ответ на сделанное замечание о том, что количество посетителей не обязательно напрямую связано с нагрузкой на окружающую среду Антарктики, было высказано предположение, что МААТО могла бы предоставить рекомендации относительно того, какие индикаторы могут свидетельствовать о тенденциях, которые могут увеличить риски для эффективного управления или создать риск для окружающей среды Антарктики.

(327) МААТО поблагодарила Стороны за их комментарии. Она отметила, что МААТО, как торговая организация, не уполномочена ограничивать туристическую торговлю или количество туристов. МААТО рассчитывает, что с помощью инструментов СДА Стороны предоставят согласованную правовую базу для управления. МААТО отметила, что продолжается разработка инструментов для поддержки экологически ответственных путешествий, в том числе: инструмент по планированию движения судов в реальном времени для управления посещениями объектов; обязательная программа оперативной системы оценки персонала; процедуры предотвращения столкновения с китами; и обязательная сеть наблюдателей МААТО. МААТО вновь подчеркнула важность согласования стандартов выдачи разрешений и санкционирования, а также ратификации Меры 4 (2004 г.) и Меры 15 (2009 г.). МААТО выразила готовность предоставить КСДА дополнительную информацию о тенденциях в сфере туризма и об оптимизации ее инструментов управления.

(328) Отметив, что отчет МААТО охватывает деятельность операторов МААТО, Стороны вновь заявили о необходимости использования СЭОИ для включения в отчеты Сторон информации о деятельности судов, не входящих в МААТО, с целью лучшего понимания деятельности операторов, не входящих в МААТО. Было предложено, чтобы Секретариат представил краткие сводки этих данных с целью формирования более полного представления о туристической деятельности, осуществляемой в районе действия Договора об Антарктике.

(329) АСОК поблагодарила МААТО за предоставление информации в Информационном документе IP 42. АСОК отметила, что количество туристов является важным фактором, но динамика и модели развития туризма также имеют большое значение. Например, некоторые нишевые виды деятельности могут иметь больший риск или влияние. АСОК поддержала другие выступления, в которых упоминалась необходимость задействовать существующие меры и подходить к туризму со стратегической точки зрения.

(330) МААТО представила Информационный документ IP 43 *A Five-Year Overview and 2021–22 Season Report on IAATO Operator Use of Antarctic Peninsula Landing Sites and ATCM Visitor Site Guidelines [Пятилетний пересмотр и отчет за сезон 2021-22 г. об использовании операторами МААТО мест высадки на Антарктическом полуострове и разработанных КСДА Правил поведения для посетителей участков]*, содержащий данные, собранные из заполненных операторами МААТО форм Отчетов о посещении Антарктического полуострова за сезон 2021-22 г., а также ранее полученные данные. МААТО сообщила, что в сезоне 2021-2022 годов на Антарктическом полуострове совершили высадку в общей сложности 22 979 пассажиров. Общее количество судов МААТО, входящих в систему СОЛАС, которые совершили высадку в районе полуострова в этом сезоне, составило 32. МААТО подчеркнула, что более 95 % всего наземного туризма в районе Антарктического полуострова в основном, как и прежде, ограничивается традиционным коммерческим морским туризмом. МААТО обратила особое внимание на то, что все наиболее посещаемые места регулируются либо Правилами поведения для посетителей участков, принятыми КСДА, а также Руководством для операторов МААТО по высадке на берег, либо Рекомендациями по управлению в рамках национальных программ. Помимо этого, отмечалось, что все посещения проводились в соответствии с ограничениями на высадку, установленными в действующих Правилах поведения для посетителей участков, и что практика МААТО по планированию движения судов эффективно способствовала тому, чтобы никакие ограничения не были нарушены.

(331) СКАР представил Информационный документ IP 75 *SCAR Tourism Action Group (Ant-TAG) [Инициативная группа СКАР по вопросам туризма (Ant-TAG)].* В этом документе к сведению заседания приводится информация о создании в 2021 г. Инициативной группы СКАР по вопросам туризма (Ant-TAG), под эгидой которой исследователи и другие специалисты СКАР могли установить новые связи, узнать о других существующих проектах и использовать существующий опыт для проведения исследований по важным и актуальным вопросам, связанным с антарктическим туризмом. СКАР подчеркнул ключевые цели Ant-TAG, в том числе: способствовать сотрудничеству в исследованиях между членами Ant-TAG и другими компетентными группами СКАР с целью подготовки политически-выверенных рекомендаций для Постоянного комитета СКАР по Системе Договора об Антарктике (ПК-СДА) и Портала окружающей среды Антарктики; создать коммуникационную платформу с МААТО и другими заинтересованными сторонами для использования результатов исследований при разработке рекомендаций по управлению и устранения пробелов в знаниях, имеющих отношение к данной отрасли; и собрать основанную на исследованиях и политически-выверенную информацию по теме антарктического туризма для ПК-

СДА, чтобы представить ее на КСДА и КООС. СКАР отметил, что в представленном документе выделены ключевые области, в которых следует продолжить исследования.

(332) Совещание поблагодарило СКАР за представленный документ и отметило, что исследователи могут пожелать принять участие в важной работе Ant-TAG. Оно также признало, что документ СКАР послужил своевременным напоминанием о ценности междисциплинарного сотрудничества в области исследований туризма в Антарктике.

(333) АСОК поблагодарила СКАР за его вклад и отметила, что научное исследование туризма позволило отдельно изучить эту сферу деятельности, имеющую отношение к обсуждениям на КСДА.

(334) Великобритания представила Информационный документ IP 80 ред. 1 *Data Collection and Reporting on Yachting Activity in Antarctica in 2021-22 [Сбор данных и информирование о деятельности яхт в Антарктике в 2021-22 г.]*, подготовленный совместно с Аргентиной, Чили, США и МААТО. В документе представлена собранная соавторами документа сводная информация о яхтах, замеченных в Антарктике, или свидетельствующая о намерении осуществления плавания в Антарктику в сезоне 2021-22 г. Отметив, что многие яхты, рассмотренные в документе, не были включены в СЭОИ, Великобритания напомнила Сторонам о ценности использования СЭОИ. В документе подчеркивается, что, несмотря на сокращение туристической деятельности в Антарктике во время пандемии, непропорционально большое количество яхт посещает регион без разрешения, что требует дополнительного внимания Сторон. Соавторы предложили другим Сторонам, которые в состоянии предоставить информацию о яхтах в Антарктике, сотрудничать с соавторами в отношении этой деятельности и рассмотреть возможность присоединения к группе для подготовки отчетов о яхтенной деятельности в будущем.

(335) Совещание поблагодарило соавторов за их работу и предоставленную информацию. Совещание разделяет озабоченность соавторов по поводу постоянных проблем в Антарктике с несанкционированными яхтами или яхтами, которые не могут предъявить разрешения. Стороны отметили важность принятия последующих мер в отношении судов, которые не имели или не смогли предъявить разрешение. Несколько Сторон выразили заинтересованность в будущем сотрудничестве по сбору и представлению информации о деятельности яхт.

(336) Франция заявила, что проконтролирует судно, получившее разрешение от НКО и которое, согласно Информационному документу IP 80 ред. 1, не смогло предъявить свое разрешение.

(337) МААТО поблагодарила соавторов за сопоставление данных и Информационный документ IP 80 ред. 1. МААТО заявила, что разделяет обеспокоенность Сторон по поводу несанкционированной деятельности яхт, в том числе повторных нарушений в течение нескольких лет. Признавая трудности, с которыми столкнулись компетентные органы при привлечении к ответственности таких судов, МААТО отметила, что некоторые несанкционированные яхты все чаще допускают нарушения в своей деятельности и тем самым подрывают процессы и намерения Договора об Антарктике. Подчеркнув, что такая деятельность может иметь более чем незначительное или ограниченное по времени воздействие на окружающую среду Антарктики, МААТО предупредила, что она является плохим примером для ответственных туроператоров и пассажиров. МААТО вновь подтвердила свою приверженность ведению отчетности о деятельности яхт и обмену соответствующей информацией как о яхтах, входящих в МААТО, так и о яхтах, не входящих в МААТО.

(338) АСОК привлекла внимание к Информационному документу IP 92 *Developments to enhance the safety of pleasure yachts and fishing boats operating in the Antarctic Treaty area [Разработки по повышению безопасности прогулочных яхт и рыболовных судов, работающих в районе действия Договора об Антарктике]*, представленному в рамках пункта 13 повестки дня «Безопасность и деятельность в Антарктике». В документе представлена информация о последних разработках Международной морской организации, касающихся безопасности и эксплуатации судов, включая прогулочные яхты, в районе действия Договора об Антарктике. В документе отмечается, что первоначальное принятие Полярного кодекса не распространялось на прогулочные яхты и рыболовные суда, которые вместе составляют значительную часть судов, действующих в Антарктике. С тех пор в ИМО была проведена дополнительная работа по предоставлению Кодекса этим судам в виде Руководств. В документе рекомендуется, чтобы выполнение указаний *Руководства по мерам безопасности для прогулочных яхт валовой вместимостью 300 тонн и выше, не используемых для бизнеса в полярных водах*, было обязательным для любых разрешений, выдаваемых прогулочным яхтам, планирующим вести деятельность в районе действия Договора об Антарктике.

(339) Аргентина представила Информационный документ IP 111 *Report on Antarctic tourist flows and cruise ships operating in Ushuaia during the 2021/2022 Austral summer season [Отчет о потоках туристов и круизных судов в Антарктике, осуществлявших плавание из порта Ушуая, в летнем сезоне 2021/2022 г. в Южном полушарии]*. В этом документе сообщается о туристических потоках и круизных лайнерах, работавших в порте Ушуая в летний сезон 2021/2022 годов, включая информацию о количестве совершенных рейсов, пассажирах и их национальности, средней численности экипажа на судно и регистрации судов. Аргентина напомнила, что она представляла подобные отчеты КСДА с 2008 г., таким образом предоставляя полную базу данных об антарктических туристических потоках из города Ушуая. Аргентина представила данные, сравнивающие летний сезон 2019/2020 годов с летним сезоном 2021/2022 годов, которые отражают значительное снижение туристической активности после пандемии COVID-19. Она также упомянула о соблюдении судами санитарных протоколов, введенных в действие в городе Ушуая, и ситуации с отменой нескольких запланированных рейсов и вынужденным задержанием судов вблизи гавани города Ушуая. Аргентина подчеркнула, что этот документ продемонстрировал наличие различных источников информации для Сторон, заинтересованных в данных о туристических потоках и круизных судах. Она подчеркнула, что такие данные могут оказаться полезными для будущего обсуждения Сторонами антарктического туризма.

(340) Совещание поблагодарило Аргентину за представленный доклад и проделанную работу, приняв к сведению различные источники информации, включая отчеты за многие годы о туристической деятельности в порте Ушуая.

Пункт 18: Подготовка XLV КСДА

a. Дата и место

(341) Совещание приветствовало любезное предложение правительства Финляндии принять XLV КСДА в Хельсинки в период с 29 мая по 8 июня 2020 года.

(342) В целях обеспечения возможности планирования на будущее Совещание приняло к сведению следующий предполагаемый план-график предстоящих КСДА:

- 2024 г. – Индия
- 2025 г. – Италия.

(343) Начиная с КСДА в Индии, использование римских цифр в нумерации собраний будет прекращено. Поэтому КСДА 2024 года будет 46-м КСДА/26-м заседанием КООС.

(344) В рамках данного пункта повестки дня был представлен следующий документ:

- Информационный документ IP 82 *Подготовка к 45-му совещанию, Хельсинки, 2023 г.* (Финляндия).

b. Приглашение международных и неправительственных организаций

(345) В соответствии с установившейся практикой Совещание согласилось, что направить своих экспертов на XLV КСДА будет предложено следующим организациям, имеющим научные или технические интересы в Антарктике: Секретариат АКАП, АСОК, МГЭИК, МААТО, Международная организация гражданской авиации (ИКАО), МГО, ИМО, МОК, Международный фонд для компенсации ущерба от загрязнения нефтью, Международный союз охраны природы (МСОП), ЮНЕП, РКИК ООН, ВМО и Всемирная туристская организация (ВТО).

c. Подготовка Повестки дня XLV КСДА

(346) Совещание одобрило предварительную Повестку дня XLV КСДА (см. Приложение 2).

d. Организация XLV КСДА

(347) В соответствии с Правилом 11 Правил процедуры Совещание решило предложить участвовать в XLV КСДА тем же рабочим группам, которые принимали участие в этом совещании. В соответствии *Специальными руководящими принципами по проведению гибридного совещания XLIV КСДА – XXIV заседания КООС*, принятыми на данном КСДА, Председатели рабочих групп назначаются в конце Совещания, а в случае отсутствия таких назначений – в начале последующего КСДА. На Совещании принято решение назначить г-на Теодора Килл (Theodore Kill) из США председателем Рабочей группы № 1 на 2023 год. На нем также принято решение назначить г-жу Соню Рамос Гарсия (Sonia Ramos García) из Испании и д-ра Филлипа Трейси (Phillip Tracey) из Австралии сопредседателями Рабочей группы № 2 на 2023 год.

e. Лекция СКАР

(348) Принимая во внимание серию полезных лекций, прочитанных СКАР на ряде предыдущих КСДА, на Совещании принято решение пригласить СКАР прочитать еще одну лекцию по научным вопросам, относящимся к XLV КСДА.

Пункт 19: Прочие вопросы

(349) Турция представила Информационный документ IP 98 *Turkey's Membership to the COMNAP [Членство Турции в КОМНАП].* В документе сообщается, что Турция подала заявку на членство в КОМНАП в 2021 году, чтобы получить возможность участвовать в разработке и использовании передовых методов управления поддержкой исследований в Антарктиде. Турция отметила, что ее запрос на членство был принят на ЕОС КОМНАП 2021 года. Турция считает, что ее членство в КОМНАП расширит ее возможности и сформирует будущее ее полярных исследований, и выразила благодарность странам и представителям, которые поддержали ее в этом процессе.

(350) Аргентина сделала следующее заявление: «Мы переживаем сложные времена и решаем важные задачи для всей Системы Договора об Антарктике. Именно в такие трудные времена, как эти, наша приверженность, согласованность и соблюдение принципов, которыми мы руководствуемся на протяжении более 60 лет действия Договора об Антарктике, должны возобладать, поддерживая добросовестность, международное сотрудничество и консенсус. К сожалению, вчера на другом форуме Системы Договора об Антарктике одна Сторона распространила Ноту, которая нас удивляет и беспокоит, поскольку может создать опасный прецедент для нашей Системы. Мы не согласны с соображениями, изложенными в указанной ноте, и ответим на нее по соответствующим каналам на этом форуме. Наша позиция в отношении спора о суверенитете широко известна, поэтому я не буду повторять ее сегодня. Однако этот вопрос выходит за рамки любого двустороннего спора и касается фундаментальных обязательств Системы Договора об Антарктике. Решения, подобные тому, что отражено в Ноте, которую мы получили вчера, не вносят вклад в систему. В этом смысле сегодня я хотел бы призвать все Стороны к размышлению. Позиция или поведение Стороны никогда не может использоваться другой Стороной в качестве предлога для несоблюдения своих многосторонних обязательств путем принятия односторонних решений. Я хотел бы еще раз подтвердить нашу приверженность основам и принципам Системы Договора об Антарктике. Мы обращаемся к обязательствам и ответственности всех Сторон по поддержке и укреплению нашей Системы».

(351) Великобритания сделала следующее заявление: «Великобритания также хотела бы напомнить о своей позиции в отношении суверенитета в Южной Атлантике, которая хорошо известна всем делегатам. К сожалению, этот вопрос, относящийся к отдельному форуму Системы Договора об Антарктике, был поднят здесь. Но эта ситуация связана с вопиющим блокированием третьей стороной принятия решений, основанных на передовых научных данных. Великобритании целиком понятно, что действия, которые мы предпринимаем, в том числе для обеспечения неизменно высоких стандартов сохранения морской среды, полностью объясненные в вышеупомянутой Ноте, полностью соответствуют нашим обязательствам по Конвенции о сохранении морских живых ресурсов Антарктики (АНТКОМ). Великобритания по-прежнему полностью привержена принципам и целям АНТКОМ. Великобритания продолжит добросовестно выполнять свои обязательства по Конвенции, в том числе в отношении принятия решений на основании передовых научных данных, и ожидает того же от всех других Сторон. Великобритания обязуется работать с Аргентиной и всеми другими странами –членами АНТКОМ, стремясь восстановить систему, в рамках которой интересы всех Сторон защищались в течение последних 40 лет. Мы готовы обсудить этот вопрос со всеми странами – членами АНТКОМ, в том числе на ежегодном совещании этого года в октябре».

(352) Аргентина отвергла это заявление Великобритании и снова подтвердила свою хорошо известную правовую позицию.

Пункт 20: Принятие Заключительного отчета

(353) Совещание приняло Заключительный отчет 44-го Консультативного совещания по Договору об Антарктике в соответствии с Процедурным правилом 25 КСДА. Консенсус не был достигнут по пунктам 10, 11 и пунктам 35-40. Председатель Совещания г-жа Таня фон Услар-Гляйхен выступила с заключительным словом.

Пункт 21: Закрытие совещания

(354) Совещание было закрыто в четверг, 2 июня в 17:46.

2. Отчет XXIV КООС

Отчет Двадцать четвертого заседания Комитета по охране окружающей среды (XXIV заседания КООС)

Берлин, Германия, 23 – 27 мая 2022 г.

(1) В соответствии с положениями Статьи 11 Протокола по охране окружающей среды к Договору об Антарктике с 23 по 27 мая 2022 г. состоялось заседание Представителей Сторон, подписавших Протокол (Аргентины, Австралии, Беларуси, Бельгии, Болгарии, Бразилии, Великобритании, Венесуэлы, Германии, Индии, Испании, Италии, Канады, Китая, Колумбии, Малайзии, Монако, Нидерландов, Новой Зеландии, Норвегии, Перу, Польши, Португалии, Республики Корея, Румынии, Российской Федерации, США, Турции, Украины, Уругвая, Финляндии, Франции, Чехии, Чили, Швейцарии, Швеции, Эквадора, ЮАР, Японии), с целью предоставления консультаций и выработки рекомендаций для Сторон в отношении реализации Протокола. Совещание проходило в очно-заочном формате, с участием представителей Сторон Протокола либо лично в Берлине, Германия, либо виртуально.

(2) В соответствии с Правилом 4 Правил процедуры КООС в работе заседания в статусе Наблюдателей приняли участие представители:

- Научного комитета по антарктическим исследованиям (СКАР), Научного комитета Конвенции о сохранении морских живых ресурсов Антарктики (НК-АНТКОМ) и Совета управляющих национальных антарктических программ (КОМНАП);
- научных, экологических и технических организаций: Коалиции по Антарктике и Южному океану (АСОК), Международной ассоциации антарктических туристических операторов (МААТО) и Всемирной метеорологической организации (ВМО).

Пункт 1: Открытие заседания

(3) Председатель КООС г-жа Биргит Ньостад (Birgit Njåstad) (Норвегия) открыла заседание в понедельник 23 мая 2022 г. и выразила признательность Германии за организацию и проведение заседания. Председатель КООС отметила, что на фоне множества изменений, произошедших в мире за последние годы, постоянная ответственность КООС за предоставление надежных консультаций и рекомендаций КСДА в соответствии с духом Договора об Антарктике имеет важное значение.

(4) Комитет выразил искренние соболезнования в связи с кончиной д-ра Ива Френо (Yves Frenot), который занимал пост председателя КООС с 2010 по 2014 гг. и был известным и уважаемым ученым из Французского полярного института. Комитет признал большой вклад д-ра Френо в КООС и антарктические исследования.

(5) От имени Комитета Председатель приветствовала Австрию в качестве нового Члена после ее присоединения к Протоколу 26 августа 2021 г. Председатель отметила, что в состав КООС теперь входят 42 Члена.

Пункт 2: Принятие Повестки дня

(6) Комитет принял представленную ниже Повестку дня и утвердил распределение 44 Рабочих документов (WP), 63 Информационных документов (IP), 4 Документов Секретариата (SP), а также 4 Вспомогательных документов (BP) по пунктам Повестки дня:

1. Открытие заседания
2. Принятие Повестки дня
3. Стратегическое обсуждение дальнейшей работы КООС
4. Работа КООС
5. Сотрудничество с другими организациями
6. Восстановительные мероприятия и ликвидация экологического ущерба
7. Последствия изменения климата для окружающей среды
    a. Стратегический подход
    b. Реализация и пересмотр Рабочей программы ответных мер в отношении изменения климата
8. Оценка воздействия на окружающую среду (ОВОС)
    a. Проекты документов по Всесторонней оценке окружающей среды
    b. Прочие вопросы ОВОС
9. Охрана районов и планы управления
    a. Планы управления
    b. Исторические места и памятники
    c. Правила поведения для посетителей участков
    d. Пространственная охрана морской среды и меры пространственного управления
    e. Прочие вопросы, связанные с Приложением V
10. Сохранение антарктической флоры и фауны
    a. Карантин и неместные виды
    b. Особо охраняемые виды
    c. Прочие вопросы, связанные с Приложением II
11. Экологический мониторинг и представление данных об окружающей среде
12. Отчеты об инспекциях
13. Общие вопросы
14. Выборы должностных лиц
15. Подготовка следующего заседания
16. Принятие отчета
17. Закрытие заседания

Пункт 3. Стратегическое обсуждение дальнейшей работы КООС

(7) Норвегия от имени Председателя КООС представила Рабочий документ WP 27 *«Пересмотр стратегических приоритетов КООС и Пятилетнего плана работы КООС»*, в котором предлагает КООС пересмотреть свой Пятилетний план работы для подведения итогов работы и рассмотрения актуальных обновлений и корректировки плана. Норвегия напомнила, что первоначально КООС сосредоточился на внедрении процедур и методов, позволяющих эффективно и действенно выполнять свой мандат. С появлением новых экологических проблем КООС стал применять более стратегический и приоритетный подход к вопросам, требующим первоочередного внимания. Норвегия отметила некоторые важные изменения в подходе КООС к своей работе, в том числе неофициальный семинар

по будущим экологическим проблемам Антарктики в 2006 г. и создание МКГ на IX КООС для дальнейшей разработки Пятилетнего плана работы на основе результатов семинара. Норвегия также отметила, что X КООС согласился принять Пятилетний план работы в качестве официального механизма Комитета. На ряде совещаний Комитет отмечал полезность Пятилетнего плана работы для руководства своей работой, и после XV КООС Комитет согласился рассматривать План работы в конце каждого пункта повестки дня. Отметив, что с момента принятия первого Пятилетнего плана работы прошло пятнадцать лет, Норвегия высказала мнение, что настало время провести обзор с учетом изменений в понимании окружающей среды Антарктики и проблем, с которыми Антарктика столкнется в будущем. Норвегия отметила, что НК-АНТКОМ регулярно проводит симпозиумы для подведения итогов своей стратегической работы, и предложила КООС использовать аналогичный подход при пересмотре своего Пятилетнего плана работы. Норвегия отметила, что в Рабочий документ WP 27 включен список вопросов, которые могут иметь значение для первоначального обмена мнениями и соображениями во время проведения XXIV КООС. За этим могут последовать межсессионные обсуждения перед XXV КООС и специальные обсуждения на XXV КООС в качестве режима работы процесса обзора.

(8) Комитет поблагодарил Норвегию за работу по подготовке документа. Было подчеркнуто, что КООС очень хорошо функционировал в рамках текущего Пятилетнего плана работы и успешно выполнял свой мандат, изложенный в Статье 12 Протокола по охране окружающей среды. Кроме того, было отмечено, что рабочий план служит полезным инструментом коммуникации для взаимодействия с партнерами и широкой аудиторией. Признавая своевременность пересмотра стратегических приоритетов в свете меняющихся обстоятельств и возникающих проблем, Комитет полностью поддержал рекомендации, содержащиеся в Рабочем документе WP 27. Комитет выразил намерение пересмотреть стратегические приоритеты и план работы в преддверии XXV КООС. Несколько Членов предложили приоритетные вопросы, процессы и направления действий для рассмотрения в ходе межсессионных дискуссий. Предложенные вопросы, находящиеся в центре внимания, включали изменение климата, упреждающий подход к проблемам туризма, систему охраняемых территорий и загрязнение окружающей среды, в частности пластиком.

(9) Комитет поблагодарил Финляндию за предложение предоставить место для неофициального обсуждения Пятилетнего плана работы в рамках семинара, который состоится в Хельсинки в преддверии XXV КООС. Комитет также поблагодарил нескольких Членов за предложение дополнительных способов поощрения широкого участия в обсуждениях Пятилетнего плана с целью обеспечения большего включения в соответствии с географией, возрастом и полом.

(10) АСОК выразила благодарность Норвегии за ее документ и поблагодарила Финляндию за предложение провести неофициальное обсуждение этого вопроса. АСОК заявила, что поддерживает пересмотр стратегических приоритетов КООС и разработку обновленного Пятилетнего плана работы. Рекомендовалось, чтобы в обзоре была рассмотрена необходимость повышения приоритета каких-либо действий в плане работы или в них следует дополнительно ввести пункты действий. АСОК также рекомендовала Комитету рассмотреть не только свою работу, но и технические вопросы о выполнении и оптимизации задач.

(11) После дальнейшего обсуждения Комитет согласился с рекомендациями, содержащимися в Рабочем документе WP 27.

Рекомендации КООС для КСДА относительно пересмотра стратегических приоритетов КООС и Пятилетнего плана работы КООС.

(12) Комитет принял решение сообщить на КСДА о пересмотре своих приоритетов, функционировании Комитета и своего Пятилетнего плана работы на XXV КООС. Комитет согласился с тем, что это следует продвигать следующим образом:

- Председателю/Бюро КООС будет поручено содействовать проведению межсессионных дискуссий по подготовке к семинару в Хельсинки перед XXV КООС в сотрудничестве с принимающей страной Финляндией.
- Обсуждения до и во время семинара должны быть открытыми и включать всех Членов и Наблюдателей.
- Членам и Наблюдателям будет предложено проведение межсессионных дискуссий и семинаров начинающих исследователей и лиц, ответственных за формирование и реализацию политики, и (или) менеджерами по соответствующим вопросам разнообразия и интеграции; а также
- На XXV заседании КООС в Хельсинки Комитет рассмотрит итоги семинара и предыдущих межсессионных дискуссий.

(13) Комитет отметил, что в ходе рассмотрения стратегических приоритетов КООС будут предприняты все возможные меры по выявлению существующих и новых проблем. Комитет далее отметил, что участники должны руководствоваться принципами Протокола по охране окружающей среды, опираясь на наилучшие имеющиеся научные данные.

---

(14) Комитет пересмотрел и обновил Пятилетний план работы (Приложение 1).

Пункт 4. Работа КООС

(15) Индия представила Рабочий документ WP 7 *Web-страницы СДА, содержащие информацию о Вспомогательных группах КООС*, подготовленный совместно с Норвегией и Великобританией. Индия отметила, что Секретариат под руководством КСДА разработала web-страницы, содержащие информацию о Системе Договора об Антарктике, Протоколе по охране окружающей среды и КООС. Однако web-страницы, посвященные двум Вспомогательным группам КООС (Вспомогательной группе по планам управления и Вспомогательной группе по ответным мерам в отношении изменения климата) разработаны не были. Авторы предложили разработать web-страницы для каждой Вспомогательной группы в целях улучшения доступа к информации о работе этих групп. Индия отметила, что это также может помочь новым Членам лучше понять, каким образом они могут включиться в работу Вспомогательных групп. Таким образом, в документе КООС рекомендовано содействовать разработке отдельных специализированных web-страниц СДА для двух Вспомогательных групп КООС, утвердить исходное содержание этих web-страниц, приложенных к документу, и призвать соответствующие Вспомогательные группы дополнительно рассмотреть содержание web-страниц в межсессионный период 2022–2023 гг., а также представить отчет на XXV заседании КООС.

(16) Комитет поблагодарил Индию, Норвегию и Великобританию за представленный ими документ. Члены согласились с тем, что web-страницы будут полезными инструментами для распространения информации среди существующих и новых Членов Комитета. Многие Члены Комитета также отметили, что специальные web-страницы могут быть полезными инструментами для повышения прозрачности и информирования общественности о деятельности КООС. Было высказано мнение, что было бы также полезно включить контактные данные и график выполнения задач с целью упрощения участия.

(17) Отвечая на высказанные опасения относительно защиты паролем web-страниц, содержание которых будет приниматься и может обновляться в будущем, авторы разъяснили, что предлагаемые web-страницы будут объединять ту информацию, которая уже была одобрена КООС и находится в открытом доступе через web-сайт СДА, а любые будущие обновления должны быть одобрены Комитетом на основе достигнутого консенсуса.

(18) Комитет поддержал разработку отдельных специализированных web-страниц СДА для двух Вспомогательных групп КООС и после внесения незначительных редакционных поправок утвердил первоначальное содержание этих web-страниц (Приложения 2 и 3) и отметил, что любые будущие обновления будут утверждаться на основе консенсуса Комитетом. Комитет призвал соответствующие вспомогательные группы дополнительно рассмотреть содержание web-страницы в межсессионный период 2022–2023 гг. и представить отчет XXV КООС.

(19) Со ссылкой на Информационный документ IP 121 *Committee for Environmental Protection (CEP): summary of activities during the 2021/22 intersessional period [Комитет по охране окружающей среды (КООС): краткий обзор мероприятий, проведенных в межсессионный период 2021–2022 гг.]* (Норвегия) Председатель КООС поблагодарила Членов за их усилия по осуществлению деятельности КООС в течение предыдущего межсессионного периода.

Пункт 5: Сотрудничество с другими организациями

(20) АНТКОМ представил Информационный документ IP 15 *Report by the SC-CAMLR Observer to CEP [Доклад Наблюдателя НК-АНТКОМ на КООС]*, в котором сообщается о проведенной в межсессионный период деятельности, связанной с КООС. Отчет посвящён пяти вопросам, представляющим общий интерес для КООС и НК-АНТКОМ и сформулированным на первом совместном семинаре КООС и НК-АНТКОМ – изменение климата и морская среда Антарктики, биоразнообразие и неместные виды в морской среде Антарктики, антарктические виды, требующие особой охраны, пространственное управление морской средой и охраняемые районы, а также экосистема и мониторинг окружающей среды. В документе отмечены проблемы, с которыми НК-АНТКОМ столкнулся в ходе виртуальных заседаний за последний год, а также прогресс, достигнутый им в некоторых ключевых тематических областях, в том числе в области разработки системы управления промыслом криля с учетом имеющихся рисков, а также рекордный уровень вовлечённости и участия благодаря виртуальному формату. Отмечено, что НК-АНТКОМ укрепил свой научный потенциал, согласовав новое техническое задание для Фонда общего научного потенциала (General Science Capacity Fund). АНТКОМ напомнил Комитету, что с момента определения МОР в районе море Росса прошло пять лет. Кроме того, было отмечено, что НК-АНТКОМ провел неофициальный симпозиум для рассмотрения и разработки пятилетнего стратегического плана, а рекомендации и стратегический план по результатам симпозиума будут доработаны Членами Комитета и согласованы на НК-АНТКОМ-41 в октябре 2022 г.

(21) СКАР представил Информационный документ IP 16 *Ежегодный доклад Научного комитета по антарктическим исследованиям за 2022 г. XLIV Консультативному совещанию по Договору об Антарктике*. СКАР отметил недавнюю деятельность, связанную с работой КООС. В частности, она включает три его исследовательские программы и специализированные вспомогательные группы, предоставляющие результаты, отвечающие потребностям КООС, координацию Целевой группы по Южному океану в рамках Десятилетия науки об океане в интересах устойчивого развития Организации Объединенных Наций, образовательные и информационно-

просветительские мероприятия, в том числе два мероприятия СКАР на Конференции ООН по изменению климата (COP 26) в Глазго в 2021 г., новый фильм СКАР «*Мир и наука*», рассказывающий о работе СКАР, а также создание Инициативной группы по вопросам равенства, разнообразия и интеграции (EDI)), которая должна в общих чертах рассмотреть возможности эффективного решения задач EDI в рамках СКАР. СКАР напомнил о систематическом плане сохранения Антарктического полуострова, который разрабатывался совместно с МААТО и был направлен на содействие одновременному управлению биоразнообразием, наукой и туризмом. СКАР отметил, что после окончательной доработки результаты будут обсуждены с членами МААТО и СКАР и представлены КООС. СКАР также сообщил, что открытая научная конференция 2022 года и совещания СКАР будут организованы Индией в режиме онлайн с 1 по 10 августа по теме конференции «Антарктика в изменяющемся мире».

(22) КОМНАП представил Информационный документ IP 19 *Ежегодный отчёт Совета управляющих национальных антарктических программ (КОМНАП) за 2021/22 г.*, в котором сообщается о деятельности, проведенной за последний год и имеющей отношение к работе КООС. КОМНАП подчеркнул, что на региональных сессиях, проведенных на его Ежегодном общем собрании, Антарктическое плато было определено в качестве ключевого региона для понимания того, как Антарктика является движущей силой перемен. Была отмечена важность Национальных антарктических программ, активно поддерживающих и координирующих международные усилия по предоставлению актуальных данных о криосфере района действия Договора об Антарктике. КОМНАП также обратил внимание на рецензированную публикацию о новых антарктических возможностях ледоколов, в том числе о повышении эффективности, снижении уровня шума и способах упреждающей защиты окружающей среды Антарктики, а также зависимых и связанных с ними экосистем при их проектировании (ВР 2)

(23) ВМО представила Информационный документ IP 21 rev. 1 *Годовой отчет ВМО* , в котором изложена ее недавняя научная деятельность в Антарктике, проведенная в рамках совместно осуществляемой Всемирной программы исследований климата (ВПИК) и Всемирной программы исследований погоды. Эта работа включала основной проект Всемирной программы исследований климата (ВПИК) «Климат и криосфера» (CliC), Антарктический CORDEX, Прогнозы для Антарктики на 2300 г., Академию ВПИК, план действий по Южному океану и заключительный саммит Года полярного прогнозирования. ВМО отметила, что она приняла новую единую политику данных, которая необходима для глобальных усилий по мониторингу, пониманию и последующему прогнозированию погоды и климата, а также для продолжения развития сети антарктических полярных региональных климатических центров (AntRCC). ВМО также отметила, что ею выпущено несколько научных публикаций об Антарктике и климате, имеющих отношение к работе КООС, включая «Заявление о состоянии глобального климата», «Единство в науке» и «10 новых идей в науке в климатологии».

(24) МААТО представила Информационный документ IP 41 *Report of the International Association of Antarctica Tour Operators 2021-22 [Отчет Международной ассоциации антарктических туроператоров за 2021-2022 гг.]*, в котором сообщается о ее деятельности за предыдущий год. МААТО сообщила, что в ее состав входят 106 операторов и ассоциированных организаций от 21 Стороны Договора об Антарктике. Отмечено, что после минимальной активности в сезоне 2021 г. из-за пандемии в сезоне 2021-2022 гг. наблюдалось умеренное возобновление операций, хотя проблемы сохранялись. МААТО сообщила, что общее количество посетителей, совершивших путешествия с операторами МААТО, в сезоне 2021-2022 гг., составило 23 597 чел., а инцидентов, по которым

требуется предоставление отчетности, не было. Кроме того, было отмечено, что на своем недавнем Ежегодном собрании члены МААТО единогласно взяли на себя обязательство в отношении изменения климата, по которому они, в частности, обязались сократить выбросы парниковых газов к 2050 г. не менее чем на 50 % по сравнению с 2008 г. и достичь нулевого уровня выбросов как можно скорее до 2050 г. Члены МААТО также согласились усовершенствовать и обновить ряд своих руководств по эксплуатации, а также ввести требование о том, чтобы капитаны и некоторые представители офицерского состава, проходили соответствующую онлайн-оценку МААТО. МААТО также отметила свои совместные научные инициативы, включая предложение ежегодной стипендии для молодых специалистов совместно со СКАР, КОМНАП и АНТКОМ.

(25) В своем отчете для Заседания АСОК сослалась на Информационный документ IP 88 *Доклад АСОК на КСДА* (представленный для КСДА), в котором перечислены межсессионные мероприятия и поддержка практически актуальной науки и научных коммуникаций с участием АСОК в течение предыдущего года. АСОК отметила наличие серьезной политической воли к устранению угроз состоянию Антарктики, включая принятие новых комплексных мер защиты, таких как создание морских охраняемых районов (МОР), расширение системы особо охраняемых районов, присвоение императорскому пингвину статуса Особо охраняемого вида Антарктики и принятие мер в области изменения климата. АСОК призвала антарктические органы и участников конструктивно участвовать в дискуссиях, которые повышают природоохранные цели Системы Договора об Антарктике.

(26) Комитет выразил признательность за эти отчеты Наблюдателей и отметил важность их работы для КООС.

Назначение представителей КООС для участия в мероприятиях других организаций

(27) Комитет назначил:

- Биргит Ньостад (Birgit Njåstad) (Норвегия) представлять КООС на 34-м Ежегодном общем собрании КОМНАП, которое будет проходить в цифровом формате с 8 июня по 27 июля 2022 г.;
- Полли Пенхейл (Polly Penhale) (США) представлять КООС на 41-м заседании НК-АНТКОМ, которое состоится Хобарте в октябре и ноябре 2022 г.; и
- Яну Ропер-Кудеру (Yan Ropert-Coudert) (Франция) представлять КООС на заседании делегатов СКАР 2022 г., которое будет организована Индией в онлайн-режиме в сентябрь 2022 г.

Пункт 6: Восстановительные мероприятия и ликвидация экологического ущерба

(28) Австралия представила Информационный документ IP 54 *Australia's Cleaner Antarctica Strategy [Стратегия Австралии «Чистая Антарктика»]*. В этом документе сообщается, что Австралия учреждает научную программу «Чистая Антарктика» и разрабатывает действенную стратегию «Чистой Антарктики» для австралийских станций и участков. В этом документе обобщены цели стратегии «Чистая Антарктика», включая информацию о мерах высшего приоритета, которые необходимо принять в течение следующих пяти лет. Австралия выразила заинтересованность в обмене научно-практическим опытом с другими Членами, которые осуществляют или планируют осуществлять аналогичные оценки участков и мероприятия по очистке с целью улучшения экологических результатов по всей Антарктике.

(29) Комитет поблагодарил Австралию за доклад и отметил перспективную инициативу, изложенную в ее документе.

Пункт 7: Последствия изменения климата для окружающей среды

7а) Стратегический подход

(30) СКАР представил Информационный документ WP 30, rev. 1 WP 30 rev.1 *Изменение климата Антарктики и окружающая среда: Десятилетний обзор. Выводы и рекомендации,* а также Рабочий документ WP 31 rev.1 *Изменение климата Антарктики и окружающая среда: Десятилетний обзор. Первоочередные задачи научных исследований.* СКАР также сослался на Информационный документ IP 72 *Antarctic Climate Change and the Environment [Изменение климата Антарктики и окружающая среда]: A Decadal Synopsis and Recommendations for Action [Десятилетний обзор и рекомендации к действию]*. В этих документах представлены основные обновления отчета «Изменение климата Антарктики и окружающая среда» (ACCE), инфографическая сводка основных выводов этого десятилетнего обзора ACCE, а также ряд рекомендаций. В отношении рекомендаций, приведенных в Рабочем документе WP 30 rev.1, СКАР подчеркнул, что для поддержания Антарктики и Южного океана в том состоянии, в котором они находились последние 200 лет, страны должны соблюдать и перевыполнять целевые показатели по сокращению выбросов парниковых газов, предусмотренные Парижским соглашением по климату. Что касается рекомендаций относительно наиболее значительных и неотложных исследований, необходимых для региона, представленных в WP 31 rev.1, СКАР отметил, что они направлены на изменения в регионе, которые имеют значительные последствия для земной системы и общества, а также на ожидаемое воздействие изменения климата на биоразнообразие региона. СКАР отметил, что Десятилетний обзор основан главным образом на недавних отчетах МГЭИК, базирующихся на обширных исследованиях ученых, изучающих Антарктику и Южный океан.

(31) СКАР обратил внимание Совещания на несколько ключевых выводов его рекомендаций: необходимость незамедлительных действий как на региональном, так и на глобальном уровне для смягчения последствий изменения климата; потребность в срочных действиях не ограничивается необходимостью уменьшить неопределенность, связанную с прогнозами на будущее; необходимость в срочном порядке разработать крупномасштабные комплексные исследовательские подходы в рамках национальных антарктических программ для снижения неопределенности в ключевых областях, включая улучшение прогнозов изменения криосферы Антарктики, улучшение понимания и прогнозов изменения биоразнообразия Антарктики, а также углубление понимания корреляционных связей климата и климатических моделей тропических и высоких широт; и требование обеспечить четкое, своевременное и регулярное информирование правительств, сторон соответствующих международных соглашений, экономического сектора и гражданского общества об экологических изменениях в Антарктике и их последствиях как для окружающей среды Антарктики, так и для земной системы. Наконец, СКАР отметил, что отчет основан на большом количестве совместных международных исследований, большая часть которых поддерживалась национальными антарктическими программами, и подавляющее большинство которых было собрано воедино благодаря волонтерской работе исследователей со всего мира.

(32) Комитет поблагодарил СКАР за этот документ и подчеркнул ценность предоставления такого научного обобщения для его работы. Комитет отметил широкую поддержку рекомендаций, содержащихся в Рабочих документах WP 30 rev.1 и WP 31 rev.1. Комитет также приветствовал доклад СКАР о результатах

отчета ИКАОС и поздравил СКАР с десятилетним обновлением доклада, признав его ценным вкладом в дальнейшее обсуждение последствий изменения климата и других дискуссий по вопросам управления. Комитет отметил, что в докладе подчеркивается необходимость незамедлительных действий и необходимость устранения существующих потребностей и пробелов в исследованиях.

(33) Члены Комитета отметили актуальность выводов СКАР в отношении CCRWP и ее Вспомогательной группы SGCCR. Некоторые Члены подчеркнули важность соблюдения и превышения Определяемых на национальном уровне вкладов, предусмотренных Парижским соглашением по климату. Члены Комитета также отметили необходимость устранения существующих пробелов в исследованиях и продолжения работы по темам биобезопасности, пространственного управления территориями и воздействия на окружающую среду. Также была рассмотрена проблема потребности в улучшении связи между Членами и упрощении распространения информации. Многие члены поддержали рекомендации в Рабочем документе WP 30 rev.1, отметив, что они значительно поспособствовали продвижению работы, представленной в отчете SGCCR (Рабочий документ XXIII заседания КООС WP 14).

(34) Члены Комитета определили несколько вопросов для дальнейшего рассмотрения, в том числе: общие исследовательские приоритеты с АНТКОМ; межсессионный диалог между СКАР и SGCCR для более глубокого обсуждения во время следующего заседания КООС; запрос SGCCR о присвоении работе по биобезопасности приоритетного статуса; установка приоритета на охране антарктических видов от воздействия изменения климата; выбросы парниковых газов антарктическими станциями; разработка комплексной системы охраняемых территорий; устранение научных пробелов и неопределенностей; логистические проблемы, связанные с изменением климата; получение исходных данных; необходимость систематического долгосрочного мониторинга; и актуальность эффективных протоколов биобезопасности.

(35) Одна из стран-членов отметила научную неопределенность тенденций повышения уровня моря, моделей биоразнообразия и климата, поднятых СКАР, а также важность комплексных и долгосрочных наблюдений и выразила озабоченность по поводу возможности сохранения окружающей среды Южного океана в том состоянии, в котором она находилась последние 200 лет как цели управления в такой динамичной системе. Была также отмечена решающая роль СКАР в предоставлении независимых и объективных научных рекомендаций для поддержки и информирования работы КСДА и КООС, изложенной в Резолюции 7 (2019 г.), и выражена озабоченность по поводу того, является ли СКАР подходящим органом для предоставления политических рекомендаций.

(36) Несколько Членов отметили, что считают научно обоснованные советы и рекомендации, представленные СКАР, важным основанием для политического решения Комитета.

(37) В ответ на опасения одного Члена Комитета СКАР подтвердил свое мнение о том, что превышение целевых показателей, изложенных в Парижском соглашении по климату, важно для сохранения Антарктики. В нем подчеркивается, что Антарктика представляет собой динамичную систему, которая меняется с течением времени, и основная идея охраны окружающей среды Антарктики также подразумевает сохранение этой динамики. Относительно вопросов, касающихся потери ледникового покрова в восточной части Антарктики, СКАР подтвердил, что несмотря на то, что потеря была меньше в сравнении с ледниковым покровом в западной Антарктике, исследования показали, что ледник Тоттена потерял массу. СКАР также напомнил, что МГЭИК впервые выразила озабоченность по поводу рисков изменения климата более 30 лет назад и с тех пор продолжает

выражать свою обеспокоенность. Отвечая на вопрос о том, является ли он подходящим органом для предоставления рекомендаций, СКАР отметил, что они основаны на фактических данных и что было бы безответственным не рассмотреть эти рекомендации.

(38) АСОК поблагодарил СКАР за его доклад, поддержал рекомендации, содержащиеся в рабочем документе WP 30 rev. 1, а также подчеркнул необходимость перевыполнения целевых показателей выбросов для защиты окружающей среды Антарктики и Южного океана. АСОК считает, что Рабочий документ WP 31 rev. 1 позволил распространять антарктическую науку за пределами СДА, а также подчеркивает важность широкой публикации результатов исследований и реакции на них.

(39) В завершение обсуждения рабочего документа WP 30 rev. 1 и WP 31 rev. 1 Комитет поблагодарил СКАР и поздравил его с юбилейным десятилетним обновлением доклада «Изменение климата Антарктики и окружающая среда», а также выразил признательность СКАР за подготовленную по этой теме информацию. Комитет отметил, что обновленная информация подчеркивает необходимость проведения дальнейших исследований для устранения пробелов в науке и принятия ответных мер. Комитет отметил важное значение отчета ИКАОС как наилучшего имевшегося источника научной информации для поддержки обсуждения Комитетом мер реагирования на изменение климата в Антарктике и актуальности полученных результатов для работы SGCCR и CCRWP. Наконец, Комитет подчеркнул важность огласки и распространения выводов этого доклада среди более широкого мирового сообщества.

(40) ВМО представила Информационный документ IP 71 *Winter Targeted Observing Periods and Further Plans of the Year of Polar Prediction in the Southern Hemisphere (YOPP-SH) [Зимние целевые периоды наблюдений и дальнейшие планы года полярных прогнозов в Южном полушарии (ГПП-ЮП)]*, в котором резюмируется недавняя деятельность, проведенная в Антарктике в рамках Проекта полярного прогнозирования Программы Всемирной службы погоды ВМО. ВМО сообщила, что оценка прогнозов глобального моделирования в течение Особого периода наблюдения за Антарктикой подтвердила, что точность прогнозов внетропических районов Южного полушария была ниже, чем в Северном полушарии, при этом наибольшие отличия были между Антарктикой и Арктикой. Она отметил, что Год полярного прогнозирования в Южном полушарии (ГПП-ЮП) в настоящее время является вторым Особым периодом наблюдений и что анализ этих результатов будет продолжен в 2023-2024 годах. ВМО также сообщила, что предстоящий финальный саммит ГПП состоится в Монреале в августе 2022 года. Она призвала Членов предать огласке информацию о Портале данных YOPP, чтобы национальные исследовательские сообщества могли пользоваться этим источником и вносить свои собственные данные через свои национальные центры данных с целью создания всеобъемлющей полярной метеорологической базы данных.

(41) АСОК представила Информационный документ IP 90 *Ice Sheet Instability, Long-term Sea-level Rise, and Southern Ocean Acidification: Time for Coordinated Action by Antarctic Treaty Parties [Нестабильность ледяного щита, долгосрочное повышение уровня моря и закисление Южного океана: Время для скоординированных действий Сторон Договора об Антарктике],* отметив, что в целом органы СДА сосредоточили свое внимание на устранении последствий изменения климата для экосистем Антарктики и Южного океана, но сейчас настало время, чтобы эти органы занялись непосредственно глобальными последствиями изменения климата. В документе содержится несколько рекомендаций в связи с этим, в том числе: принять меры для привлечения большего внимания общественности и политиков к результатам исследований

климата Антарктики, в том числе на конференциях сторон (КС) РКИК ООН; обратиться к СКАР с просьбой увеличить долю антарктической научной информации на КС; и параллельно запросить Консультативные стороны Договора об Антарктике пересмотреть свои собственные определяемые на национальном уровне вклады (NDC).

(42) В ответ на предложение ВМО СКАР выразил готовность сотрудничать с ВМО и другими организациями и таким образом обеспечить представление Антарктики науки в рамках Конференции Сторон Рамочной конвенции ООН об изменении климата.

(43) Комитет принял к сведению указанные ниже Информационные документы, представленные в рамках данного пункта Повестки дня.

- IP 23 *Antarctic Blue Carbon [Антарктический синий углерод]* (Великобритания).
- Информационный документ 26 *The Future of Thwaites Glacier and its Contribution to Sea-level Rise [Инициатива проведения исследований на леднике Туэйтса: будущее ледника Туэйтса и его вклад в повышение уровня моря]* (США, Великобритания).
- IP 27 *The Value of Long-term Ecological Datasets to Evaluate Ecosystem Response to Environmental Change along the Antarctic Peninsula [Значение долгосрочных наборов экологических данных для оценки реакции экосистемы на изменение окружающей среды вдоль Антарктического полуострова]* (США).
- Информационный документ IP 32 *Efectos del derretimiento del Glaciar Collins en el ecosistema costero[*Влияние таяния ледника Коллинса на прибрежную морскую экосистему Антарктики] *marino antártico (*Уругвай).

7b) Последствия изменения климата для окружающей среды: Реализация и пересмотр Рабочей программы ответных мер в отношении изменения климата

(44) Конвинер SGCCR д-р Кевин Хьюз (Великобритания) представил Рабочий документ WP 37 *«Отчет Вспомогательной группы по ответным мерам в отношении изменения климата (SGCCR) за 2021-2022 гг.»*, в котором представлена проделанная в межсессионный период с 2021 по 2022 год работа SGCCR и ее результаты. Организатор отметил, что в состав SGCCR входят 22 представителя из 17 Членов КООС, а также АСОК, КОМНАП, МААТО, СКАР и ВМО. Конвинер подытожил прогресс, связанный с Техническим заданием SGCCR. Он указал, что SGCCR предпринял действия для упрощения координации и коммуникации CCRWP, и сообщил о работе, проделанной СКАР, НК-АНТКОМ и КОМНАП, а также об усилиях по содействию включению научных потребностей в национальные стратегии в области науки. SGCCR также предпринял действия по обновлению проекта CCRWP для рассмотрения Комитетом реализации CCRWP и доложил о ходе работы всех 34 мероприятий CCRWP. Организатор также сообщил о работе SGCCR, запланированной на межсессионный период в следующих областях: интродукция неместных видов; изменение наземной и пресноводной биотической и абиотической среды; изменение морской прибрежной абиотической и биотической среды; риски для антарктических видов; и воздействие на ценные объекты антарктического наследия. Он поблагодарил членов SGCCR за их работу по составлению Технического задания группы и настоятельно призвал Членов и Наблюдателей КООС к дальнейшему участию, отметив, что предстоит проделать значительный объем работы. SGCCR рекомендует КООС принять проект обновленного CCRWP (2022 г.) и использовать его для замены текущей версии CCRWP (2016 г.).

(45) Комитет поблагодарил конвинера SGCCR за руководство группой и SGCCR за ее работу в межсессионный период. Он также выразил поддержку работе, проделанной членами SGCCR в межсессионный период 2021-2022 годов, и заявил о необходимости продолжения реализации CCRWP на основе информации об изменении климата и связанных с ним проблемах. Члены Комитета в целом согласились с тем, что SGCCR работает хорошо и что его структуру не нужно пересматривать, хотя всегда существовала возможность обсуждения улучшений и обновлений. Комитет также признал вклад СКАР и других Наблюдателей в работу SGCCR. Несколько Членов также призвали к дальнейшему участию новых Членов, а ряд Членов выразили желание начать активно участвовать в работе SGCCR.

(46) Китай представил Рабочий документ WP 48 *«Реализация Рабочей программы ответных мер в отношении изменения климата»*. В межсессионный период 2021-2022 годов Китай проанализировал ход реализации CCRWP с момента ее утверждения в 2015 году. Китай полагает, что имеет смысл улучшение ежегодных отчетов о ходе работы, представляемых SGCCR в КООС, особенно в отношении устранения конкретных пробелов и потребностей в исследованиях, а также выполнения действий и задач, определенных в предыдущие годы. По результатам проведенного анализа Китай рекомендовал КООС: сосредоточить свои усилия на реализации CCRWP; подчеркнуть важность научных исследований и мониторинга; еще раз подтвердить, что SGCCR будет представлять ежегодные отчеты о ходе выполнения работ на рассмотрение пленарного заседания КООС; попросить SGCCR обновить CCRWP в соответствии с требованиями КСДА или КООС или предложить конкретные обновления с обоснованием этих предложений. В соответствии с соглашением, заключенным на XXII заседании КООС, Китай также представил проект переформатированной версии CCRWP (2016 г.) и рекомендовал его утвердить.

(47) Комитет рассмотрел следующие шаги по улучшению CCRWP на основе рекомендаций, изложенных в Рабочих документах WP 37 и WP 48. Многие Члены Комитета отметили свою поддержку проекта обновленной версии CCRWP, прилагаемой к Рабочему документу WP37, упомянув, что она хорошо написана, и эффективно обсудили потребности КООС в области изменения климата. Члены Комитета сочли, что отчет эффективно отражает разнообразную деятельность SGCCR в последний межсессионный период, а также установленные связи между другими органами и КООС. Члены Комитета отметили, что отчет способствовал улучшению информирования о вопросах, связанных с изменением климата, и приняли программу посредством применения текущих разработок и решений. Один из Членов Комитета поблагодарил конвинера SGCCR за включение его комментариев в Рабочий документ WP 37, хотя считает, что была бы более предпочтительна переформатированная версия CCRWP 2016 г. в Рабочем документе WP 48. Если проект обновленной CCRWP, представленный в Рабочем документе WP 37, будет неприемлем для Комитета, несколько Членов предложили рассмотреть вопрос о переформатировании одновременно с любыми будущими обновлениями. Несколько Членов Комитета подчеркнули, что CCRWP является практическим инструментом поддержки работы КООС. Члены Комитета отметили, что это не был юридический документ, и он не связывал обязательствами Членов, каждый из которых мог бы рассмотреть степень своего вклада в решение определенных действий. Большинство Членов выразили сожаление в связи с тем, что не удалось достичь согласия по обновлению CCRWP.

(48) АСОК отметила, что ценит возможность участвовать в SGCCR, и поблагодарила конвинера за его работу. АСОК отметила, что проводится значительный объем работы по реализации CCRWP, и подчеркнула, что крайне необходимо добиться прогресса в борьбе с изменением климата, включая обновление плана, согласованного несколько лет назад.

(49) Комитет пришел к выводу, что, поскольку не было достигнуто консенсуса по принятию обновленной CCRWP, подготовленного группой SGCCR, существующая CCRWP 2016 на данный момент будет сохранена в ее нынешнем формате. Комитет попросил SGCCR продолжить свою работу в межсессионный период и настоятельно призвал всех Членов активно взаимодействовать с SGCCR.

Рекомендация КООС для КСДА по реализации Рабочей программы ответных мер в отношении изменений климата (CCRWP).

(50) Комитет согласился уведомить КСДА о том, что он не достиг консенсуса в отношении обновлений CCRWP, предложенных группой SGCCR, и что группа SGCCR продолжит работу в предстоящий межсессионный период для реализации существующей CCRWP (2016 г.). В соответствии с обновленным Техническим заданием, SGCCR было поручено:

- начать реализацию CCRWP в первоочередном порядке и предоставлять ежегодные отчеты о ходе работы КСДА.
- регулярно пересматривать CCRWP на основе данных СКАР и КОМНАП по научным и практическим вопросам, соответственно; и
- в рамках своих национальных систем финансирования научных исследований и национальных программ антарктических исследований рассмотреть возможные способы удовлетворения потребностей в научных исследованиях и деятельности, предусмотренных в CCRWP.

(51) Комитет также согласился уведомить КСДА о том, что он переходит к этапу, в большей степени сосредоточенному на реализации CCRWP, и уже выполнил или начал работу почти по всем из 34-х мероприятий, определенных в рамках CCRWP. Комитет привел следующие примеры действий, которые были предприняты или касались текущих исследований, которые регулярно представлялись Комитету:

- 1e. Действия, указанные в разделе «Реагирование» в Руководстве по неместным видам, разработанным КООС: *Руководство по неместным видам, разработанное КООС* (2019 г.).
- 2a. Поддержать и провести исследования с целью лучше понять текущие и будущие изменения и информировать об ответных мерах. Десятилетнее обновление СКАР к Отчету об изменении климата и окружающей среде Антарктики и Информационный документ IP 81 *Mapping SCAR affiliated research to climate change related science needs identified by the CEP [Сопоставление исследований, связанных со СКАР, с научными потребностями, связанными с изменением климата, определенными КООС].*
- 3e. Поддерживать регулярный диалог (или обмен информацией) с НК-АНТКОМ по изменению климата в Южном океане, в частности, о предпринимаемых мерах: Регулярные отчеты НК-АНТКОМ и информация для потенциального будущего Совместного семинара КООС/НК-АНТКОМ (Рабочий документ WP16 КСДА XLIV).
- 4б. Рассмотреть будущий отчет СКАР о закислении океана и принять соответствующие действия: КСДА XLIII – Рабочий документ WP 36 и Отчет XXIII КООС, п. 211-217.
- 5d. Обновить руководящие принципы ОВОС для учета последствий изменения климата: Резолюция 1 (2016 г.).
- 5e. Провести дальнейшую разработку Руководства по уборке. Резолюция 1 (2019 г.).

(52) Комитет также согласился сообщить КСДА, что многое еще предстоит сделать для полной реализации всех мероприятий CCRWP. Комитет отметил приоритетные действия, на которых целесообразно сосредоточить усилия, включая:

- 1а. Продолжить разработку Руководства по неместным видам в соответствии с Резолюцией 6 (2011 г.), обеспечивая учет воздействий изменения климата.
- 1б. Пересмотреть Руководство ИМО по контролю за биообрастанием корпусов судов на предмет их соответствия применительно к Южному океану и судам, перемещающимся из одного региона в другой.
- 2е. Пересмотреть и при необходимости изменить существующие инструменты управления, чтобы понять, позволяют ли они применить передовые практические меры по адаптации в отношении зон, подвергающихся риску в связи с изменением климата.
- 5b. Оценить риск изменения климата для Исторических мест и памятников и (или) исторического наследия Особо охраняемых районов Антарктики.
- 6е. По необходимости разрабатывать меры управления для поддержания или улучшения охранного статуса видов, которым угрожает изменение климата, например, посредством планов действий по Особо охраняемым видам.

(53) Комитет отметил, что в отношении приоритетных действий 1b, 2e, 5b и 6e работа ведется или запланирована на межсессионный период 2022–2023 годов.

---

(54) Австралия представила Рабочий документ WP 16 *«Обзор хода внедрения рекомендаций, определенных на Совместном семинаре КООС/НК-АНТКОМ по вопросам изменения климата и мониторинга (2016 г.)»,* подготовленный совместно с Аргентиной, Францией и США. Документ отвечает приоритетам и действиям, определенным в Пятилетнем плане работы КООС и в CCRWP. В нем представлены результаты проведенного в межсессионный период 2021-2022 гг. анализа прогресса в реализации рекомендаций, изложенных в отчете Совместного семинара КООС/НК-АНТКОМ по изменению климата и мониторингу 2016 г. Инициаторы рекомендовали КООС: ознакомиться с обзором (представлен в Приложении 1 Рабочему документу WP 16); передать Рабочий документ WP 16 в НК-АНТКОМ для рассмотрения; и, в соответствии с действиями, определенными в Пятилетнем плане работы КООС, привлечь НК-АНТКОМ к планированию дальнейшего совместного семинара по изменению климата и мониторингу, который состоится в ближайшем будущем.

(55) Комитет поблагодарил соавторов за проведенную ими работу. Подчеркнув важность сотрудничества и коммуникации между КООС и НК-АНТКОМ, Члены полностью поддержали рекомендации, представленные в Рабочем документе WP 16. Комитет согласился разработать техническое задание для следующего совместного семинара КООС/НК-АНТКОМ в течение следующего межсессионного периода.

(56) НК-АНТКОМ приветствовал работу Комитета по выполнению рекомендаций Совместного семинара КООС/НК-АНТКОМ 2016 г. и выразил готовность продолжить работу со странами-членами над этой инициативой.

Рекомендация КООС для КСДА относительно совместного семинара КООС и НК-АНТКОМ по вопросам изменения климата и мониторинга.

(57) Комитет сообщил КСДА, что решил создать неофициальную дискуссионную группу для содействия подготовке совместного семинара КООС/НК-АНТКОМ,

который должен состояться не позднее 2024 г., и назначил г-жу Мод Жолли (Maude Jolly) (Франция) руководителем этой группы, которая будет размещаться на Форуме КООС. Комитет также отметил, что будет создан совместный организационный комитет КООС/НК-АНТКОМ, и назначил г-жу Мод Джолли членом организационного комитета в ее качестве со-конвинера совместного семинара. Комитет также назначил Председателя КООС Биргит Ньостад (Норвегия) и д-ра Полли Пенхейл (США) членами организационного комитета.

---

(58) Новая Зеландия представила Рабочий документ WP 26 *«Оценка риска воздействия изменения климата на ценные объекты антарктического наследия»*, подготовленный совместно с Аргентиной, Норвегией и Великобританией. В документе резюмируются ключевые соображения, высказанные инициаторами по поводу наиболее оптимального способа осуществления действий в отношении объектов антарктического наследия, указанных в CCRWP. Инициаторы предложили двухлетний план работы по разработке инструмента оценки рисков изменения климата для объектов антарктического наследия. Они также рекомендовали КООС: принять к сведению ключевые соображения и предлагаемые дальнейшие действия; обсудить предложение по дальнейшему выполнению действий CCRWP по оценке рисков воздействия изменения климата на ценные объекты антарктического наследия; и сообщить о заинтересованности в участии в разработке инструмента оценки рисков изменения климата.

(59) Комитет поблагодарил инициаторов за их документ и выразил полную поддержку работе, намеченной в Рабочем документе WP 26. Странам-членам было предложено принять участие в работе, а Австралия и СКАР призвали внести свой вклад в разработку инструмента.

(60) СКАР представил Информационный документ IP 81 *Mapping SCAR affiliated research to climate change related science needs identified by the CEP [Сопоставление исследований, связанных со СКАР, с научными* потребностями*, связанными с изменением климата, определенными КООС*], в котором *содержится* обзор необходимых исследований и исследований, проводимых дочерними и аффилированными группами СКАР в *соответствии* с определенными КООС научными потребностями, связанными с изменением климата. СКАР пояснил, что исследования в области физики, биологии и социологии, проводимые его многочисленными научными группами, соответствуют почти всем определенным КООС научным потребностям, связанным с изменением климата. СКАР отметил, что его группы вполне способны внести свой вклад в реализацию CCRWP и продолжать удовлетворять научные потребности, выявленные КООС, и что он продолжит составлять отчеты для КООС по результатам соответствующих исследований.

(61) Комитет поблагодарил СКАР за его документ и выразил благодарность за постоянную поддержку работы, связанной с КООС.

(62) Великобритания представила Информационный документ IP 22 *Consideration of climate change within the Antarctic Protected Areas System [Рассмотрение изменения климата в рамках системы охраняемых районов Антарктики]*, который способствует анализу и пересмотру инструментов управления районами путем изучения того, как изменение климата представлено в руководящих документах КООС по охране районов и в планах управления охраняемыми районами. Великобритания пояснила, что в существующих руководствах по охраняемым территориям проблеме изменения климата уделяется недостаточное внимание. Кроме того, последствия изменения климата, отмеченные в планах управления охраняемыми районами, включали резкое изменение популяций пингвинов, существенное отступление ледяного покрова, изменение растительного покрова и

появление неместных видов растений. Великобритания рекомендовала разработать конкретные руководящие принципы в целях содействия Сторонам в их использовании системы охраняемых районов Антарктики.

(63) Комитет поблагодарил Великобританию за этот важный документ. Комитет отметил, что он содержит ценные для будущей работы Комитета результаты оценки, и поддержал текущие обсуждения в ВГПУ.

(64) Комитет принял к сведению указанные ниже Информационные документы, представленные в рамках данного пункта Повестки дня.

- Информационный документ IP 49 *Work to review International Maritime Organization and Antarctic Treaty system guidelines and agreements concerning ship biofouling and ballast water management [Работа над обзором руководящих принципов и соглашений Международной морской организации и Договора об Антарктике, касающихся биологического обрастания судов и управления водяным балластом]* (Австралия, Новая Зеландия, Великобритания).

Пункт 8: Оценка воздействия на окружающую среду (ОВОС)

8a) Проекты документов по Всесторонней оценке окружающей среды

(65) Комитет принял к сведению указанные ниже Информационные документы, представленные в рамках данного пункта Повестки дня.

- IP 20 *Response to comments on the draft Comprehensive Environmental Evaluation (CEE) for the Scott Base Redevelopment [Ответ на замечания к проекту Всесторонней оценки окружающей среды (ВООС) реконструкции станции Скотт-Бейс]* (Новая Зеландия).

8b) Прочие вопросы ОВОС

(66) Великобритания представила Рабочий документ WP 33 *Отчет об эффективности Оценки воздействия на окружающую среду в Антарктике*, подготовленный совместно с Нидерландами. В нем проводилось обобщение результатов независимой оценки эффективности ОВОС в Антарктике. Оценка показала, что, несмотря на то, что в целом система ОВОС в Антарктике была эффективной, ее можно улучшить с учетом возрастающей нагрузки на окружающую среду Антарктики. Великобритания отметила, что эффективность системы ОВОС в Антарктике ограничивается тем фактом, что не все Стороны Протокола имеют действующее законодательство по ее внедрению. В оценке выделено пять высокоприоритетных возможностей для улучшения системы ОВОС Антарктики. К ним относятся: улучшение определения оценки на предварительном этапе; разработка более полного руководства по оценке кумулятивного воздействия на основе передового опыта в других частях света, требования в отношении мер по смягчению последствий для оценок уровня Предварительной оценки и Первоначальной оценки окружающей среды (ПООС), разработка руководств и/или контрольных списков для поддержки национальных компетентных органов в их оценке ОВОС, напоминание Сторонам об их обязательствах по мониторингу, определенных в Протоколе по охране окружающей среды, а также разработка шаблона и процедуры отчетности в целях содействия Сторонам помощи в выполнении этих требований.

(67) Комитет поблагодарил Великобританию и Нидерланды за представление этой оценки ОВОС и отметил вклад в эту работу бывшего председателя КООС Нила Джилберта (Neil Gilbert). Комитет подчеркнул важность процесса ОВОС для охраны окружающей среды Антарктики. Члены Комитета согласились с

необходимостью рассмотрения усовершенствований системы ОВОС в Антарктике с учетом возрастающего воздействия деятельности человека и изменения климата на окружающую среду Антарктики, а также в целях установления единого руководства для членов по планированию и согласованной реализации. Несколько Членов выразили мнение о том, что первоочередной задачей должна стать разработка более всеобъемлющего руководства по оценке кумулятивного воздействия. Некоторые Члены Комитета предложили при выполнении этой работы пересмотреть и оценить выводы прежней МКГ (созданной на XII КООС), проанализировавшей Руководство по ОВОС. Несколько Членов Комитета отметили необходимость более четкого руководства по толкованию терминов «незначительное» и «ограниченное по времени». Другие Члены отметили желательность рассмотрения усовершенствований процесса ВООС и выразили готовность к работе в этом направлении. Многие Члены Комитета поддержали общее предложение о включении приоритетных действий в Пятилетний план работы.

(68) Кроме того, Члены отметили, что необходимо действовать осторожно по некоторым пунктам, указанным в независимом оценочном отчете, чтобы избежать непредвиденных последствий, в частности в отношении национального законодательства и протоколов, а утверждение возможных поправок к Приложению I к Протоколу по охране окружающей среды будет зависеть от итогов работы КСДА. Некоторые Члены указали, что они согласны с некоторыми рекомендациями независимого исследования, но не согласны с другими, например с теми, которые относятся к соответствующим национальным процедурам. Поэтому эти Члены указали, что они хотели бы иметь доступ к полной информации об исследовании, учитывая, что критерии анализа данных могут быть другими. Некоторые члены подчеркнули важность проведения периодических обзоров Приложений.

(69) АСОК выразила благодарность Великобритании и Нидерландам за Рабочий документ WP 33 и отметила, что в нем рассматривается своевременная тема, учитывая, что Приложение I было подготовлено более 30 лет назад. АСОК рекомендовала, чтобы в некоторых из ключевых областей для улучшения практики ОВОС было строго последовательное применение критерия «незначительное или ограниченное по времени воздействие», а также были улучшены оценка кумулятивного воздействия и последующий контроль по результатам ОВОС.

(70) МААТО отметила важность инструмента ОВОС для оценки воздействия посетителей. Она подчеркнула полезность дальнейшей ясности в отношении терминов «незначительное» и «ограниченное по времени» и призвала к расширению сотрудничества между национальными компетентными органами для обеспечения последовательности в применении.

(71) СКАР, также отметив важность процесса ОВОС, заявил о своей готовности внести свой вклад в решение нескольких вопросов, определенных в отчете об оценке ОВОС, таких как привлечение группы социальных наук СКАР (SC-HASS) и программы Ant-ICON programme к участию в работе по оценке воздействия на антарктические ценности, своевременное предоставление консультаций по проведению фоновых обследований и разработка стандартов в отношении выбросов и качества окружающей среды.

(72) Комитет согласился продвинуть этот вопрос путем неофициального обсуждения в межсессионный период, но согласился с тем, что возможности улучшения

системы ОВОС Антарктики необходимо использовать осторожно, чтобы не создавать дополнительных проблем.

КООС рекомендовал КСДА дальнейшие обсуждения для повышения эффективности системы ОВОС.

(73) Комитет сообщил КСДА, что он согласился пересмотреть и доработать рекомендации, содержащиеся в Рабочем документе WP 33, для повышения эффективности системы ОВОС Антарктики посредством неофициальных межсессионных обсуждений. Комитет также согласился с тем, что межсессионные обсуждения будут касаться следующего:

Суть вопроса	Неформальные межсессионные дискуссии	Предлагаемый график
Рекомендация в отчете: улучшить процесс определения оценки на предварительном этапе на основе процессов скрининга и определения объема, используемых в других областях	Рассмотреть возможность обмена примерами передовой практики или тематических исследований, которые могли бы способствовать согласованности подходов к определению надлежащего уровня ОВОС для деятельности в антарктических условиях. Можно также рассмотреть необходимость каких-либо вспомогательных указаний	Для презентации на КООС в 2023г.
Рекомендация в отчете: требования в отношении мер по смягчению последствий для оценок уровня Предварительной оценки; и Первоначальной оценки окружающей среды (ПООС)	Пересмотреть предыдущие обсуждения по этой теме и определить способы обмена информацией или введения резолюции, поощряющей включение мер по смягчению последствий в рамках предварительных оценок и оценок на уровне ПООС, в том числе путем рассмотрения передового опыта в других местах. Рассмотреть способы, с помощью которых НКО могли бы контролировать выполнение этих мер, а также соответствие между деятельностью и ОВОС	Для презентации на КООС в 2023г.
Рекомендация в отчете: разработка более полного руководства по оценке кумулятивного воздействия на основе передового опыта в других частях света	КООС представит общие направления изучения кумулятивных оценок воздействия на основе эталонного исследования передового опыта в этой области	Представить предлагаемый план дальнейших действий на КООС в 2023г.
Рассмотреть следующие шаги и действия на последующие годы	Провести дальнейшее обсуждение будущих действий по повышению эффективности системы антарктической ОВОС	Составить предложения по дальнейшей работе должны быть представлены на КООС в 2023г.

---

(74) Великобритания представила Рабочий документ WP 39 *Картирование уязвимости береговой линии к загрязнению нефтью в районе Антарктического полуострова,* в котором описывается пилотный проект Британской антарктической службы и компании Oil Spill Response Limited (OSRL) по разработке карты уязвимости береговой линии Антарктического полуострова к разливам нефти. Великобритания подчеркнула, что хотя Антарктика часто считается удаленной и первозданной средой, она подвержена все большему воздействию деятельности человека, включая туризм, рыболовство и деятельность национальных государственных операторов, что привело к увеличению объемов судоходства. Было отмечено, что воды Антарктики картированы недостаточно хорошо, а изменчивость условий морского льда может сделать воды ненадежными и повысить вероятность морских аварий, которые могут серьезно повлиять на местное биоразнообразие, включая птиц, тюленей и рыб, а также сообщества бентосных и литоральных сообществ. Великобритания сообщила, что были приняты меры по снижению вероятности и уровня воздействия разливов топлива в результате морских происшествий, и приветствовала Полярный кодекс, предложенный ИМО. Великобритания подчеркнула, что оценка уязвимости береговой линии позволит лучше планировать действия в чрезвычайных ситуациях или способствовать наиболее эффективному осуществлению мер реагирования в случае разлива нефти. Отмечено, что было оценено около 24 985 км береговой линии, из которых 807 км (3,2 %) были отнесены к самой высокой категории уязвимости, а районы, считающиеся наиболее уязвимыми, включают прибрежную зону вокруг южной части острова Анверс, Южные Шетландские острова (в частности, остров Десепшен (Тейля) и Южные Оркнейские острова.

(75) Комитет поблагодарил Великобританию за работу, признал полезность инициативы и отметил важность проведения дальнейшей работы по картированию уязвимости береговой линии в районе Антарктического полуострова. Несколько Членов сообщили о своем собственном опыте, связанном с разливами нефти, и предложили поделиться своими данными и выводами с Великобританией и внести свой вклад в дальнейшую работу.

(76) Члены представили несколько предложений и замечаний, включая: использование экосистемного подхода в процессе картирования; добавление дополнительных данных и слоев, таких как, например, океанические течения и направления ветра, районы моря, используемые морскими птицами, свободное ото льда побережье и склоны, КОТ, ООРА и инфраструктура; отслеживание судов для установления районов с самым высоким уровнем судоходства для определения зон повышенного риска; и важность таких карт уязвимости для планирования на случай непредвиденных обстоятельств и оценки воздействия на окружающую среду.

(77) Члены также отметили первоочередную важность предотвращения разливов и инициирования надлежащих ответных действий и в этом контексте подчеркнули полезность наличия транспондеров на судах для обмена точными данными о местоположении, важность поддержки введения в действие Приложения VI и актуальность сотрудничества по этому вопросу с КОМНАП.

(78) МААТО поддержала мнение о том, что во многих частях Антарктики необходимы планы действий в чрезвычайных ситуациях при разливах нефти, и сообщила, что все суда МААТО водоизмещением более 500 брутто-тонн должны иметь транспондеры МААТО в качестве условия членства.

(79) КОМНАП отметил, что ожидает представления этой информации на Ежегодном совещании КОМНАП в 2022 г. Членами комитета КОМНАП и Британской

антарктической службы. КОМНАП сообщил, что информация будет обсуждаться на Региональной целевой группе КОМНАП по работе в рамках полуострова.

(80) АСОК приветствовала проект и согласилась с тем, что устранение разливов нефти требует экосистемного подхода, поскольку они воздействуют на всю дикую природу, морскую фауну и флору. АСОК отметила важность устранения коренных причин разливов нефти, которые в некоторых случаях вышли за рамки компетенции КООС, включая более широкое использование автоматических идентификационных систем (АИС) в море всеми судами, работающими в этом районе.

(81) Отвечая на несколько комментариев со стороны Членов, Великобритания пояснила, что проект еще находится на предварительной стадии и что в последующем в нем будут приняты во внимание поднятые вопросы, а от Членов и Наблюдателей ожидаются новые комментарии. Кроме того, было подчеркнуто, что главной целью должно быть предотвращение разливов нефти, поскольку мероприятия по очистке очень сложны.

(82) Комитет согласился с полезностью предварительной карты уязвимости для помощи в планировании действий в чрезвычайных ситуациях и ликвидации разливов нефти и призвал Членов и Наблюдателей представить предложения по повышению точности и полезности карты для улучшения управления потенциальными разливами нефти в районе Антарктического полуострова.

(83) Аргентина представила Информационный документ IP 93 *Planning process for future capacity expansion of Petrel Base, Cape Welchness, Dundee Island [Процесс планирования будущего расширения базы Петрель на мысе Уэлчнесс, остров Данди],* в котором сообщается о планах, разрабатываемых в настоящее время Аргентинской антарктической программой по увеличению мощности антарктической базы Петрель. Аргентина проинформировала Комитет о том, что модернизация станции нацелена на расширение и улучшение возможностей логистической поддержки своей научной деятельности в Антарктике с учетом будущих задач для науки. Первоначальная работа на базе включала сбор исходной информации об окружающей среде, изучение метеорологической и батиметрической информации, а также различные технико-экономические обоснования. Аргентина сообщила, что она также провела оценку воздействия на окружающую среду использования базы в качестве круглогодичной станции, и отметила, что соответствующая ПООС имеется в СЭОИ. Аргентина также отметила, что в настоящее время оцениваются планы строительства нового жилья и новых лабораторий, реконструкции первоначальной взлетно-посадочной полосы базы и строительства пристани и что проект Всесторонней оценки окружающей среды будет представлен на рассмотрение КООС. Комитет принял к сведению информацию, предоставленную Аргентиной.

(84) Турция представила Информационный документ IP 100 *Extension of the Use of Turkish Scientific Research Camp [Расширение использования турецкого научно-исследовательского лагеря]*, в котором сообщается о намерении Турции расширить использование временного исследовательского лагеря, созданного на острове Хорсшу в феврале 2019 г. в ходе 3-й Турецкой антарктической экспедиции (ТАЕ-3). Отметив, что проблемы, связанные с COVID-19, задержали строительство новой антарктической исследовательской станции, Турция сообщила, что намерена использовать временный лагерь до завершения строительства новой станции. Комитет поблагодарил Турцию и отметил полезность получения информации об изменениях в деятельности, о которой сообщалось ранее.

(85) Комитет принял к сведению следующие Информационные документы и Документ Секретариата, представленные в рамках данного пункта Повестки дня:

- IP 35 *New methodology for the quantitative assessment of the environmental impacts of the Argentine Antarctic Programme [Новая методология количественной оценки воздействия Аргентинской антарктической программы на окружающую среду]* (Аргентина).
- IP 40 *Methodology for evaluating vulnerability to climate change in environmental impact assessments [Методология оценки уязвимости к изменению климата при оценке воздействия на окружающую среду]*(Аргентина).
- IP 48 *Davis Aerodrome Project [Проект аэродрома Дэвис]: Decision by Australia not to proceed, and knowledge gained of the Vestfold Hills environment [Решение Австралии не приступать к реализации проекта и полученная информация об окружающей среде холмов Вестфолд]* (Австралия).
- IP 53*On the issue of developing regulatory and methodological provision of the reduction of air pollutant emission sources impact on the Antarctic environment [К вопросу о разработке нормативно-методического обеспечения снижения воздействия источников выбросов загрязняющих веществ в атмосферу на окружающую среду Антарктики]* (Беларусь).
- IP 59 *Report on Refurbishment and Modernization of the German Antarctic Receiving Station GARS O'Higgins [Отчет о реконструкции и модернизации немецкой антарктической приемной станции GARS O'Higgins]* (Германия).
- IP 95 *Progress of glaciological research activities at the Dome Fuji station and its vicinity [Текущие гляциологические исследования на станции Дом-Фуджи в ее окрестностях]* (Япония).
- SP 8 *Ежегодный перечень Первоначальных оценок окружающей среды (ПООС) и Всесторонних оценок окружающей среды (ВООС), подготовленных в период с 1 апреля 2021 г. по 31 марта 2022 г.* (СДА).

Пункт 9: Охрана районов и планы управления

9а) Планы управления

i) Проекты планов управления, рассмотренные Вспомогательной группой по планам управления

(86) Конвинер Вспомогательной группы по планам управления (ВГПУ) д-р Ануп Тивари (Dr Anoop Kumar Tiwari), Индия, от имени ВГПУ представил Рабочий документ WP 8 rev. 1 *«Отчет Вспомогательной группы по планам управления о деятельности в межсессионный период 2021-2022 гг.»*. Конвинер поблагодарил всех активных участников ВГПУ за их кропотливый труд и напомнил Комитету, что все Члены приглашены присоединиться к ВГПУ. Конвинер ВГПУ поблагодарил Эвана МакАйвора (Ewan McIvor) (Австралия) за эффективную координацию рассмотрения ООРА №145 и Полли Пенхейл (США) за модерирование обсуждения, проведенного ВГПУ, порядка проведения предварительного обзора планов управления ООРА и ОУРА.

(87) В соответствии с Техническим заданием № 1–№ 3 ВГПУ рассмотрела один проект пересмотренного Плана управления Особо охраняемым районом Антарктики (ООРА) для ООРА № 145 «Порт-Фостер» (остров Десепшен (Тейля), Южные Шетландские острова). ВГПУ сообщила Комитету, что пересмотренный плана управления представляет собой хорошо написанный высококачественный документ, надлежащим образом учитывающий основные вопросы, затронутые в ранних рекомендациях ВГПУ. Исходя из этого, ВГПУ рекомендует Комитету одобрить План управления для ООРА № 145.

(88) Был поднят вопрос о предложении добавить новый морской составляющий участок к ООРА № 145, а также о том, был ли одобрен проект плана управления через систему АНТКОМ. Чили пояснила, что рассмотрение этого плана было завершено в соответствии с Решением 9 (2005 г.), в котором указывалось, что потребуется одобрение АНТКОМ для создания ООРА и ОУРА, правила которых повлияют на деятельность, связанную с АНТКОМ, или препятствуют ей. Чили отметила, что в 2012 г. она представила в АНТКОМ три плана управления измененными ООРА (ООРА № 144, ООРА № 145, ООРА № 146). АНТКОМ подтвердил важность этих районов для научных исследований и указал, что они не повлияют на деятельность АНТКОМ. Поэтому АНТКОМ рекомендовал КООС утвердить соответствующие планы управления. Чили пояснила, что она не запрашивала разрешения на включение третьего составляющего участка (С) в ООРА № 145, для которого два составляющих участка уже были одобрены АНТКОМ. Поскольку составляющий участок С имел те же характеристики, что и ранее утвержденные составляющие участки, Чили решила, что составляющий участок С подпадает под те же критерии одобрения и не требует рассмотрения АНТКОМ. Поэтому Чили рекомендовала Комитету согласиться с предложенным Планом управления ООРА №145 и направить его на утверждение КСДА.

(89) Комитет поблагодарил Чили за разъяснение и отметил, что часть участка С заслуживает включения в состав ООРА №145. Одна страна-член считает, что следует проводить процедуру предварительного одобрения АНТКОМ, если новый составляющий участок имеет те же характеристики, что и два существующих составляющих участка. Несколько других стран-членов считали, что этот участок не соответствует критериям одобрения АНТКОМ, изложенным в Решении 9 (2005 г.).

(90) МААТО отметила, что с удовольствием приняла участие в рассмотрении ООРА №145 в ходе работы ВГПУ. Признавая важность обсуждения Комитетом ООРА, МААТО далее отметила, что планирует предупредить своих операторов-членов о важности рассматриваемого района и включить пересмотренный план управления в свое руководство по полевым операциям.

(91) АСОК выразила сомнение в заинтересованности АНТКОМ в этом участке, поскольку в понимании АСОК предлагаемый составляющий участок – это небольшой участок, который проводит охрану морского дна, а не толщу воды.

(92) Комитет поблагодарил ВГПУ за тщательный анализ и ценные предложения по улучшению плана управления. Комитет отметил, что ему не удалось прийти к соглашению о направлении пересмотренного Плана управления ООРА №145 на утверждение КСДА. Комитет отметил, что Чили представит пересмотренный План управления ООРА №145 на рассмотрение АНТКОМ. Комитет выразил свое понимание того, что этот план, вероятно, будет одобрен АНТКОМ в соответствии с Решением 9 (2005 г.). Комитет предложил Наблюдателю от КООС в НК-АНТКОМ д-ру Полли Пенхейл обратить внимание НК-АНТКОМ на вопрос, обсуждавшийся в отношении критериев одобрения в Решении 9 (2005 г.).

(93) Конвинер ВГПУ сообщила Комитету, что Чили все еще рассматривает планы управления для трех ООРА:

- ООРА №125: «Полуостров Файдлс», остров Кинг-Джордж (Ватерлоо) (Чили).
- ООРА №146: «Бухта Саут», острова Доумер, архипелаг Палмер (Чили);
- ООРА №150: «Остров Ардли», полуостров Ардли, залив Максуэлл, остров Кинг-Джордж (Ватерлоо) (Чили).

(94) Конвинер SGMP уведомил Комитет о намерении Чили представить пересмотренные планы управления этими ООРА перед следующим заседанием КООС. Комитет принял к сведению эту информацию.

ii) Пересмотренные проекты планов управления, не рассмотренные Вспомогательной группой по планам управления

(95) Комитет обсудил пятилетний пересмотр 17 планов управления ООРА и план управления одним Особо управляемым районом Антарктики (ОУРА). В каждом случае Комитет рассматривал изменения в существующий план управления, и отмечал, что план был пересмотрен и отредактирован с учетом требований *Руководства по подготовке планов управления Особо охраняемыми районами Антарктики* (далее «Руководство»).

- Рабочий документ WP 1 *«Пересмотренный План управления и карты для Особо управляемого района Антарктики № 7 «Юго-западная часть острова Анверс и бассейн Палмера»* (США).
- Рабочий документ WP 2 *«Пересмотренный План управления Особо охраняемым районом Антарктики № 149 Мыс Шерефф и Остров Сан-Телмо», остров Ливингстон (Смоленск), Южные Шетландские острова» (США).*
- Рабочий документ WP 3 *«Пересмотренный План управления Особо охраняемым районом Антарктики № 122 «Высоты Аррайвал», полуостров Хат-Пойнт, остров Росса»* (США).
- Рабочий документ WP 4 *«Пересмотренный План управления Особо охраняемым районом Антарктики № 124 «Мыс Крозиер» (полуостров Росса)»* (США).
- Рабочий документ WP 5 *«Пересмотр планов управления Особо охраняемыми район Антарктики (ООРА) № 113 «Остров Личфилд», бухта Артур, остров Анверс, архипелаг Палмер; № 119 «Долина Дейвис и озеро Форлидас», массив Дуфек; и № 139 «Мыс Бискоу», остров Анверс, архипелаг Палмер»* (США).
- Рабочий документ WP 6 *«Пересмотр и объединение Планов управления особо охраняемыми районами Антарктики № 152 Западная часть пролива Брансфилд и № 153 Восточная часть залива Далльманн»* (США).
- Рабочий документ WP 19 *«Пересмотр Плана управления Особо охраняемым районом Антарктики (ООРА) №164 «Утесы Скаллин-Монолит и Марри-Монолит» (Земля Мак-Робертсона)»* (Австралия).
- Рабочий документ WP 32 *«Пересмотр Плана управления Особо охраняемым районом Антарктики №127 «Остров Хасуэлл» (Остров Хасуэлл и прилегающий участок припайного льда с колонией императорских пингвинов)»* (Российская Федерация).
- Рабочий документ WP 40 *«Пересмотр Плана управления Особо охраняемым районом Антарктики (ООРА) № 109 «Остров Муэ» (Южные Оркнейские острова)»* (Великобритания).
- Рабочий документ WP 41 *«Пересмотр Плана управления Особо охраняемым районом Антарктики (ООРА) № 110 «Остров Линч» (Южные Оркнейские острова)»* (Великобритания).
- Рабочий документ WP 42 *«Пересмотр Плана управления Особо охраняемым районом Антарктики (ООРА) № 111 «Южная часть острова Пауэлл и соседние острова» (Южные Оркнейские острова)»* (Великобритания).
- Рабочий документ WP 43 *«Пересмотр Плана управления Особо охраняемым районом Антарктики (ООРА) №115 «Остров Лаготельри» (залив Маргерит, Земля Грейама)»* (Великобритания).
- Рабочий документ WP 44 *«Пересмотренный план управления Особо охраняемым районом Антарктики № 126 «Полуостров Байерс, остров Ливингстон, Южные Шетландские острова»* (Великобритания, Чили, Испания).

- Рабочий документ WP 45 *«Пересмотр Плана управления Особо охраняемым районом Антарктики (ООРА) № 129 «Мыс Ротера» (остров Аделейд)»* (Великобритания).
- Рабочий документ WP 46 *«Пересмотр Плана управления Особо охраняемым районом Антарктики (ООРА) №140 «Части острова Десепшен (Тейля)» (Южные Шетландские острова)»* (Великобритания).
- Рабочий документ WP 53 *«Пересмотр Плана управления Особо охраняемым районом Антарктики (ООРА) № 133 «Мыс Хармони» (остров Нельсон (Лейпциг), Южные Шетландские острова)»* (Великобритания).

(96) В отношении ООРА №109 (WP 40), ООРА №110 (WP 41), ООРА №111 (WP 42), ООРА №115 (WP 43), ООРА №126 (WP 44), ООРА №127 (WP 32), ООРА №129 (WP 45), ООРА №133 (WP 53), ООРА №140 (WP 46) и ООРА №164 (WP 19) Комитет отметил, что в пересмотренных планах управления предлагаются лишь незначительные изменения без каких-либо дальнейших комментариев.

(97) В отношении ООРА №149 (WP 2), ООРА №122 (WP 3), ООРА №124 (WP 4), ООРА №113 (WP 5), ООРА №119 (WP 5), ООРА №139 (WP 5) Комитет отметил, что в пересмотренных планах управления предлагаются лишь незначительные изменения. Отвечая на вопрос об управлении, направленном на избежание использование фразы «излишнего вмешательства человека», США пояснили, что ограничения на въезд соответствуют положениям Статьи 3 Приложения V, и сослались на Руководства по подготовке планов управления, поощряющие использование гибких формулировок. США также напомнили Комитету, что ранее утвержденный План управления ООРА №176 содержит ту же фразу об «излишнем вмешательстве человека». В ответ на дополнительную просьбу одного Члена Комитет согласился изменить слово «следует» на «настоятельно призвать» Национальные антарктические программы к консультированию с другими программами, работающими в этом районе, во избежание дублирования научных исследований и сведения к минимуму кумулятивного воздействия (WP 3).

(98) Касательно ООРА №152 и ООРА №153 (WP 6) Соединенные Штаты сообщили, что согласно результатам комплексной проверки этих участков объединение двух ООРА единым планом, охватывающим оба участка, принесет значительную пользу. Соединенные Штаты отметили, что объединение позволит сохранить тот же уровень охраны, что и раньше, при этом упростить план и устранить ненужное дублирование, связанное с общими целями, задачами и правилами управления, разделяемыми ООРА №152 и ООРА №153. Соединенные Штаты считают, что изменения были значительными, и поэтому рекомендовали ВГПУ провести межсессионный анализ, а план управления будет представлен на утверждение НК-АНТКОМ в соответствии с Решением 9 (2005 г.).

(99) АСОК поблагодарила Соединенные Штаты за Рабочий документ WP 6 и отметила, что изменения вертикальных границ ООРА с морской составляющей следует рассматривать в каждом конкретном случае на основе конкретных участков.

(100) В отношении ОУРА №7 (Рабочий документ WP 1) США отметили, что необходимость пересмотра возникла в связи с принятием ООРА №176 посредством Меры 19 (2021 г.), который ранее был классифицирован как Зона ограниченного доступа. Карты также были обновлены, чтобы отразить изменение статуса островов Розенталь. США подчеркнули, что в течение ряда лет остров Торгерсен был разделен на Зону ограниченного доступа и Зону для посещений, чтобы можно было сравнивать тенденции изменения популяций пингвинов Адели на обеих сторонах острова. США сообщили, что в последние годы численность размножающихся пингвинов Адели как в Зоне для посещений, так и в Зоне ограниченного доступа резко сократилась и в настоящее время настолько мала, что было принято решение закрыть Зону для посещений и объявить весь остров

Зоной ограниченного доступа. На причины и механизмы этой тенденции, вероятно, повлияло потепление, и их не обязательно можно было объяснить воздействием посетителей. В результате консультаций США с МААТО и научным сообществом, работающим на станции Палмер, было принято решение закрыть Зону для посещений для охраны оставшихся пингвинов Адели и расширить существующую Зону ограниченного доступа острова Торгерсен на весь остров.

(101) МААТО поблагодарила Соединенные Штаты за приглашение принять участие в процессе пересмотра и выразила поддержку этому предложению.

(102) Комитет утвердил все пересмотренные планы управления, которые не были рассмотрены ВГПУ, за исключением объединения ООРА №152 и ООРА №153, которые Комитет согласился передать на рассмотрение ВГПУ в межсессионный период.

Рекомендации КООС для КСДА относительно пересмотренных планов управления ООРА и ОУРА

(103) Комитет согласился направить следующие пересмотренные планы управления для принятия на КСДА в рамках соответствующей Меры:

№	Название
ОУРА №7	«Юго-Западная Часть Острова Анверс и Бассейн Палмера»
ООРА №109	«Остров Муэ», Южные Оркнейские острова
ООРА №110	«Остров Линч», Южные Оркнейские острова
ООРА №111	«Южная Часть Острова Поуэлл и Соседние Острова», Южные Оркнейские острова
ООРА №113	«Остров Личфилд», бухта Артур, остров Анверс, архипелаг Палмер
ООРА №115	«Остров Лаготельри», залив Маргерит, Земля Грейама
ООРА №119	«Долина Дейвис и Озеро Форлидас», массив Дуфек
ООРА №122	«Высоты Аррайвал», полуостров Хат-Пойнт, полуостров Росса
ООРА №124	«Мыс Крозиер», полуостров Росса
ООРА №126	«Полуостров Байерс», остров Ливингстон (Смоленск), Южные Шетландские острова
ООРА №127	«Остров Хасуэлл», остров Хасуэлл и прилегающее поле припайного льда с колонией императорских пингвинов
ООРА №129	«Мыс Ротера», остров Аделейд
ООРА №133	«Мыс Хармони», остров Нельсон (Лейпциг), Южные Шетландские острова
ООРА №139	«Мыс Биско», архипелаг Палмер
ООРА №140	«Части Острова Десепшен (Тейля)» (Южные Шетландские острова)
ООРА №149	«Мыс Шерефф и Остров Сан-Телмо» (остров Ливингстон (Смоленск), Южные Шетландские острова)
ООРА №164	«Утесы Скаллин-Монолит и Марри-Монолит» (Земля Мак-Робертсона)

iii) Новые проекты планов управления для охраняемых и управляемых районов

(104) Комитет рассмотрел проект планов управления одного нового предлагаемого ООРА:

- Рабочий документ WP 15 *«Предложение нового Особо охраняемого района Антарктики в отдельных частях Западных гор Сер-Рондане, Земля Королевы Мод, Восточная Антарктика»* (Бельгия).

(105) Бельгия объяснила, что основной причиной определения нескольких участков в западной части гор Сер-Рондане в качестве ООРА была необходимость защиты

уникального наземного биоразнообразия и экосистем этого района. Она также отметил, что этот район является предметом научных исследований биоразнообразия и последствий изменения климата. Обозначив эти участки как репрезентативные для наземных биологических сообществ, типичных для горных районов Антарктики, Бельгия далее отметила, что определение данного ООРА повысит представленность горной среды обитания в системе охраняемых районов Антарктики и повысит представленность ООРА в Заповедном биогеографическом регионе Антарктики (ЗБРА) 6. Это место также имеет важные научные и эстетические ценности, а также ценности дикой природы. Бельгия добавила, что предлагаемый план управления основан на предыдущей оценке, представленной на XX заседании КООС в виде Информационного документа WP 42, и ссылается на Информационный документ IP 42 XXI заседания КООС, в котором рассматривались вопросы нескольких Членов в отношении предыдущей оценки. Бельгия рекомендовала Комитету передать эту информацию ВГПУ для анализа в межсессионный период.

(106) Комитет подтвердил, что он признает необходимость в охране выдающихся ценностей участка в горах Сер-Рондане. Он также отметил эффективность процесса предварительной оценки.

(107) Один из Членов выразил серьезную озабоченность по поводу двух предложенных запрещенных зон, которые полностью исключат деятельность человека, и поставил под сомнение их соответствие духу Протокола, в котором Антарктика определена как естественный заповедник для мира и науки.

(108) Бельгия со ссылкой на Приложение V отметила, что предлагаемое определение двух контрольных участков в качестве запретных зон будет действовать в течение 50 лет, и отметила, что рассмотрит возможность упрощения границ предлагаемого ООРА. Бельгия отметила, что с нетерпением ждет возможности поработать в ВГПУ над этими и другими вопросами, как техническими, так и более масштабными.

Рекомендации КООС для КСДА относительно проектов планов управления ООРА и ОУРА для новых охраняемых районов

(109) Комитет постановил рекомендовать участникам КСДА принять решение о передаче следующего проекта плана управления нового ООРА в ВГПУ для анализа:

- Proposal for a new Antarctic Specially Protected Area in parts of the Western Sør Rondane Mountains, Dronning Maud Land, East Antarctic. [Предложение об определении нового Особо охраняемого района Антарктики в западной части гор Сер-Рондане (Земля Королевы Мод, Восточная Антарктика)].

---

iv) Документы, касающиеся предварительной оценки предлагаемых новых охраняемых районов

(110) Комитет рассмотрел три Рабочих документа, касающихся предварительной оценки предлагаемых новых охраняемых районов в соответствии с *Руководством: Порядок проведения предварительной оценки для определения ООРА и ОУРА*.

(111) Германия представила подготовленный совместно с США Рабочий документ WP 12 *«Предварительная оценка предлагаемого Особо охраняемого района Антарктики в горах Грубер (Земля Королевы Мод, Восточная Антарктида)»*. Германия подчеркнула экологическую ценность ООРА, который включает большие и глубокие пресноводные озера с постоянным ледяным покровом,

крупную гнездовую колонию снежного буревестника, а также представляет научную ценность для экологии, экзобиологии, геоморфологии, палеоклиматологии и геологии. Она также отметил историческую, эстетическую и научную ценность, а также ценность дикой природы этих мест.

(112) Комитет отметил важные ценности предлагаемого ООРА. Напоминая о важности текущей работы Комитета по поддержке дальнейшего систематического развития системы охраняемых районов Антарктики после Совместного семинара СКАР/КООС 2019 г. по дальнейшему развитию системы охраняемых районов Антарктики (КООС XXII-WP 70), страны-члены выразили свою поддержку расширения системы за счет включения большего количества экосистем постоянно покрытых льдом озер. В ответ на обеспокоенность по поводу более ранних данных по снежным буревестникам и размеру предлагаемого участка Германия сообщила, что на 2022–2023 годы запланирована экспедиция для сбора дополнительных данных. Германия выразила признательность за предложения помощи со стороны Членов и МААТО в дальнейшей работе.

(113) Комитет приветствовал предыдущую оценку и призвал Членов сотрудничать с инициаторами плана управления в межсессионный период.

(114) Германия представила Рабочий документ WP 13 *«Предварительная оценка предлагаемого Особо охраняемого района Антарктики на островах Дейнджер (северо-восточная часть Антарктического полуострова)»*, подготовленный совместно с США. Инициаторы объяснили, что основной мотив предложения этого наземного ООРА, включающего семь островов, в основном свободных ото льда, был связан с охраной ценных гнездовий морских птиц. В том числе несколько районов Ключевой орнитологической территории с популяциями пингвинов, в частности одно из крупнейших гнездовий пингвинов Адели в районе Антарктического полуострова. Инициаторы также отметили научную и эстетическую ценность, а также ценность первозданной природы предлагаемого ООРА. Инициаторы рекомендуют Комитету: согласиться с тем, что ценности, содержащиеся в предлагаемом ООРА, заслуживают особой охраны; одобрить разработку плана управления районом и предложить заинтересованным Сторонам неформально сотрудничать с Германией и Соединенными Штатами Америки в межсессионный период в разработке плана управления для его возможного представления на XXV заседании КООС.

(115) Комитет поблагодарил Германию и США за предварительную оценку ООРА в составе нескольких участков на островах Дейнджер. Комитет отметил качество анализа, предоставленного инициаторами, и счел, что в межсессионный период следует сосредоточить внимание на этом районе с целью составления плана управления. Комитет призвал Членов, располагающих знаниями и информацией, относящимся к этому процессу, принять участие в этих межсессионных дискуссиях.

(116) МААТО поблагодарила Германию и США за представление оценки предлагаемого ООРА для островов Дейнджер. МААТО отметила, что ее операторы посещали острова Дейнджер, обычно остров Эроина (Heroína Island), хотя посещения были редкими и обычно осуществлялись либо на небольших судах, либо на кораблях. Она отметил, что с 2017 года операторы МААТО совершили в общей сложности тридцать посещений островов, в ходе девяти из которых была совершена высадка. Отметив важность установленных ценностей и необходимость поддержки межсессионного рабочего процесса с целью укрепления охраны островов, МААТО заявила, что она разработает правила для операторов по высадке в западной части острова Эроина, которую чаще всего используют для высадки. Эти правила МААТО для посетителей будут введены в действие в сезоне 2022–2023 годов. Далее МААТО заявила, что будет рада

сотрудничать с инициаторами Рабочего документа WP 13 при составлении этого временного руководства, а также что она будет рада внести свой вклад в дополнительные обсуждения этого вопроса и в предстоящую межсессионную работу.

(117) Великобритания представила Рабочий документ WP 38 *«Предварительная оценка предлагаемого Особо охраняемого района Антарктики на перевале Фарриер (Farrier Col), остров Хорсшу, залив Маргерит»*, подготовленный совместно с Бельгией и Турцией. Инициаторы объяснили, что предлагаемый ООРА будет способствовать охране ряда научных и экологических ценностей, связанных местными озерами. Они подчеркнули, что исследования охарактеризовали озера как редкие примеры рефугиумов для видов в период последнего ледникового цикла, а также как уникальные для района скальных олиготрофных озер, что делает их экологически значимыми. Инициаторы также отметили, что озера важны для международных исследований, а также представляют эстетическую ценность и ценность первозданной природы. Инициаторы заявили, что более высокий уровень охраны озер был уместным в свете того факта, что озера находятся в непосредственной близости от недавно предложенной к возведению турецкой исследовательской станции.

(118) Комитет поблагодарил Великобританию, Бельгию и Турцию за их работу по подготовке этой предварительной оценки и отметил важность привлечения внимания КООС к ценности озер в этом регионе. Комитет согласился с тем, что ценности предлагаемого ООРА заслуживают особой охраны, и выразил поддержку в отношении разработки проекта плана управления этим районом под руководством Великобритании и Нидерландов. Он также призвал заинтересованных Членов и Наблюдателей неформально сотрудничать с инициаторами в межсессионный период при разработке плана управления для его возможного представления на XXV заседании КООС.

(119) Комитет также подчеркнул эффективность процедуры предварительной оценки, которая дает возможность рассмотреть предлагаемые новые районы до того, как будет выполнена большая часть работы по их определению.

(120) МААТО поблагодарила Великобританию, Бельгию и Турцию за проведение предварительной оценки, представленной в Рабочем документе WP 38. Она отметила, что операторы МААТО посещают остров Хорсшу в основном для посещения базы Y, которая дала историческую перспективу и вдохновляющий опыт в рамках образовательных программ операторов. МААТО заявила, что в сезоне 2021–2022 гг. было совершено четырнадцать посещений острова Хорсшу. В то время как база Y не входит в предлагаемый ООРА, МААТО выразила заинтересованность в проведении работ в этом ООРА и готовность внести свой вклад в эту работу в межсессионный период, если Члены сочтут это полезным.

(121) Ссылаясь на рабочие документы WP 12, 13, 15 и 38, АСОК поблагодарила всех Членов, которые предложили новые или будущие ООРА. АСОК отметила, что каждый из них имеет свои преимущества в соответствии с Приложением V, например способствует охране Ключевых орнитологических территорий или мало представленных антарктических Заповедных биографических регионов Антарктики и вносит существенный вклад в расширение системы ООРА в соответствии с требованиями Приложения V к Протоколу по охране окружающей среды.

iv) Прочие вопросы, касающиеся планов управления охраняемыми/управляемыми районами

(122) Чили представила Информационный документ IP 127 *Revisión del estado de la Zona Antártica Especialmente Protegida No. 144, bahía Chile (bahía Discovery) [Пересмотр статуса Особо охраняемого района Антарктики № 144 «Бухта Чили» (бухта Дисковери)]* и сослалась на IP 128 Analysis of the current status of the Antarctic Specially Protected Area No. 144, Chile Bay (Discovery Bay), Greenwich Island *[Анализ текущего статуса Особо охраняемого района Антарктики № 144 «Бухта Чили» (бухта Дисковери), остров Гринвич (Лейпциг)*]. Чили уведомила Комитет о пересмотре вопроса об отмене статуса ООРА № 144. Она отметила, что анализ проводится в соответствии с *Руководящими принципами КООС по исключению из списка ООРА* и что полный анализ представлен в Информационном документе IP 128. Чили сообщила, что намерена представить Рабочий документ с окончательными выводами относительно пересмотра ООРА на рассмотрение Членов на XXV заседании КООС.

(123) Комитет поблагодарил Чили за представление IP 127 и IP 128. Он признал, что отмена статуса ООРА является важным вопросом, требующим тщательного рассмотрения. Комитет отметил, что он с нетерпением ожидает обсуждения работы, изложенной в IP 127 и IP 128, на XXV заседании КООС.

(124) Бразилия представила Информационный документ IP 65 *Progress in the revision process of the Management Plan for Antarctic Specially Managed Area N° 1, Admiralty Bay [Прогресс в процессе пересмотра Плана управления Особо управляемым районом Антарктики № 1 «Залив Адмиралти»],* подготовленный совместно с Эквадором, Перу, Польшей и США. В документе обсуждался пятилетний пересмотр Плана управления ОУРА №1, инициированный Группой управления ОУРА №1. Бразилия уведомила Комитет о том, что в межсессионный период 2021-2022 годов и в рамках процесса пересмотра плана управления Группа управления работала над обновлением текущего статуса ценностей района, требующих охраны, его биологических сообществ, проводимых тут научных исследований и мониторинга, а также в области климата, туризма и коммерческого промысла на территории ОУРА. Группа управления также связалась с МААТО, чтобы получить обновленную информацию о туризме в заливе Адмиралти и обновила карту ОУРА №1. Последующие действия Группы будут включать: обновление карт с учетом указаний, содержащихся в Приложении В к Руководству по подготовке планов управления ОУРА; пересмотр Кодекса поведения посетителей и Руководящих принципов научной и экологической деятельности; представление совместного рабочего документа с пересмотренным планом управления на КООС после завершения пересмотра.

(125) Комитет поблагодарил инициаторов Информационного документа IP 65 за доклад о ходе пересмотра Плана управления ОУРА №1. Он также отметил просьбу о дополнительной информации, касающейся неместных видов в пределах ОУРА. Комитет с нетерпением ждет результатов пересмотра.

(126) Комитет принял к сведению Информационный документ, представленный в рамках данного пункта Повестки дня:

- IP 120 *Exploring the possibilities for the designation of Barrientos (Aitcho) Island as an ASMA [Изучение возможностей определения острова Баррьентос (Аитчо) в качестве ОУРА]* (Эквадор).

9b) Исторические места и памятники

(127) Великобритания представила Рабочий документ WP 47 *«Обнаружение места крушения «Эндьюранс» - Обновление информации об ИМП №93 и разработка Плана управления»*, подготовленный совместно с Южной Африкой. В нем сообщалось, что корабль сэра Эрнеста Шеклтона *«Эндьюранс»*, скованный и

раздавленный льдами и затонувший в море Уэдделла в 1915 году, был обнаружен в отменной сохранности в марте 2022 года. Он подчеркнул, что южноафриканский ледокол *S.A. Agulhas II* сыграл решающую роль в поиске. В Рабочем документе WP 47 инициаторы рекомендуют КСДА принять Меру для обновления информационных полей ИМП №93 «Описание», «Местоположение», «Состояние сохранности», «Средства и методы управления», «Природные особенности окружающей среды, культурный контекст и местная специфика». Однако Великобритания пояснила, что в ходе обсуждения с Председателем КООС было отмечено, что обновления полей «Состояние сохранности» и «Средства и методы управления» не требуют принятия посредством Меры, а вместо этого должны быть согласованы Комитетом и отмечены в Отчете. Поэтому авторы предложили КСДА принять Меру по обновлению только информационных полей ИМП №93 «Описание», «Природные особенности окружающей среды, культурный контекст и местная специфика», отметив при этом, что «Состояние сохранности» и «Средства и методы управления» будут обновлены.

(128) МААТО отметила, что расположение и глубина «Эндьюранса» делают маловероятным любое его посещение с целью туризма, и поддержала разработку Плана управления ИМП №93.

(129) Комитет поздравил всех, кто участвовал в поиске места крушения, и согласился направить соответствующие измененные данные для ИМП в КСДА для принятия посредством Меры.

(130) Аргентина представила Рабочий документ WP 52 *«Предложение по изменению координат местоположения девяти исторических мест и памятников»*. Она предложила обновить координаты ИМП №№ 26, 29, 36, 38, 39, 40, 41, 42 и 43, за которые Аргентина несет совместную ответственность на основании Меры 3 (2003 г.). Аргентина добавила, что предлагаемые поправки направлены на то, чтобы более точно обозначить местонахождения ИМП, чем это в настоящее время указано в перечне ИМП. Аргентина отметила, что подробный анализ позволил установить местонахождения в пределах сотых долей минуты с разрешением 20 м на земле и соответствующим образом скорректировать местоположение ИМП. Аргентина рекомендовала КООС одобрить предложенные обновления местонахождения этих ИМП и направить их на утверждение КСДА.

(131) Комитет поблагодарил Аргентину за проделанную работу по обновлению координат этих исторических мест и памятников, утвердил предложенные поправки к ИМП №№ 26, 29, 36, 38, 39, 40, 41, 42, 43 и согласился направить обновленную информацию для ИМП на КСДА в соответствии с принятием Меры.

Рекомендации КСДА от КООС по поводу предлагаемых изменений в Перечне Исторических мест и памятников

(132) Комитет пообещал направить десять предложений касательно внесения изменений в Перечень Исторических мест и памятников на утверждение КСДА посредством принятия Меры.

ИМП №	Название
26	Памятные сооружения станции Сан-Мартин.
29	Маяк «Примеро-де-Майо»
36	Мемориальная табличка в память об экспедиции Даллльманна
38	Шведский дом на Сноу-Хилл
39	Каменная хижина в бухте Хоп
40	Памятные сооружения базы Эсперанса
41	Исторические останки экипажа судна *«Антарктик»* на острове Полет
42	Обсерватории острова Лори
43	Крест на станции Бельграно
93	Крушение *«Эндьюранс»*

(133) В отношении ИМП №93 Комитет согласился уведомить КСДА о том, что он дал согласие на следующие дополнительные обновления полей списка ИМП:

Поле	**Обновленный текст**
(viii) Состояние сохранности	На вид хорошо сохранился.
(xi) Средства и методы управления:	Планы управления по сохранению объектов наследия находится в разработке.

---

(134) Великобритания представила Рабочий документ WP 28 *«Руководство по планам управления по сохранению исторических мест и памятников в Антарктике»*, подготовленный совместно с Австралией, Новой Зеландией, Норвегией и США. Напоминая об обсуждении на КСДА XLII ответственного отношения к наследию Антарктики, соавторы предложили принять новое руководство для поддержки Сторон в разработке планов управления природоохранной деятельностью в качестве инструментов защиты антарктического наследия. Они отметили, что цель состоит в том, чтобы поощрять Стороны и наделять их полномочиями по исполнению своих обязанностей в отношении наследия Антарктики согласно единому стандарту, отвечающему принципам Договора об Антарктике и Протокола по охране окружающей среды и сопоставимому с управлением объектами наследия в других частях мира.

(135) Комитет поблагодарил авторов за их документ и поддержал предложение обновить Руководство. Комитет признал важность обмена информацией о планах управления сохранением ИМП и подчеркнул их ценность для сохранения антарктического наследия. Комитет подчеркнул, что, хотя они и не требуются для всех ИМП, планы управления сохранением являются полезным инструментом для защиты ИМП. Один Член подчеркнул потребность учитывать характер ИМП при оценке необходимости разработки плана управления сохранением.

(136) В ответ на запрос Великобритания пояснила, что она предложила предлагаемую библиографию и что список не претендует на то, чтобы быть полностью исчерпывающим, и согласилась включить дополнительные ссылки для усовершенствования списка.

(137) Комитет согласился подтвердить ценность планов управления сохранением как эффективного инструмента ответственного управления наследием Антарктики; и обновить *Руководство по оценке и управлению наследием Антарктики* в соответствии с рекомендациями автора. Комитет призвал Членов продолжать обмениваться друг с другом своими планами управления по сохранению и опытом в целях повышения стандартов управления наследием и рассмотреть возможности упрощения этого процесса.

Рекомендации КСДА от КООС по Руководству по планам управления по сохранению исторических мест и памятников в Антарктике

(138) Комитет согласился направить пересмотренное *Руководство по оценке и управлению наследием Антарктики* на КСДА для принятия в виде Резолюции.

---

(139) Аргентина представила Информационный документ IP 112 rev. 1 *Current Situation of the impact of climate change on the Sweden Refuge on Snow Hill Island (HSM No. 38 [Текущая ситуация с воздействием изменения климата на Шведский дом на острове Сноу-Хилл (ИМП № 38)],* подготовленный совместно со Швецией. В нем содержится краткая информация о воздействии изменения климата на шведскую хижину-убежище в Сноу-Хилл по наблюдениям исследователей из Аргентинской национальной антарктической программы и в рамках совместного сотрудничества со Швецией. Аргентина сообщила, что высокий уровень эрозии вечной мерзлоты, вызванный повышением температуры, отступлением соседнего ледника и усилением речной эрозии, представляет непосредственную опасность для хижины-убежища, и подчеркнула необходимость стабилизации территории, на которой находится убежище.

(140) Комитет поблагодарил Аргентину и Швецию за документ и их усилия по поддержке сохранения этого важного исторического памятника.

(141) Комитет принял к сведению указанные ниже Информационные документы, представленные в рамках данного пункта Повестки дня.

- IP 31 *Analysis of the accuracy of the location coordinates of some Historic Sites and Monuments [Анализ точности координат местоположения некоторых исторических мест и памятников]* (Аргентина).

9c) Правила поведения для посетителей участков

(142) Великобритания представила Рабочий документ WP 49 «*Пересмотренные правила поведения для посетителей участка № 22 «Дом Уорди», остров Уинтер»*, подготовленный совместно с Украиной. Великобритания отметила, что Дом Уорди была признана ИМП в соответствии с Мерой 4 (1995 г.) и что Правила поведения для посетителей Дома Уорди не пересматривались с момента их принятия посредством Резолюции 4 (2009 г.). Она добавила, что в ходе обзора был внесен ряд редакционных правок и разъяснений. В частности, были добавлены четко определенные зоны для посетителей и рекомендованы пути к вершине ледяной шапки острова, а также обновлена и улучшена карта участка для Правил поведения для посетителей.

(143) Комитет поблагодарил Великобританию и Украину за представление пересмотренных Правил поведения для посетителей Дома Уорди и подчеркнул своевременность этого предложения. После незначительной поправки Комитет согласился одобрить пересмотренные Правила поведения для посетителей участка и направить их на утверждение КСДА. Комитет также просил Секретариат обновить Правил поведения для посетителей участка на сайте СДА.

(144) МААТО поблагодарила авторов пересмотренных Правил поведения для посетителей Дома Уорди. Она подчеркнула, что Правила поведения для посетителей участка являются важнейшим инструментом управления посещением участков и что МААТО ценит возможность участвовать в этих обсуждениях. МААТО сообщила, что пересмотренные Правила поведения для посетителей Дома Уорди будут включены в Руководство МААТО по полевым операциям на 2022–2023 годы. Отметив, что Информационный документ IP 97 *Revised Tourism Management Policy for Vernadsky Station, Galindez Island [Пересмотренная политика управления туризмом для станции Вернадский, остров Галиндес]* охватывает ту же область, что и Правила поведения для посетителей Дома Уорди, МААТО предложила провести работу с инициаторами предложения, чтобы прояснить взаимодействие между ними в преддверии туристического сезона 2022–2023 годов.

(145) Великобритания также поблагодарила Украину за Информационный документ IP 97 и предложила свою поддержку в предоставлении любых пояснений, которые будут полезны.

(146) Со ссылкой на Рабочий документ WP 1, обсуждавшийся в рамках пункта 9а повестки дня, Комитет согласился с тем, что закрытие Зоны для посетителей в ОУРА 7 повлечет за собой утрату актуальности Правил поведения для посетителей острова Торгерсен (Torgersen Island) в бухте Артур (Arthur Harbour).

Рекомендации КООС для КСДА относительно новых и пересмотренных Правил поведения для посетителей участков

(147) Комитет согласился направить следующие пересмотренные Правила поведения для посетителей участков для принятия на КСДА:

- *Дом Уорди, остров Уинтер*

(148) Комитет согласился попросить исключить *остров Торгерсен, бухта Артур* из списка Правил поведения для посетителей участков, который ведется Секретариатом Договора об Антарктике.

---

(149) Украина представила Информационный документ IP 97 *Revised Tourism Management Policy for Vernadsky Station, Galindez Island [Пересмотренная политика управления туризмом для станции Вернадский, остров Галиндес]*, в котором представлена пересмотренная политика управления туризмом для станции Вернадский. Украина отметила динамичный характер этого документа и то, что ее политика управления туризмом на станции Вернадский будет периодически пересматриваться.

(150) Комитет поблагодарил Украину за ее документ и приветствовал пересмотренную политику управления туризмом на станции Вернадский.

(151) МААТО представила Информационный документ IP 43 *A Five-Year Overview and 2021-22 Season Report on IAATO Operator Use of Antarctic Peninsula Landing Sites and ATCM Visitor Site Guidelines [Пятилетний пересмотр и отчет за сезон 2021/22 г. об использовании операторами МААТО мест высадки на Антарктическом полуострове и разработанных КСДА Правил поведения для посетителей участков]*, содержащий данные, собранные из заполненных операторами МААТО форм отчета о посещении Антарктического полуострова за сезон 2021/22 г. МААТО сообщила, что в сезоне 2021-2022 годов в общей сложности 22 979 пассажиров совершили высадку на Антарктическом полуострове с 32 судов SOLAS (СОЛАС). Она отметила, что операторы МААТО видели меньше клиентов, желающих путешествовать в течение сезона 2021-

2022 годов из-за COVID-19, и, следовательно, они заполнили меньшее количество форм. МААТО обратила особое внимание на то, что все наиболее посещаемые места регулируются либо Правилами поведения для посетителей участков, принятыми КСДА, а также Руководством для операторов МААТО по высадке на берег, либо Рекомендациями по управлению в рамках национальных программ. Помимо этого, отмечалось, что все посещения проводились в соответствии с ограничениями на высадку, установленными в действующих Правилах поведения для посетителей участков, и что практика МААТО по планированию движения судов эффективно способствовала тому, чтобы никакие ограничения не были превышены.

(152) Комитет поблагодарил МААТО за предоставление этой полезной информации о ее деятельности в Антарктике.

9d) Пространственная охрана морской среды и меры пространственного управления

(153) По данному пункту повестки дня не было представлено никаких документов.

(154) Председатель отметил предстоящее обязательство Комитета ответить на просьбу КСДА в Резолюции 5 (2017 г.), в которой КООС было предложено рассмотреть любые соответствующие действия, входящие в компетенцию КСДА, для содействия достижению поставленных конкретных целей в Мере по сохранению АНТКОМ 91-05.

9e) Прочие вопросы, связанные с Приложением V

(155) Австралия представила Рабочий документ WP 20 «*Типовые места обитания в Антарктике*», в котором сообщается о недавних исследованиях по составлению реестра типовых местонахождений наземных и пресноводных видов на антарктическом континенте и прибрежных островах в районе действия Договора об Антарктике. В исследовании также учитывалось, в какой степени эти типовые местности встречаются на территории ООРА. Австралия отметила, что эта работа может способствовать реализации Протокола по охране окружающей среды, в том числе путем предоставления информации о районах, которые представляют собой «типовые места или единственную известную среду обитания любого вида» и которые, в соответствии со Статьей 3.2(d) Приложения V, могут требовать рассмотрение для определения в качестве ООРА. Австралия подчеркнула, что ее исследователи предприняли активные действия по анализу и сбору данных для разработки реестра. Она поделилась некоторыми ключевыми выводами, представленными в документе, в том числе следующими: более 400 видов встречаются на типовых местах обитания на антарктическом континенте или прибрежных островах в пределах района действия Договора об Антарктике; более 100 из этих видов обитают на территории существующих ООРА или в непосредственной близости от них; такие типовые места обитания встречались в 41 существующей ООРА.

(156) Комитет поблагодарил Австралию за проведение всесторонней работы по типовым местам обитания и признал ее ценность для усиления систематической охраны Антарктики.

(157) Некоторые Члены Комитета отметили, что при рассмотрении вопроса об определении ООРА приоритет можно отдавать другим аспектам, включая потенциальные угрозы и риски, и что этот недавно разработанный инструмент следует рассматривать наряду со многими другими существующими инструментами.

(158) Отвечая на вопросы, поднятые Членами Комитета, Австралия отметила, что сообщенные исследования представляют собой наилучшие имеющиеся научные

данные, относящиеся к положениям Статьи 3.2 Приложения V в отношении типовых мест обитания, и являются одним из многих важных вкладов в дальнейшее развитие системы охраны районов Антарктики. Австралия сослалась на Информационный документ IP 47 *Research to inform CEP discussions about further development of the Antarctic protected areas system [Исследования для информирования дискуссий КООС о дальнейшем развитии системы охраняемых районов Антарктики]*, в котором сообщается о работе, проводимой австралийскими исследователями по разработке набора примеров сценариев того, как ряд наземных охраняемых районов может соответствовать положениям Статьи 3.2 Приложения V.

(159) АСОК поблагодарила Австралию за предоставление полезного научного инструмента, который может способствовать расширению охраняемых территорий в Антарктике. Она отметила наличие большого количества данных для целенаправленной разработки системы охраняемых районов Антарктики и призвала Членов Комитета использовать недавно разработанные инструменты при рассмотрении вопроса об определении ООРА в будущем.

(160) Комитет призвал Членов использовать исследования, представленные в Рабочем документе WP 20, а также другие соответствующие инструменты при: рассмотрении планов управления для существующих ООРА; планировании, оценки и проведения мероприятий; и рассмотрении вопроса о создании новых ООРА в рамках системных эколого-географических границ. Комитет также призвал Члены продолжать поддерживать усилия по расширению знаний о биоразнообразии Антарктики, включая исследования по идентификации распределения, а также состояния и тенденций видов с типом мест обитания в районе действия Договора об Антарктике.

(161) Конвинер ВГПУ д-р Ануп Тивари (Anoop Tiwari), Индия, представил вторую часть Рабочего документа WP 8 *Отчет Вспомогательной группы по планам управления о деятельности в межсессионный период 2019–2022 гг.* Первая задача ВГПУ в соответствии с ТЗ 4 и 5 заключалась в том, чтобы работать с соответствующими Сторонами для обеспечения прогресса в пересмотре планов управления, просроченных для пятилетнего обзора. Конвинер ВГПУ доложил о том, что никаких запросов от Сторон, которым может понадобиться напоминание инициировать пятилетний пересмотр планов управления, не поступало и напомнил Членам о том, что ВГПУ при необходимости готова предоставить рекомендации, оказать содействие или проконсультировать по вопросам, связанным с заданиями по пересмотру.

(162) Второй задачей ВГПУ в соответствии с ТЗ 4 и 5 было рассмотрение вариантов эффективного обсуждения перед совещанием пересмотренных планов управления, представленных на рассмотрение и утверждение КООС.

(163) Д-р Полли Пенхейл (США) в качестве модератора подгруппы ВГПУ, созданной для рассмотрения ВГПУ этой задачи, выступила перед Комитетом. Д-р Пенхейл напомнила, что в ходе работы КООС XXIII Члены предложили ВГПУ рассмотреть варианты эффективного обсуждения перед совещанием пересмотренных планов управления, представленных на рассмотрение и утверждение КООС. Члены рекомендовали ВГПУ обсудить пути усовершенствования процесса обзора планов управления и сообщить Комитету о предложениях по повышению его эффективности. Д-р Пенхейл сообщила, что в результате этих обсуждений ВГПУ предложила перед совещанием рассмотреть новые и пересмотренные планы управления, представленные на рассмотрение и одобрение КООС, с целью поощрения тех Членов и Наблюдателей, которые проявляют интерес и обладают опытом в области планов управления в целом, а также для ознакомления с региональной или конкретной средой, чтобы комментировать представленные

планы управления до заседания КООС и получить наилучшие возможные рекомендации. ВГПУ также подчеркнула, что поднятые вопросы и предложенные правки, представленные до заседания, дадут возможность инициатору(ам) плана управления учесть замечания и представить ответы или корректировки планов до заседания. Кроме того, она отметила, что резюме обсуждений перед совещанием с рекомендациями по итогам рассмотрения перед совещанием будет представлено всем Членам и что официальное завершение обсуждений будет принято на совещании КООС. Д-р Пенхейл подчеркнула, что пересмотр планов управления является важной задачей КООС, объем которой увеличивается с каждым годом, и что предлагаемый процесс призван сэкономить время и более эффективно организовать рабочую нагрузку.

(164) Комитет поблагодарил организатора ВГПУ и модератора обсуждения ВГПУ обзора перед совещанием за их презентации. Члены поддержали идею обзора пересмотренных планов управления перед совещанием в качестве способа направления и оптимизации процесса пересмотра, отметив, что раннее рассмотрение может помочь сэкономить полезное время во время совещания. Некоторые Члены также подчеркнули, что все Члены КООС могут стать активными Членами ВГПУ и что широкое участие в 2021 г. доказало свою эффективность.

(165) В ответ на высказанную озабоченность было отмечено, что процесс пересмотра перед совещанием будет происходить в рамках существующей структуры ВГПУ и не потребуется создания новой группы или механизма.

(166) Комитет согласился добавить Техническое задание ВГПУ, чтобы отразить новую регулярную задачу по предварительному рассмотрению планов управления (Приложение 4, ТЗ № 4).

(167) Третьей задачей ВГПУ в соответствии с ТЗ 4 и 5 было рассмотрение и обновление плана работы ВГПУ. При этом ВГПУ отметила, что CCRWP включает действия по «рассмотрению и пересмотру, при необходимости, существующих инструментов управления, чтобы рассмотреть, обеспечивают ли они наилучшие практические меры по адаптации к районам, подверженным риску изменения климата». Чтобы осуществить это действие, конвинеры ВГПУ и SGCCR обсудили варианты поддержки программы работы по формированию требований к решению проблемы изменения климата в процессе определения охраняемых районов и управления ими, включая определение того, в рамках какой Вспомогательной группы должна проводиться эта работа. Они пришли к выводу, что эта работа должна быть выполнена ВГПУ в качестве дополнительной задачи в рамках ТЗ 5.

(168) Комитет поблагодарил ВГПУ за рекомендации и с некоторыми небольшими поправками согласился принять план работы ВГПУ на 2022-2023 гг.:

Техническое задание	Предлагаемые задачи
ТЗ 1–3	Рассмотрение проектов планов управления, направленных КООС на рассмотрение в межсессионный период, и выработка рекомендаций их инициаторам (включая четыре ожидающих рассмотрения плана с предыдущего межсессионного периода)
ТЗ 4–6	Совместная работа с соответствующими Сторонами для обеспечения прогресса в области пересмотра планов управления, просроченных для пятилетнего обзора

	Предварительный обзор всех планов управления с небольшими изменениями и представление сводки рекомендаций в КООС в виде отдельного рабочего документа.
	Пересмотр и обновление плана работы ВГПУ
	Для реализации действия 2(e) CCRWP «Рассмотреть и пересмотреть, где это необходимо, существующие инструменты управления для защиты и последующего управления окружающей средой и местами обитания, подверженными риску изменения климата», обсудить вопрос о том, эффективно ли и каким образом они учитывают вопросы изменения климата
Рабочие документы	Подготовка отчета для КООС XXV по ТЗ 1–6

(169) Бразилия представила IP 66 rev. 1 *Report of the Joint Inspections' Program undertaken by Brazil, Ecuador, Peru, Poland, and the United States to the ASMA No. 1 - Admiralty Bay, King George Island [Отчет о Программе совместных инспекций, проведенной Бразилией, Эквадором, Перу, Польшей и США для ОУРА №1 «Залив Адмиралти», остров Кинг-Джордж],* подготовленный совместно с Эквадором, Перу, Польшей и США. В отчете сообщается, что официальные лица из стран-инициаторов посетили ОУРА №1, чтобы убедиться, что его определение в качестве ОУРА обеспечивает постоянную охрану особых ценностей, на основании которых он был первоначально определен. Бразилия отметила, что официальные лица пришли к выводу, что ценности, для которых был определен ОУРА №1, остаются актуальными и что был принят ряд мер для обеспечения достижения целей и задач плана управления. Авторы рекомендовали следующее: весь персонал, входящий в ОУРА №1, должен быть ознакомлен с положениями плана управления и обязан следовать указаниям; персонал должен пройти обучение по снижению риска интродукции неместных видов на территорию ОУРА №1, в том числе патогенов, передающихся через пищевые продукты; персонал должен быть проинструктирован о том, чтобы по возможности использовать пешеходные маршруты без растительности, чтобы свести к минимуму вытаптывание; и координирование между членами Группы управления ОУРА №1 должно продолжаться для обеспечения успешного управления территорией.

(170) Комитет поблагодарил авторов за осмотр ОУРА №1 и приветствовал их отчет и рекомендации.

(171) МААТО поблагодарила Бразилию, Эквадор, Перу, Польшу и Соединенные Штаты за их документ и за их постоянное взаимодействие с МААТО по управлению этой важной областью. МААТО отметила, что в сезоне 2021-2022 гг. туристические визиты на действующие станции национальных антарктических программ не проводились. Это руководство МААТО в настоящее время пересматривалось в преддверии сезона 2022-2023 годов. МААТО отметила, что надеется на сотрудничество с Группой управления ОУРА 1, чтобы обеспечить дальнейшее успешное управление этой территорией.

(172) Комитет принял к сведению Информационные документы, представленные в рамках данного пункта Повестки дня:

- IP 77 *A classification system of Antarctic inland aquatic ecosystems [Система классификации внутренних водных экосистем Антарктики]* (Новая Зеландия).

Пункт 10: Сохранение антарктической флоры и фауны

10а) Карантин и неместные виды

(173) Республика Корея представила Информационный документ IP 9 *Report of a new non-native insect (moth fly) on King George Island, South Shetland Islands [Отчет о новом неместном насекомом (бабочница) на острове Кинг-Джордж, Южные Шетландские острова]*, подготовленный совместно с Чили. В нем сообщается об обнаружении нового неместного насекомого, бабочницы *Psychoda albipennis* , на двух исследовательских базах на острове Кинг-Джордж (Ватерлоо) в сезонах 2019-2020 и 2021-2022 годов. Бабочница была идентифицирована с помощью штрих-кодирования ДНК. Во избежание дальнейшего распространения бабочницы на острове Кинг-Джордж (Ватерлоо) авторы настоятельно призвали все Стороны, осуществляющие свои национальные антарктические программы на острове Кинг-Джордж (Ватерлоо), проводить периодический мониторинг внутри и снаружи своих объектов, а также своих цепочек поставок и рассмотреть возможность скоординированного реагирования на эту интродукцию неместных видов.

(174) Комитет поблагодарил Республику Корея и Чили за их документ и их вклад в решение этого приоритетного вопроса Пятилетнего плана работы КООС.

(175) Великобритания представила Информационный документ IP 25 *International response under the Antarctic Treaty System to the establishment of a non-native fly on the South Shetland Islands [Международный ответ в рамках Системы Договора об Антарктике на установление неместной мухи на Южных Шетландских островах*], подготовленный совместно с Уругваем. В нем обобщена информация о возможной разработке международного плана управления в связи с появлением неместных видов мух *Trichocera maculipennis* на Южных Шетландских островах и в более широком морском антарктическом регионе. Великобритания отметила, что вместе с дальнейшими рекомендациями КООС по борьбе с неместными видами такой план мог бы помочь обеспечить скоординированное управление этими все более широко распространенными неместными видами. Далее Великобритания отметила, что в научном документе, приложенном к Информационному документу IP 25, подробно описаны варианты обучения, мониторинга, повышения осведомленности, сокращения расселения мух, предотвращения повторной интродукции и искоренения.

(176) Комитет поблагодарил Великобританию и Уругвай за их документ. Несколько Членов выразили поддержку международному плану управления, а также обмену опытом в отношении *Trichocera maculipennis* .

(177) Комитет принял к сведению Информационные документы, представленные в рамках данного пункта Повестки дня:

- IP 24 *Ship traffic connects Antarctica to worldwide locations, with implications for non-native marine species introduction risk [Судоходство соединяет Антарктику с местами по всему миру, что влияет на риск интродукции неместных морских видов]* (Великобритания).
- IP 30 *Detection of a non-native species of Diptera in the Elephant Refuge, ASPA 132, King George Island [Определение неместных видов Diptera в районе Хижины "Слон", ООРА №132, остров Кинг-Джордж* (Аргентина, Уругвай).
- IP 84 *Definitive eradication of the presence of a Lepidoptera at Carlini Base [Окончательное искоренение присутствия чешуекрылых на базе Карлини]* (Аргентина, Германия).

(178) Комитет принял к сведению, что Справочный документ представлен в рамках данного пункта Повестки дня:

- ВР 18 *Seeds for Future - Global Wild Plant Seed Vault [Семена для будущего - Глобальное хранилище семян дикорастущих растений]* (Италия).

10b) Особо охраняемые виды

(179) Великобритания представила Рабочий документ WP 34 *Отчет Межсессионной контактной группы КООС, созданной для разработки Плана действий по особо охраняемым видам для императорского пингвина*. Она напомнила, что в своем анализе статуса императорских пингвинов СКАР обнаружил, что императорские пингвины уязвимы к текущим и прогнозируемым изменениям климата, что требует их охраны как Особо охраняемого вида Антарктики (ООВ). СКАР рекомендовал, чтобы Комитет учредил МКГ для рассмотрения проекта Плана действий, подготовленного СКАР (КСДА XLIII – Рабочий документ WP 37), и предложил классифицировать этот вид в Красном списке МСОП как «уязвимый». Великобритания сообщила, что после шести раундов обсуждения в межсессионный период 2021-2022 годов МКГ рекомендовала КООС: рассмотреть проект Плана действий по особо охраняемым видам императорского пингвина, разработанный МКГ; направить проект Плана действий и сделанную СКАР оценку природоохранного статуса императорского пингвина (КСДА XLIII – WP 37) на рассмотрение КСДА; и рекомендовать КСДА (i) определить императорского пингвина в качестве особо охраняемого вида в соответствии с Приложением II к Протоколу путем принятия проекта Меры, и (ii) призвать Стороны к своевременной реализации Плана действий по особо охраняемым видам.

(180) Китай представил Рабочий документ WP 24 *Рассмотрение правовой основы по Особо охраняемым видам Антарктики и ее применения*, в котором была рассмотрена правовая база ООВ и ее применение в рамках КСДА и КООС с целью предоставления полезных рекомендаций по определению ООВ в будущем. Китай изложил несколько замечаний по практике КСДА и КООС в отношении правовой базы ООВ. На основе своего обзора Китай рекомендовал КООС: вновь подтвердить важность определения ООВ в соответствии с Приложением II и Руководством для рассмотрения КООС предложений о новых и пересмотренных определениях антарктических особо охраняемых видов в соответствии с Приложением II к Протоколу, в частности природоохранный статус «уязвимый» или более высокого уровня в качестве порогового значения для рассмотрения потенциального определения, а также обсудить процедуру рассмотрения предложений ООВ; привести будущее обозначение ООВ в соответствие с предыдущей практикой КСДА и КООС, особенно в отношении применения критериев и подхода на основе адекватной научной информации; призвать СКАР оценить риск исчезновения вида с использованием самых современных критериев МСОП в соответствии с его предыдущей практикой; и рассмотреть и согласовать несоответствия между Руководящими принципами и Приложением II к Протоколу.

(181) Китай представил Рабочий документ WP 35 *Предложение по разработке плана целевых исследований и мониторинга императорских пингвинов*. В ходе 6 раундов обсуждений МКГ по Разработке плана действий, которые вошли в основу Рабочего документа КООС XXIII-WP 37, представленного СКАР, императорские пингвины занесены в Красный список МСОП как вид, находящийся под угрозой исчезновения; популяция вида увеличивается в региональном (антарктическом) масштабе; самая северная колония императорских пингвинов на острове Сноу-Хилл стабильна; уже известные и возникающие наземные и морские угрозы, затрагивающие императорских пингвинов, считаются относительно незначительными, если вообще не пренебрежимо малыми; оценка угрозы изменения климата и сокращения морского льда для вида оставалась в

значительной степени неопределенной – прогнозировалось, что она возникнет только после 2050 года. Следуя научным рекомендациям СКАР, изложенным в документах КСДА XXVIII/ VIII КООС -WP 34 и КСДА XXIX/ IX КООС -WP 38, Китай рекомендовал КООС создать МКГ для разработки плана целевых исследований и управления охраной императорских пингвинов в качестве Вида, находящегося под угрозой исчезновения, в региональном (антарктическом) масштабе, вместо того чтобы обозначать их как ООВ, для обеспечения согласованности в применении Приложения II к Протоколу и *Руководству по рассмотрению КООС предложений о новых и пересмотренных определениях Особо охраняемых видов Антарктики.*

(182) Китай также сослался на Информационный документ IP 123 *The Case of Polar Bears Conservation informed by Climate Models and the Potential Similar Case of Emperor Penguins [Сохранение белых медведей, предоставленное Климатическими моделями и Потенциальный аналогичный случай императорских пингвинов*], где были предложены две статьи о белых медведях и императорских пингвинах, которые Китай счел полезным рассмотреть на КООС в отношении статуса императорского пингвина. Одна из статей была посвящена о белым медведям, где отмечалось, что в 2006 году они были переведены из «вызывающих наименьшее беспокойство» в «уязвимые» до исчезновения в Красном списке МСОП, а информация о них была получена с помощью климатической модели, которая предсказывала, что численность полярных медведей сократится более чем на 30 % в течение следующих 45 лет. Было отмечено, что популяция белых медведей восстановилась в 1980-х годах и оставалась стабильной. В статье также приводится информация о том, что численность белых медведей в настоящее время является самой высокой за последние 60 лет.

(183) Комитет поблагодарил Китай за представление Рабочего документа WP 35, но отметил, что ни один другой Член не поддержал рекомендации, содержащиеся в этом документе. Комитет также поблагодарил Великобританию за ее работу по защите императорских пингвинов. Комитет особенно высоко оценил работу Кевина Хьюза в качестве конвинера МКГ в межсессионный период. Комитет также поблагодарил СКАР за документы, представленные им на XXIV КООС, которые послужили основой для Рабочего документа WP 34.

(184) Комитет подчеркнул важность использования наилучших имеющихся научных данных для поддержки управленческих решений КООС, таких как внесение в список особо охраняемых видов, и отметил рекомендацию СКАР о необходимости сохранения императорского пингвина. За одним исключением, Члены выразили широкую поддержку Плану действий, изложенному в Рабочем документе WP 34, как всеобъемлющему документу, основанному на наилучших имеющихся научных данных. Члены Комитета отметили, что Комитет располагает достаточными научными знаниями, чтобы продемонстрировать уязвимость императорских пингвинов к изменению климата, в том числе как это было подчеркнуто в лекции СКАР. Некоторые Члены Комитета и СКАР отметили, что общая тенденция роста популяции императорских пингвинов не увеличивалась, как указано в Рабочем документе WP 35. Вышеупомянутое увеличение численности было связано с открытием новых колоний, но прогнозы численности популяции по-прежнему указывают на сокращение. За одним исключением, Члены также подчеркнули, что необходимость дальнейших исследований не должна подрывать важность принятия осторожного подхода к охране окружающей среды в качестве основного компонента Протокола по охране окружающей среды, который являлся признанным инструментом, позволяющим принимать необходимые решения или меры для защиты окружающей среды Антарктики, где это необходимо. Члены предупредили, что несвоевременное принятие мер будет противоречить функциям и обязанностям КООС и его приверженности принципу предосторожности. Члены

подчеркнули, что не было никаких предварительных условий для того, чтобы вид был занесен в Красный список МСОП как уязвимый или более высокого уровня опасности, прежде чем его можно было бы рассматривать для определения как ООВ, и что положения Приложения II и действующего Руководства по ООВ были соблюдены при разработке рекомендаций по обозначение по оценке СКАР природоохранного статуса. За одним исключением Члены решительно поддержали рекомендации, выдвинутые в Рабочем документе WP 34, о том, что императорский пингвин должен быть определен как ООВ в соответствии с Приложением II к Протоколу и что план действий должен быть реализован. Члены подчеркнули, что если КООС и Стороны не примут своевременных мер в отношении назначения статуса ООВ, то любые действия, предпринятые для сохранения императорских пингвинов на более позднем этапе, могут оказаться слишком запоздалыми и неэффективными. Как следствие, рекомендации WP 35 об альтернативном подходе не получили поддержки.

(185) За одним исключением Члены согласились с тем, что действующая нормативно-правовая база по ООВ не препятствует продвижению действий по включению императорских пингвинов в список ООВ и, несмотря на то, что есть возможность пересмотреть некоторые аспекты руководства, эта структура не требует дальнейшего немедленного рассмотрения. Таким образом, рекомендации WP 24 не получили поддержки.

(186) Многие члены выразили серьезные сомнения относительно научного качества и точности информации, изложенной в Информационном документе IP 123, и сочли, что она не имеет отношения к вопросам, рассматриваемым в Рабочем документе WP 34. Было отмечено, что статьи, упомянутые в Информационном документе IP 123, не были опубликованы ни в одном из заслуживающих доверия научных журналов; статьи были опубликованы на web-сайте, известном распространением дезинформации с целью подорвать доверие к науке о климате; и они представили фактические ошибки и ошибочные выводы. Члены Комитета подчеркнули важность использования рецензируемых научных данных в качестве основы для управленческих дискуссий.

(187) АСОК поблагодарила авторов Рабочих документов 34 и 35 и решительно поддержала определение императорского пингвина в качестве Особо охраняемого вида, что является конкретным шагом, который может быть предпринят КСДА в ответ на изменение климата. АСОК сочла, что для назначения есть превентивное основание, а также четкое научное обоснование, и поэтому считает, что назначение не следует откладывать.

(188) Комитет не пришел к консенсусу по рекомендации, содержащейся в Рабочем документе WP 34, о включении императорского пингвина в список Особо охраняемых видов, несмотря на то, что он получил полную поддержку со стороны всех Членов, кроме одного. Многие Члены Комитета и Наблюдатели выразили намерение использовать проект Плана действий, представленный в Рабочем документе WP 34, в качестве руководства для поддержки своих действий по управлению этим видом, включая проведение дальнейшего мониторинга популяций императорских пингвинов, и призвали Комитет предпринять эти действия. Члены выразили намерение вернуться к рекомендациям, представленным в Рабочем документе WP 34 на XXV КООС, и призвали всех Членов участвовать в межсессионных дискуссиях для достижения консенсуса.

(189) Комитет принял к сведению Информационные документы, представленные в рамках данного пункта Повестки дня:

- IP010: *Recent status of emperor penguin population in Northern Victoria Land, Ross Sea [Современное состояние популяции императорских пингвинов в северной части Земли Виктории, море Росса]* (Республика Корея)

10c) Прочие вопросы, связанные с Приложением II

(190) Франция представила Рабочий документ WP 25 *Важные районы обитания морских млекопитающих (IMMA),* подготовленный совместно с ЮАР, Монако, Германией, Чили и Великобританией. Ссылаясь на Информационный документ XXIII КООС -IP 24, в котором обсуждался научный семинар 2018 г., созванный для определения важных районов обитания морских млекопитающих (IMMA) в Южном океане, в документе высказывается предположение, что районы IMMA могут быть полезным инструментом в помощь Сторонам при планировании и проведении ряда антарктических исследований. Франция сообщила, что в ходе семинара эксперты из 11 стран определили 15 IMMA, представленных независимой группе экспертов, которая проверила и подтвердила 13 из них. Франция отметила, что в документе рассматриваются четыре из этих IMMA, которые полностью или частично находятся в районе действия Договора об Антарктике. Отмечалось, что концепция Важных районов обитания морских млекопитающих основана на успешном примере процесса определения КОТ, принятого Международной ассоциацией по защите птиц. IMMA определяются в соответствии с конкретными критериями, полученными для КОТ и адаптированными к морским млекопитающим, объединяя при этом деятельность на суше и на море. Авторы рекомендовали Комитету: приветствовать и принять к сведению содержание Заключительного отчета Четвертого семинара IMMA для трех определенных IMMA, находящихся в районе действия Договора об Антарктике, и участка IMMA Дуги Скоша, находящегося в пределах района действия Договора об Антарктике; рассмотреть необходимость перечисления инструментов, имеющих особое значение для работы Комитета при планировании и проведении деятельности в Антарктике в единой Резолюции, в которую можно было бы вносить поправки по мере поступления новых научных результатов; призвать Членов учитывать информацию, содержащуюся в отчете о IMMA в районе действия Договора об Антарктике, при планировании и проведении своей деятельности в Антарктике; призвать Члены рассмотреть вопрос о том, в какой степени научная информация об этих IMMA может быть полезна для разработки новых ООРА с морским компонентом или при пересмотре существующих планов управления ООРА и ОУРА; и призвать Членов продолжать осуществлять надлежащий наземный и морской мониторинг популяций морских млекопитающих для информирования будущих действий по управлению, которые могут потребоваться.

(191) Комитет поблагодарил инициаторов предложения за то, что они вновь привлекли его внимание к этому вопросу, и приветствовал информацию, представленную в документе. Комитет принял к сведению содержание Заключительного отчета Четвертого семинара IMMA и согласился с полезностью учета IMMA при планировании и проведении деятельности в Антарктике. Один из Членов подчеркнул важность рассмотрения как информации из электронного атласа IMMA, так и информации из проектов исследований и мониторинга национальных антарктических программ. Член Комитета отметил разницу в географическом масштабе между информацией в электронном атласе и меньшим масштабом ООРА и ОУРА. Член Комитета также заявил, что поддержка Комитетом определения IMMA должна ограничиваться научной информацией, относящейся к району действия Договора об Антарктике, поскольку в других географических районах она может содержать ссылки, не разделяемые некоторыми Сторонами. Комитет призвал Членов продолжать проводить надлежащий наземный и морской мониторинг популяций морских млекопитающих для информирования будущей деятельности по управлению, как это предлагается в одной из рекомендаций документа.

(192) Один Член Комитета выразил озабоченность по поводу использования этого инструмента и поставил под сомнение необходимость перечисления всех существующих инструментов в единой и отдельной Резолюции, заявив, что для этого потребуется конкретное предложение и оценка приемлемости этой включенной информации.

(193) АСОК поблагодарила инициаторов предложения и выразила поддержку рекомендациям, содержащимся в Рабочем документе WP 25. В частности, АСОК сочла предложение объединить этот и другие имеющиеся инструменты в единую Резолюцию как практический способ централизации растущего количества научно обоснованных ресурсов, доступных для планирования и проведения мероприятий, а также для охраны окружающей среды на стыке земной и морской поверхности.

(194) Отвечая на заданный вопрос, Франция подтвердила, что в предлагаемой работе учитывались демографические тенденции. Также уточнялось, что перечисленные IMMA не были предложены в качестве потенциальных ОУРА или ООРА, отметив, что эта информация может быть полезна при рассмотрении вопроса об определении ОУРА или ООРА с морскими компонентами, поскольку система IMMA включает в себя районы кормления тюленей, которые выходят на лежбище на льду или на берег для линьки, гнездования или отдыха.

(195) Комитет призвал Членов продолжить рассмотрение этого вопроса и вернуться к обсуждению IMMA на одном из будущих совещаний. За одним исключением Члены Комитета подчеркнули важность пространственных инструментов и оценок для расширения нашего понимания окружающей среды и усилий по управлению. Некоторые Члены выразили намерение начать использовать информацию о IMMA для дальнейшего планирования.

(196) Германия представила Рабочий документ WP 14 *Нуждается ли Руководство по экологическим аспектам использования дистанционно пилотируемых авиационных систем (ДПАС) в Антарктике (ред. 1.1) в пересмотре?* и сослалась на Информационный документ IP 39 *The usefulness of the Environmental Guidelines for operation of Remotely Piloted Aircraft Systems in Antarctica – Insights from a survey [Полезность Руководства по охране окружающей среды для эксплуатации дистанционно пилотируемых авиационных систем в Антарктике – выводы из исследования]*. Германия сообщила о результатах своей оценки, направленной на определение необходимости пересмотра *Руководства по экологическим аспектам использования дистанционно пилотируемых авиационных систем (ДПАС) в Антарктике (версия 1.1)*, принятого в Резолюции 4 (2018 г.). Германия отметила, что с момента разработки Руководства в 2017 году она рассмотрела и обобщила техническое развитие технологии беспилотных летательных аппаратов и оценила состояние научных знаний о воздействии использования ДПАС на дикую природу Антарктики. Кроме того, Германия провела опрос среди заинтересованных национальных компетентных органов. В результате своей оценки Германия рекомендовала Комитету: рассмотреть вопрос о необходимости структурного и существенного пересмотра Руководящих принципов; создать неофициальную МКГ для дальнейшего обсуждения этого вопроса и определить техническое задание для официальной МКГ с целью пересмотра руководящих принципов сразу после XXV КООС; и призвать Стороны к проведению дальнейших исследований и сбору информации о воздействии использования ДПАС на дикую природу Антарктики.

(197) Германия также сослалась на Информационный документ IP 37 *Impact of RPAS (drone) use on emperor penguins [Влияние использования ДПАС (беспилотных летательных аппаратов) на императорских пингвинов]*. Германия сообщила, что ее исследование пришло к выводу о том, что полеты ДПАС в целях наблюдения

за императорскими пингвинами могут быть целесообразными при условии, что беспилотный летательный аппарат пролетает над колонией только на короткое время, особенно если он совершает полеты на высоте более 70 метров. Исследование также показало, что следует избегать повторных действий, особенно с повторяющимися изменениями направления.

(198) Комитет поблагодарил Германию за ее документы и за проведение оценки использования ДПАС и руководств в Антарктике. Несколько Членов Комитета поддержали рекомендацию Германии пересмотреть действующее руководство по ДПАС и выразили готовность участвовать в работе МКГ. Комитет отметил, что использование ДПАС в Антарктике становится все более частым явлением и требует особого внимания. Несколько Членов Комитета предположили, что некоторые из руководящих указаний, в частности касающиеся вопросов эксплуатации и безопасности, уже охвачены Руководством КОМНАП для операторов дистанционно пилотируемых авиационных систем (ДПАС) в Антарктике, и поставили вопрос о компетентности органа КООС для обсуждения эксплуатационных и связанных с безопасностью рисков использования ДПАС в Антарктиде. Один Член предположил, что было бы полезно поработать над пересмотром экологической части существующих руководящих принципов КОМНАП. Некоторые Члены Комитета указали, что было бы предпочтительнее дождаться появления новых знаний и результатов исследований, прежде чем приступать к обновлению руководящих принципов. После дальнейшего обсуждения Комитет отметил отсутствие четкого согласия относительно срочной необходимости пересмотра руководящих принципов ДПАС.

(199) МААТО поблагодарила Германию за ее работу. Она отметила, что операторы МААТО не разрешают использовать полеты ДПАС в развлекательных целях в прибрежных районах, богатых дикой природой, и что ее операторы дальнего плавания не разрешают использовать ДПАС в местах обитания диких животных, в том числе в колониях императорских пингвинов или вблизи них. МААТО добавила, что использование ДПАС было ограничено вблизи полетов и не разрешено в пределах ОУРА №5 на станции Амундсен-Скотт на Южном полюсе. Она также отметила, что члены МААТО должны соблюдать Резолюцию 4 (2018 г.) (в зависимости от конкретного случая). Наконец, МААТО отметила, что поощряет обмен и сбор информации для обоснования принятия решений об использовании ДПАС и ценит продолжение взаимодействия с Членами, Наблюдателями и национальными компетентными органами, в том числе в поддержку будущих пересмотров руководства.

(200) КОМНАП отметил, что ценит напоминание из Германии о том, что операторам ДПАС важно было иметь надежные и актуальные инструкции, а также обеспечить доступность таких инструкций для всех, кто принимает решения о деятельности. КОМНАП подтвердил, что многие национальные антарктические программы внесли свой вклад в Руководство КОМНАП для операторов дистанционно пилотируемых авиационных систем (ДПАС) в Антарктике, которое продолжает пересматриваться и обновляться и доступно на сайте КОМНАП в редакции 6 от 15 сентября 2021 года. КОМНАП выразил признательность за обзор литературы по Информационному документу IP 37, который будет рассмотрен в его текущем обзоре.

(201) Отвечая на комментарии Членов Комитета, Германия сообщила о своем намерении сосредоточиться на экологических аспектах, связанных с деятельностью ДПАС в Антарктике, чтобы помочь национальным компетентным органам в процедурах выдачи разрешений и найти способы определения приоритетности действий.

(202) Комитет призвал к дальнейшему межсессионному обсуждению между заинтересованными Членами Комитета и представлению отчета о таких обсуждениях на одном из будущих совещаний КООС.

(203) Китай представил Информационный документ IP 122 *Group-size effect on vigilance and flight initiation distances of Adélie penguins in south-eastern Antarctica [Влияние размера группы на активное внимание и дистанцию начала полета у пингвинов Адели в юго-восточной Антарктике]*, в котором сообщается об исследованиях, проведенных в отношении дистанции начала активного внимания и дистанции начала полета для реакции пингвинов Адели в зависимости от потенциальных помех в результате деятельности человека в Море Космонавтов, Море Содружества и заливе Прюдс. Китай предложил следующее: это исследование можно было бы использовать для поддержки будущей разработки возможных руководств по судовым операциям; Комитет мог бы поощрять Членов к проведению таких исследований в рамках их соответствующих национальных программ; и Комитет мог бы призвать СКАР и МААТО сообщить соответствующие данные и результаты для дальнейшего рассмотрения.

(204) СКАР и МААТО указали, что они сообщат любую соответствующую информацию КООС для дальнейшего рассмотрения.

(205) Комитет принял к сведению, что Информационные документы представлены в рамках данного пункта Повестки дня:

- IP 36 *Population decline of Cape Petrel on Fildes Peninsula [Сокращение популяции капских буревестников на полуострове Файлдс]* (Германия).
- Информационный документ IP 38 *Обновление: Managing the Effects of anthropogenic noise in the Antarctic – Steps towards the development of an underwater noise protection concept for Antarctica [Управление воздействием антропогенного шума в Антарктике: шаги к разработке концепции защиты от подводного шума для Антарктики]* (Германия).

(206) Комитет принял к сведению, что Справочный документ представлен в рамках данного пункта Повестки дня:

- Справочный документ BP 14 *State of Antarctic Penguins 2022 Report* [Отчёт о состоянии антарктических пингвинов в 2022 году] (СКАР).

Пункт 11: Экологический мониторинг и представление данных об окружающей среде

(207) СКАР представил Рабочий документ WP 10 «*Портал окружающей среды Антарктики»,* отметив, что Портал находится в независимом онлайн-источнике, который поддерживает работу КООС, предоставляя беспристрастную и актуальную информацию, основанную на наилучших доступных научных данных. Также отмечалось, что СКАР взял на себя управление порталом и его сайтом в 2020 году. СКАР представил обновленную информацию о работе портала, в том числе примеры информационных сводок, непосредственно связанных с вопросами, представляющими приоритетный интерес для КООС. СКАР приветствовал поддержку портала Членами Комитета. СКАР поблагодарил Испанию и Францию за предоставление переводов и высоко оценил предоставленное финансирование Членам Комитета. СКАР рекомендовал, чтобы КООС продолжал поддерживать портал и определял любые дополнительные сводки информации, которые он хотел бы опубликовать.

(208) Комитет поблагодарил СКАР за его обширную работу над Порталом окружающей среды Антарктики и подчеркнул, что информационные сводки портала представляют собой высококачественный источник наилучших имеющихся научных данных для политиков, способствующих принятию решений. Комитет

отметил, что портал является ценным инструментом для поддержки антарктической деятельности и принятия решений, и призвал СКАР продолжать свои усилия по предоставлению этих крайне важных научных данных на рассмотрение Членов Комитета. Комитет признал интенсивную работу, проделанную предыдущим редактором портала Нилом Гилбертом, и приветствовал его нового редактора Кейта Рида. Комитет признал ту роль, которую национальные антарктические программы сыграли в развитии портала, в том числе за счет финансирования и предоставления переводов. Он также признал их решающую роль в обеспечении научной поддержки работы КООС.

(209) Некоторые Члены Комитета подчеркнули важность учета географического баланса по отношению к авторам портала и привлечения к этой работе молодых ученых и авторов. Члены также подчеркнули необходимость обеспечения научной нейтральности в резюме, а также важность предоставления информации о Портале на всех четырех официальных языках Договора.

(210) Комитет поблагодарил СКАР за его работу и подтвердил свою неизменную поддержку портала, еще раз отметив его ценность как источника высококачественной научной информации по вопросам, имеющим отношение к работе Комитета.

(211) Германия представила Рабочий документ WP 11 rev. 1 *Последующие шаги к структурированному сбору образцов и данных о загрязнении окружающей среды* со ссылкой на IP 7 ред. 1 *Update on current initiatives for a more structured sample and data collection of environmental contamination in the Antarctic [Обновленная информация о текущих инициативах по более структурированной выборке и сбору данных о загрязнении окружающей среды в Антарктике],* подготовленная совместно с Австралией, Италией, Швецией, Великобританией и США. Отметив, что глобальная и региональная деятельность приводит к повышению уровня химического загрязнения Антарктики, Германия обратила внимание Комитета на необходимость более структурированной системы отбора проб и сбора данных о химическом загрязнении Антарктики. Германия обратила внимание на Семинар экспертов 2021 года Act now – Legacy and Emerging Contaminants in Polar Regions [«Действовать сейчас – давно зафиксированные и новые загрязнители в полярных регионах»] и отчет «Новые и давно зафиксированные органические загрязнители в полярных регионах», а также их призывы к улучшению сотрудничества между экспертами, исследователями, лицами, принимающими решения, и заинтересованными сторонами в отношении скрининга, мониторинга, оценки и обмена данными.

(212) Комитет поблагодарил инициаторов предложения за их документ и признал ценность активизации коллективных усилий по разработке структурированной выборочной базы данных о загрязнении окружающей среды в Антарктике. Комитет признал ценный вклад СКАР в отношении сбора данных и долгосрочного мониторинга загрязнителей Антарктики, а также отметил ценные выводы Семинара Экспертов по загрязнителям в полярных регионах. Комитет выразил широкую поддержку рекомендациям инициаторов предложения и попросил СКАР представить рекомендации XXV КООС о том, как можно организовать более систематический отбор проб и сбор данных о химическом загрязнении Антарктики. Комитет также призвал Членов Комитета активизировать сотрудничество между всеми заинтересованными сторонами, чтобы инициировать более структурированную выборку и сбор данных о загрязнении окружающей среды в Антарктике.

(213) СКАР поблагодарил авторов за их документы, напомнив о своем XXIII КООС – IP 137 *«Стойкие органические химические вещества в Антарктике»: обзор приоритетных проблем* и обратил внимание членов на работу своей группы

действий ImPACT по стойким органическим загрязнителям. СКАР выразил поддержку рекомендациям документов и согласился дать рекомендации XXV КООС о том, как можно организовать более систематический отбор проб и сбор данных о химическом загрязнении Антарктики.

(214) МААТО поблагодарила инициаторов предложения за их работу и выразила поддержку их рекомендациям. Она отметила, что продолжит работу с заинтересованными сторонами по этому вопросу.

(215) АСОК поблагодарила сторонников за их работу и за устранение этих пробелов в текущих усилиях по сбору данных и мониторингу загрязняющих веществ в Антарктике.

(216) Комитет вновь выразил благодарность Германии и соавторам этих документов. Он также поблагодарил СКАР за предложение дать рекомендации по этому вопросу и выразил надежду на продолжение этой работы на XXV КООС.

(217) Испания представила Рабочий документ WP 22 *На пути к адаптивному и сбалансированному управлению антарктическим туризмом: Мониторинг как ключевой инструмент для принятия решений,* подготовленный совместно с Эквадором и США, в котором описывается устойчивый рост туризма и неправительственной деятельности в Антарктике с 1960-х годов и подчеркивается нарушение этой кривой роста, отраженное в сезон 2020-2021 гг. из-за COVID-19. Испания сослалась на Рекомендации КСДА IV-27 (1966 г.) и VI-7 (1970 г.), в которых признается, что туристическая деятельность может поставить под угрозу проводимые научные исследования, помешать сохранению фауны и флоры и нанести ущерб окружающей среде Антарктики. В целях достижения адаптивного и устойчивого управления туризмом в Антарктике и устранения пробелов в информации в программах мониторинга туризма авторы рекомендовали КООС: способствовать созданию программ мониторинга для оценки фактического воздействия туристической деятельности; способствовать развитию этих программ мониторинга и продолжать свою работу по пониманию кумулятивного воздействия туризма на окружающую среду; и обеспечить участие в программах мониторинга множества заинтересованных сторон, включая такие организации, как СКАР, КОМНАП и МААТО.

(218) Комитет поблагодарил авторов Рабочего документа WP 22 и признал его вклад в улучшение долгосрочного мониторинга воздействия туризма на окружающую среду Антарктики. Комитет напомнил о своем Пятилетнем плане работы и запросе рекомендаций СКАР по разработке программы мониторинга окружающей среды для оценки воздействия туризма. Он также отметил текущую межсессионную работу по выявлению и оценке кумулятивных воздействий и призвал Членов Комитета принять участие в этих обсуждениях.

(219) Некоторые Члены прокомментировали неотъемлемые проблемы мониторинга воздействия туризма, включая бюджетные последствия удаленного мониторинга, логистические трудности координации деятельности по мониторингу, проблемы с оформлением разрешений и вмешательство посетителей в научную деятельность. Члены Комитета также отметили необходимость рассмотрения важности интеграции различных источников информации об антарктической туристической деятельности, поощрения сбора данных о туристической деятельности в рамках национальных программ мониторинга на антарктических станциях, а также информации, собираемой на «воротах» в Антарктику, с целью содействия развитию инструментов управления туризмом на основе этой информации.

(220) МААТО заявила, что программы долгосрочного мониторинга необходимы для понимания воздействия и изменений на окружающую среду, и отметила, что она продолжает поддерживать это исследование. Она приветствовала работу с

антарктическим сообществом над разработкой программ мониторинга и поблагодарила сторонников за рекомендацию подхода с участием многих заинтересованных сторон. МААТО вновь подчеркнула, что любая деятельность человека может иметь последствия и что эффективное управление, основанное на принятии обоснованных решений, в том числе на основе мониторинга, имеет решающее значение. Она призвала Членов Комитета и национальные компетентные органы продолжать свои действия по последовательному и эффективному процессу ОВОС и обмену наилучшей доступной информацией для обеспечения того, чтобы воздействие туризма было не более чем незначительным или преходящим.

(221) СКАР поблагодарил авторов и согласился с необходимостью предоставления дополнительных данных мониторинга для поддержки принятия решений об антарктическом туризме. Он подчеркнул, что в мониторинге должны участвовать многие заинтересованные стороны и что требуется всеобъемлющая стратегия для координации и содействия исследованиям. СКАР привлек внимание участников совещания к своей недавно созданной Инициативной группе по антарктическому туризму (ANTAG), целью которой является содействие исследовательскому сотрудничеству в рамках СКАР по темам, связанным с туризмом. Он подчеркнул, что эксперты СКАР готовы предоставить свои рекомендации, основанные на фактических данных, по мере необходимости. Он отметил важность определения различных элементов разработки научной базы и планирования программ мониторинга, с одной стороны, и осуществления этих программ – с другой. В связи с этим было предложено рассмотреть различные роли и вклады заинтересованных сторон.

(222) Комитет поддержал рекомендации, содержащиеся в Рабочем документе WP 22. Он подчеркнул важность разработки программ для оценки воздействия туристической деятельности и призвал Членов Комитета и Наблюдателей к сотрудничеству для продвижения этой работы. Комитет также отметил предстоящий Семинар по мониторингу туризма в Антарктике, который будет организован Германией 28 мая 2022 г., и призвал Членов Комитета принять в нем участие.

(223) Португалия представила Информационный документ IP 1 *Microplastics in the Antarctic marine food web: evidence from penguins [Микропластик в морской пищевой сети Антарктики: информация, связанная с пингвинами]*, подготовленный совместно с Соединенным Королевством. В этом документе описываются недавние исследования, в которых сообщается о наличии микропластика в морской пищевой сети более обширного антарктического региона, и отмечается, что микропластик был обнаружен в 20 % исследованных образцов фекалий пингвинов. Соавторы призвали к дальнейшим исследованиям количества микропластика в районе действия Договора об Антарктике и потенциального воздействия микропластика на пингвинов и другие антарктические организмы.

(224) Комитет поблагодарил Португалию и Великобританию за представленный ими документ.

(225) АСОК поблагодарила авторов за документ и отметила их серьезную обеспокоенность по поводу микропластика в морской пищевой сети Южного океана. АСОК рекомендовала КООС продолжать следить за ситуацией и информировать КСДА о соответствующих ответных действиях.

(226) НК-АНТКОМ обратил внимание Комитета на тот факт, что несколько членов АНТКОМ регулярно собирали морской мусор, обнаруженный на пляжах и местах колонии морских птиц, а также изучаемых морских млекопитающих, попавших в связанные с рыболовством отходы или запачканных углеводородами в зоне действия Конвенции. НК-АНТКОМ сообщил о готовности представить краткий отчет о такой работе на одном из будущих совещаний КООС.

(227) Комитет выразил свою поддержку Информационному документу IP 1 и отметил, что он приветствовал бы краткий отчет НК-АНТКОМ на одном из будущих совещаний КООС.

(228) Португалия представила Информационный документ IP 2 *Effects of climate change on Antarctic marine food webs: new evidence from squid [Влияние изменения климата на антарктические морские пищевые сети: новые данные по кальмарам]*, подготовленный совместно с Великобританией. В этой статье представлены научные доказательства влияния изменения климата на распространение и среду обитания кальмаров Южного океана. Она подчеркнула необходимость долгосрочных программ мониторинга Антарктики и значение таких организаций, как СКАР, КОМНАП и национальных антарктических программ, в развитии такой работы.

(229) Португалия представила Информационный документ IP 4 *Information on chemical pollution at Port Foster, Deception Island [Информация о химическом загрязнении в Порт-Фостер, остров Десепшен]*, подготовленный совместно с Испанией. В документе сообщается о возникающих загрязняющих веществах, таких как биоциды, полициклические ароматические углеводороды (ПАУ), стойкие органические загрязнители (СОЗ), пентахлорфенол (ПХФ) и фармацевтические препараты в образцах фитопланктона, собранных в Порт-Фостер, остров Десепшен. Португалия с обеспокоенностью отметила, что наиболее распространенными элементами являются фармацевтические соединения. Отмечая свою поддержку выводов, содержащихся в Рабочем документе WP 11 и Информационном документе IP 54, инициаторы предложения рекомендовали КООС: разработать программы мониторинга для уменьшения и устранения химических загрязнителей со всей территории действия Договора об Антарктике с целью помощи информирования будущих исследований по мониторингу и разработке политики; и рассмотреть возможность внедрения соответствующих методов контроля загрязнения и восстановления.

(230) Комитет поблагодарил Португалию и Испанию за их документ и подтвердил ценность сотрудничества в области смягчения последствий загрязнения Антарктики. Он также поблагодарил Аргентину за то, что она поделилась своим исследованием по этому вопросу, и приветствовал предложение Аргентины представить свои результаты на предстоящем заседании КООС.

(231) Швейцария представила Информационный документ IP 68 *Microplastic Pollution in the Southern Ocean [Загрязнение микропластиком в Южном океане]*, в котором обобщаются недавние исследования загрязнения микропластиком Южного океана и Антарктики. В нем даются пояснения, что в рамках совместного проекта Швейцарии и Германии изучалось, являются ли источником микропластика исследовательские станции на континенте, туристы на кораблях или другие континенты. Проект предоставил первые систематические данные о загрязнении микропластиком Южного океана, в частности моря Уэдделла, и отдельных видов Антарктики и Южного океана, а также о микробной колонизации микропластика в условиях Южного океана.

(232) Комитет поблагодарил Швейцарию за документ и за совместную работу с Германией.

(233) АСОК представила Информационный документ IP 91 *Antarctic tourism policies after the "pandemic pause" [Политика антарктического туризма после «пандемической паузы»]*. АСОК подчеркнула, что пауза в антарктическом туризме, вызванная пандемией, ослабевает, и, вероятно, последует восстановление. АСОК предложила членам активно выявлять новые тенденции в

сфере туризма и формировать управление туризмом на следующее десятилетие. Отметив, что в документе предложено пять подходов к выявлению новых тенденций и управления туризмом в течение следующего десятилетия, АСОК выделила три из них, наиболее актуальных для КООС: расширение охраны территории в соответствии с Приложением V; разработка специальных программ мониторинга воздействия туризма; и обеспечение последовательной оценки туристической деятельности. АСОК отметила, что этот документ имеет отношение к предстоящему семинару «Мониторинг туризма в Антарктике: разработка концепции мониторинга воздействия туризма на окружающую среду Антарктики и зависимые или связанные экосистемы в Антарктике», который был проведен по заказу Федерального агентства по охране окружающей среды Германии, и что оно надеется принять участие в семинаре.

(234) Комитет поблагодарил АСОК за представление документа и отметил призыв к межсессионному обсуждению этого вопроса между Членами Комитета.

(235) Комитет принял к сведению, что Информационные документы представлены в рамках данного пункта Повестки дня:

- IP 76 *Wastewater management practices at Antarctic stations [Практика управления сточными водами на антарктических станциях]: Preliminary survey results [Предварительные результаты обследования]* (КОМНАП).

(236) Комитет принял к сведению, что Вспомогательные документы представлены в рамках данного пункта повестки дня:

- BP 11 *A seismic swarm at the Bransfield Rift, Antarctica [Сейсмический рой землетрясений в районе рифтовой зоны пролива Брансфилд, Антарктика]* (Уругвай).
- BP 13 *First evidence of airborne microplastic pollution in Antarctic air and snow [Первые свидетельства переносимого по воздуху микропластика в антарктический воздух и снег]* (Новая Зеландия, Испания).

Пункт 12: Отчеты об инспекциях

(237) По данному пункту повестки дня не было представлено никаких документов.

Пункт 13: Общие вопросы

(238) Норвегия представила Рабочий документ WP 21 *Информирование исследователей и национальных организаций, финансирующих научную деятельность, о научных потребностях КООС*, подготовленный совместно с Великобританией. Норвегия подчеркнула, что КООС использует наилучшие имеющиеся научные данные для информирования КСДА о своих рекомендациях. Он также напомнил, что председатель XX КООС объединил существующие научные потребности КООС в единый список. Изучив этот список, инициаторы предложения обнаружили, что научные потребности КООС не были сформулированы таким образом, чтобы их можно было легко перевести в научно-исследовательскую деятельность. Норвегия выразила обеспокоенность тем, что учреждения, финансирующие науку, недостаточно информированы о приоритетных научных потребностях в поддержке управления окружающей средой Антарктики. По этой причине инициаторы предложения рекомендовали, чтобы Комитет приступил к процессу рассмотрения вопроса о том, как список научных потребностей КООС для управления Антарктикой в Пятилетнем плане работы КООС может быть доработан для уточнения потребностей в исследованиях таким образом, чтобы они могли быть более информативными и применялись исследователями и

финансирующими учреждениями. Кроме того, инициаторы предложения рекомендовали Комитету уведомить КСДА о том, что Стороны должны обеспечить регулярное информирование национальных агентств, финансирующих науку, о потребностях КООС в научных исследованиях с целью поддержки своевременного предоставления политически важных научных данных для информирования КСДА о рекомендациях КООС.

(239) Комитет поблагодарил Норвегию и Великобританию за вынесение на рассмотрение этого важного вопроса. Он отметил, что этот вопрос актуален для всех Членов Комитета, особенно для тех, чьи финансирующие агентства и национальные антарктические программы не имеют тесной связи. Многие Члены подчеркнули важность эффективного взаимодействия науки и политики в Антарктике, а несколько Членов поделились опытом своих стран. Комитет обсудил ряд возможностей для информирования научного сообщества о научных потребностях КООС в будущем.

(240) Были высказаны опасения по поводу способности национальных финансирующих агентств некоторых Членов Комитета преобразовывать научные потребности КООС в финансируемые исследования с учетом особенностей национальных систем финансирования. В связи с этой проблемой несколько Членов предложили реализовать рекомендации, изложенные в Рабочем документе WP 21, таким образом, чтобы облегчить разработку международных программ сотрудничества, отвечающих потребностям политики. Также было отмечено, что эффективное информирование о научных потребностях КООС может повлиять на предлагаемые программы исследований отдельных ученых в интересах деятельности КООС. Один Член Комитета выразил обеспокоенность по поводу уместности обращения к ученым с просьбой проводить исследования, имеющие отношение к политике, а не нейтральное, беспристрастное и объективное научное исследование. Некоторые Члены отметили полезность включения этих действий в Пятилетний план работы КООС.

(241) СКАР поблагодарил Норвегию и Великобританию за их документ, отметив, что в нем рассматриваются важные проблемы, пересекающиеся со многими вопросами, рассматриваемыми КООС. Он согласился с тем, что укрепление диалога между КООС и национальными учреждениями, финансирующими науку, было бы полезным, и отметил, что составление перечня научных потребностей послужило хорошей основой для этого. СКАР выразил заинтересованность в содействии усилиям по выяснению потребностей в исследованиях, которые были доступны исследователям и национальным агентствам, финансирующим науку, и могли быть применимы к ним.

(242) ВМО отреагировала на обеспокоенность, высказанную по поводу уместности обращения к ученым с просьбой проводить исследования, имеющие отношение к политике, а не к нейтральной, беспристрастной и объективной науке, разъяснив, что независимые исследования и исследования, имеющие отношение к политике, не исключают друг друга.

(243) Комитет согласился инициировать процесс рассмотрения того, как список научных потребностей КООС для управления Антарктикой в Пятилетнем плане работы КООС может быть доработан в целях уточнения потребностей в исследованиях таким образом, чтобы их было легче понять и принять меры для исследователей и финансирующих организаций; и информировать КСДА о том, что Стороны должны обеспечить регулярное информирование национальных агентств, финансирующих науку, о потребностях КООС в научных исследованиях с целью поддержки своевременного предоставления научных данных для информирования КСДА о рекомендациях КООС.

(244) Португалия представила Информационный документ IP 3 *UN Ocean Conference*

2022 in Lisbon, Portugal [Конференция ООН по океанам 2022 г. в Лиссабоне, Португалия], подготовленный совместно со Швецией и ВМО. Она отметила, что в 2022 году Португалия и Кения организуют вторую Конференцию ООН по океанам, которая была отложена из-за ограничений, связанных с COVID-19. Инициаторы предположили, что потенциал и опыт Системы Договора об Антарктике могут стать одним из ключевых факторов успеха мероприятия.

(245) Комитет поблагодарил Португалию за приглашение принять участие в Конференции ООН по океанам в Лиссабоне.

(246) ВМО представила Информационный документ IP 74 *Education and Outreach Activities of the World Climate Research Programme [Образовательная и информационно-просветительская деятельность Всемирной программы исследований климата]*, в котором обсуждалась образовательная и информационно-просветительская деятельность Всемирной программы исследований климата (ВПИК), спонсируемой ею. ВМО выделила две новые инициативы ВПИК: Многопрофильные мероприятия «маяков» ВПИК и стипендии и гранты в области климата и криосферы. ВМО отметила, что эти инициативы были направлены на то, чтобы следующее поколение лидеров науки о климате было готово взять на себя важную роль в руководстве программой климатических исследований и чтобы все ученые были готовы к взаимодействию с обществом в контексте изменения климата.

(247) ВМО представила Информационный документ IP 106 *WMO Unified Data Policy and the Global Basic Observing Network (GBON) [Единая политика ВМО в отношении данных и Глобальная базовая сеть наблюдений (ГСОН)]*. В этом документе поясняется, что Единая политика в отношении данных объединила все относящиеся к ВМО дисциплины и домены системы Земля в рамках единого общего заявления о политике. ВМО ожидает, что Глобальная базовая сеть наблюдений повысит доступность глобальных данных наблюдений. ВМО подчеркнула приверженность свободному и неограниченному обмену данными и отметила, что устойчивый доступ к наблюдениям, полученным со станций, работающих в рамках СДА, является неотъемлемым компонентом достижения целей глобальных систем численного прогнозирования погоды.

(248) Комитет поблагодарил ВМО за ее документ и отметил завершенную и текущую работу.

(249) СКАР представил IP 107 rev. 1 *The Southern Ocean contribution to the United Nations Decade of Ocean Science for Sustainable Development [Вклад Южного океана в Десятилетие науки об океане в интересах устойчивого развития под эгидой Организации Объединенных Наций]*, подготовленный совместно с Бельгией, МААТО, Нидерландами и ВМО. СКАР привлек внимание Комитета к работе Целевой группы по Южному океану, в состав которой входят организации из научно-исследовательского сообщества, промышленных секторов, а также национальных и международных органов управления. Целевая группа была сформирована в рамках Десятилетия наук об океане ООН, целью которой было собрать заинтересованные стороны океана во всем мире в рамках общей структуры исследований для поддержки устойчивого будущего мирового океана. СКАР сообщил, что сообщество стран Южного океана участвовало в ориентированном на заинтересованные стороны процессе разработки Плана действий по Южному океану, который был опубликован в апреле 2022 г. с целью выявления задач исследований, укрепления связей между наукой, промышленностью и политикой, а также поощрения международной совместной деятельности для устранения пробелов в знаниях и комплексном охвате данных.

(250) АСОК поблагодарила авторов за документ и отметила, что Благотворительный фонд семьи Пью и Всемирный фонд дикой природы поддержали разработку

Плана действий по Южному океану, основанного на опыте широкого круга антарктических ученых и других заинтересованных сторон. АСОК отметила, что ее воодушевила структура, которая предоставила полезную дорожную карту для развития науки, необходимой для защиты одного из последних великих районов дикой природы в мире.

(251) Комитет поблагодарил авторов Информационного документа IP 107 ред. 1 и признал все вклады в Десятилетие наук об океане ООН.

(252) Франция представила Рабочий документ IP 108 *The Ice Memory Programme [Проект «Память льда»],* подготовленный совместно с Италией. В этом документе представлена обновленная информация о статусе программы Память льда (ПЛ) и предложено дополнительное сотрудничество заинтересованных Членов Комитета для дальнейшего развития программы. Франция пояснила, что Программа «Память льда» заключается в сборе ледяных кернов из глубоких слоёв основных исчезающих ледников до того, как они утратят свою способность сохранять экологическую хронологию в оптимальных условиях. Было предложено хранить эти ледяные керны в пещерах-хранилищах, которые будут построены на Антарктическом плато недалеко от станции Конкордия, где керны будут сохраняться при естественных низких температурах на долгосрочной основе для будущих ученых и человечества. Соавторы объяснили, что Фонд ПЛ был создан для обеспечения того, чтобы Программа ПЛ стала глобальной инициативой. Соавторы предложили всем Членам Комитета присоединиться к Фонду ПЛ и обмениваться информацией для дальнейшей работы Программы ПЛ.

(253) Комитет приветствовал обновленную информацию о программе ПЛ, представленную Францией и Италией. Несколько Членов Комитета выразили желание получать дальнейшие обновления, касающиеся: хода и содержания деятельности ОВОС; того, как сторонники будут решать вопросы биобезопасности; и воздействия выбросов парниковых газов при транспортировке ледяных кернов. Комитет отметил готовность инициаторов предложения поделиться дополнительной информацией о программе и сотрудничать с Членами Комитета по этим вопросам в межсессионный период.

(254) Секретариат представил SP 7 *«Планы по управлению ликвидацией отходов и Планы действий в чрезвычайных ситуациях: Анализ информации, предоставленной Сторонами в СЭОИ.* В документе представлен анализ состояния и эволюции данных, соответствующих требованиям к обмену информацией для планов обращения с отходами и планов действий в чрезвычайных ситуациях, содержащихся в годовом отчете и постоянной информации, которые Стороны представили в СЭОИ в период 2012-2021 годов. Секретариат напомнил, что КСДА заявил о необходимости постоянного обновления и улучшения СЭОИ, и подчеркнул ее полезность для принятия решений. В документе сообщается, что в отношении положений Приложения III и Приложения IV к Протоколу по охране окружающей среды представленные данные об управлении отходами и планах действий в чрезвычайных ситуациях представляются неполными и несогласованными между Сторонами. Секретариат заявил, что он готов удовлетворить потребности Сторон, если они сочтут целесообразным продвинуться вперед в этих вопросах.

(255) Комитет поблагодарил Секретариат за его работу и усилия по сбору и представлению этой информации. Была отмечена важность наличия легкодоступной информации о планах обращения с отходами и планах действий в чрезвычайных ситуациях и приняты к сведению содержащиеся в документе выводы о том, что обмен информацией по этим темам был неполным и непоследовательным между Членами Комитета. Комитет напомнил, что в Статье 9 (3) Приложения III к Протоколу по охране окружающей среды четко

изложены обязанности членов по распространению и пересмотру планов управления отходами. Комитет также отметил важность обновления планов обращения с отходами и планов действий в чрезвычайных ситуациях на судах, чтобы свести к минимуму воздействие на окружающую среду Антарктики. Комитет призвал Члены Комитета обмениваться соответствующей информацией с помощью инструмента СЭОИ.

(256) Отметив, что полезный анализ Секретариата выявил проблемы несоответствия в отчетности, некоторые Члены предложили Секретариату проводить ежегодный обзор информации о СЭОИ. Несколько членов прокомментировали полезность виртуальных учебных занятий, проводимых Секретариатом, и предложили проводить аналогичные учебные занятия в будущем. Секретариат выразил готовность оказать помощь Членам Комитета по мере необходимости.

(257) Повторяя необходимость улучшения обмена информацией, было отмечено, что тот факт, что Член Комитета может не обмениваться информацией об управлении отходами и планами действий в чрезвычайных ситуациях через СЭОИ, не обязательно означает, что эти планы не были подготовлены.

(258) В ответ на высказанную Членами Комитета озабоченность по поводу дублирования обмена информацией, требуемого КОМНАП и Секретариатом, КОМНАП и Секретариат выразили готовность к совместной работе над рационализацией процесса обмена информацией.

(259) МААТО заявила о своей решительной поддержке обмена информацией и призвала к установлению тесных отношений между туристическими операторами и их национальными компетентными органами.

(260) Комитет принял к сведению, что Информационные документы представлены в рамках данного пункта Повестки дня:

- Информационный документ IP 83 *О Разрешении на осуществление деятельности в районе действия Договора об Антарктике государственного учреждения «Республиканский центр полярных исследований» в период 2021-2026 гг.* (Беларусь).

Пункт 14: Выборы должностных лиц

(261) Комитет избрал г-жу Хайке Херата (Heike Herata) из Германии Заместителем Председателя КООС на двухлетний срок и поздравил её с назначением на эту должность.

(262) Комитет тепло поблагодарил д-ра Кевина Хьюза за эффективную, благоприятную и систематическую работу, которую он проделал в течение своего четырехлетнего срока полномочий. Комитет выразил признание значительного времени и мудрого руководства, которые он вложил в эту роль, и поздравил его с этим вкладом.

Пункт 15: Подготовка следующего заседания

(263) Комитет принял предварительную Повестку дня XXV заседания КООС (Дополнение 5).

Пункт 16: Принятие отчета

(264) Комитет принял данный Отчет.

Пункт 17. Закрытие заседания

(265) В пятницу 27 мая Председатель объявил заседание закрытым.

Приложение 1

Пятилетний план работы КООС

Вопрос / Нагрузка на окружающую среду: Интродукция неместных видов	
Приоритет: 1	
Действия: 1. Продолжить разработку практических инструкций и ресурсов для всех антарктических операторов. 2. Осуществить соответствующие мероприятия согласно Рабочей программе ответных мер в отношении изменения климата. 3. Рассмотреть подробную пространственную оценку рисков с разбивкой по видам деятельности, что позволит снизить риски, связанные с наземными неместными видами. 4. Разработать стратегию надзора за районами с высоким риском закрепления неместных видов. 5. Уделить особое внимание рискам, связанным с переносом пропагул внутри Антарктики.	
Межсессионный период 2022/23 г.	• Приступить к разработке стратегии деятельности в области ответных мер в отношении неместных видов, включая надлежащие меры реагирования при выявлении болезней в мире дикой природы • В целях оказания помощи Комитету в вопросах оценки эффективности Руководства обратиться к КОМНАП с просьбой о предоставлении отчета о результатах проведения карантинных мероприятий и осуществления мер биобезопасности членами КОМНАП
XXV заседание КООС, 2023 г.	• Провести обсуждение результатов работы в межсессионный период по вопросам разработки стратегии деятельности в области ответных мер для включения соответствующих положений в Руководство по неместным видам, а также по вопросам проведения карантинных мероприятий и осуществления мер биобезопасности членами КОМНАП. Провести анализ доклада ИМО по Руководству по контролю за биообрастанием корпусов судов • От СКАР ожидается предоставление информации об имеющихся методах, способствующих выявлению неместных видов

Межсессионный период 2023/24 г.	• Обратиться к СКАР с просьбой составить перечень имеющихся источников информации о биоразнообразии и соответствующих баз данных в качестве вспомогательного информативного материала о местных видах, имеющихся на территории Антарктики, с целью оказания помощи Сторонам при определении текущего и будущего масштабов интродукции • Разработать общеприменимые рекомендации по осуществлению мониторинга. Для отдельных районов может потребоваться разработка более подробных рекомендаций по мониторингу, характерных для конкретного участка • Обратиться к Сторонам и Наблюдателям с просьбой о предоставлении отчета о применении руководства по обеспечению биологической безопасности их членами
XXVI заседание КООС, 2024 г.	• Провести обсуждение результатов работы в межсессионный период по вопросам разработки рекомендаций по осуществлению мониторинга с целью включения их в Руководство по неместным видам • Рассмотреть отчеты Сторон и Наблюдателей о применении руководства по обеспечению биологической безопасности их членами
Межсессионный период 2024/25 г.	• Приступить к работе по оценке риска интродукции морских неместных видов
XXVII заседание КООС, 2025 г.	• Провести обсуждение результатов работы в межсессионный период по вопросам опасности интродукции морских неместных видов
Межсессионный период 2025/26 г.	• Разработать целевые рекомендации по снижению уровня попадания в окружающую среду неместных видов при сбросе сточных вод • Провести анализ применения и содержания Руководства КООС по неместным видам
XXVIII заседание КООС, 2026 г.	• Рассмотреть на заседании КООС вопрос о необходимости пересмотра и доработки Руководства по неместным видам
Межсессионный период 2026/27 г.	• В случае необходимости провести в межсессионный период пересмотр Руководства по неместным видам
XXIX заседание КООС, 2027 г.	• В случае создания МКГ рассмотреть на заседании КООС ее отчет и вопрос о принятии на КСДА

	пересмотренного Руководства по неместным видам посредством резолюции

Потребности в научных исследованиях и данных:

- Определение районов суши, морских районов и сред обитания, подверженных риску интродукции неместных видов
- Определение местных видов, подверженных риску переноса, а также средств и путей внутриконтинентального переноса
- Обобщение знаний о биоразнообразии, биогеографии и биорегионализации Антарктики и проведение фоновых исследований местных видов
- Определение путей интродукции морских видов (включая оценку рисков, связанных со сбросом сточных вод)
- Проведение оценки рисков и путей интродукции микроорганизмов, способных отрицательно влиять на сложившиеся сообщества микроорганизмов
- Осуществление мониторинга районов суши и морской среды в отношении неместных видов (включая активность микробной биомассы в местах сброса сточных вод из очистных сооружений)
- Определение способов и методов быстрого реагирования на интродукцию неместных видов
- Определение путей интродукции неместных видов без непосредственного участия человека

Вопрос / Нагрузка на окружающую среду: Туризм и неправительственная деятельность

Приоритет: 1

Действия:

1. Предоставить рекомендации для КСДА по запросу.
2. Реализовать рекомендации СЭДА по морскому туризму.

Межсессионный период 2022/23 г.	• Провести работу по методике предварительной оценки новых, ранее неизвестных или вызывающих особую обеспокоенность видов туристической деятельности • Продолжить работу по разработке методики оценки чувствительности участка
XXV заседание КООС, 2023 г.	• Рассмотреть рекомендацию СКАР в отношении предполагаемой разработки программы мониторинга окружающей среды, призванной обеспечить возможность оценки воздействия туристической деятельности на окружающую среду

	• Рассмотреть результаты дискуссий по предварительной оценке новых, ранее неизвестных или вызывающих особую обеспокоенность видов туристической деятельности • Обсуждение экспериментальной методики оценки чувствительности участка • Рассмотреть доклад СКАР и других заинтересованных сторон по вопросу определения понятия «ценности дикой природы», имея в виду его применение на практике • Рассмотреть доклад СКАР по вопросу расчетной интенсивности использования участков без ухудшения их состояния
Межсессионный период 2023/24 г.	
XXVI заседание КООС, 2024 г.	
Межсессионный период 2024/25 г.	
XXVII заседание КООС, 2025 г.	
Межсессионный период 2025/26 г.	
XXVIII заседание КООС, 2026 г.	
Межсессионный период 2026/27 г.	
XXIX заседание КООС, 2027 г.	

Потребности в научных исследованиях и данных:

- Последовательное осуществление целенаправленного мониторинга воздействия туристической деятельности
- Осуществление мониторинга посещаемых участков, на которые распространяется действие Правил поведения для посетителей участков

Вопрос / Нагрузка на окружающую среду: Последствия изменения климата для окружающей среды
Приоритет: 1

<table>
<tr><td colspan="2">Действия:
1. Рассмотреть влияние изменения климата на управление окружающей средой Антарктики.
2. Реализовать Рабочую программу ответных мер в отношении изменения климата (CCRWP).</td></tr>
<tr><td>Межсессионный период 2022/23 г.</td><td>• Работа вспомогательной группы осуществляется в соответствии с согласованным планом работы</td></tr>
<tr><td>XXV заседание КООС, 2023 г.</td><td>• Постоянный пункт повестки дня
• Рассмотреть отчет Вспомогательной группы, включая обновления CCRWP
• Спланировать проведение совместного семинара НК-АНТКОМ и КООС в межсессионный период 2022/23 г., который должен проводиться каждые пять лет</td></tr>
<tr><td>Межсессионный период 2023/24 г.</td><td></td></tr>
<tr><td>XXVI заседание КООС, 2024 г.</td><td>• Выполнить окончательную доработку плана проведения совместного семинара НК-АНТКОМ и КООС в межсессионный период 2022/23 г.</td></tr>
<tr><td>Межсессионный период 2024/25 г.</td><td>• Провести регулярный совместный семинар НК-АНТКОМ и КООС, который должен проводиться каждые пять лет</td></tr>
<tr><td>XXVII заседание КООС, 2025 г.</td><td></td></tr>
<tr><td>Межсессионный период 2025/26 г.</td><td></td></tr>
<tr><td>XXVIII заседание КООС, 2026 г.</td><td></td></tr>
<tr><td>Межсессионный период
2026/27 г.</td><td></td></tr>
<tr><td>XXIX заседание КООС, 2027 г.</td><td></td></tr>
<tr><td colspan="2">Потребности в научных исследованиях и данных:
• Осуществление деятельности, направленной на расширение знаний и обеспечение более глубокого понимания воздействия имеющих место и потенциальных изменений климата на наземную (в том числе водную), биотическую и абиотическую среду
• Осуществление долгосрочного мониторинга изменений в наземной (в том числе водной) биотической и абиотической среде в связи с изменением климата</td></tr>
</table>

• Продолжение работы по разработке биогеографических инструментов для создания надежной информационной базы для охраны и управления районами Антарктики на региональном и континентальном уровнях в условиях изменения климата, включая изучение вопроса о необходимости определения контрольных районов для будущих исследований и выявления районов, устойчивых к изменению климата • Определение биогеографических регионов Антарктики, являющихся наиболее уязвимыми к изменению климата, и установление степени их приоритетности • Осуществление деятельности, направленной на обеспечение более глубокого понимания имеющих место изменений в прибрежной морской среде, возможности их прогнозирования и оценки воздействия этих изменений • Осуществление долгосрочного мониторинга имеющих место изменений в прибрежной морской биотической и абиотической среде в связи с изменением климата • Проведение оценки влияния закисления океана на морскую биоту и экосистемы • Осуществление деятельности, направленной на обеспечение более глубокого понимания состояния, тенденций, уязвимости и распространения популяций основных антарктических видов • Осуществление деятельности, направленной на обеспечение более глубокого понимания состояния, тенденций, уязвимости и распространения сред обитания • Осуществление наблюдений за Южным океаном и моделирование его переменных для обеспечения более глубокого понимания процессов, связанных с изменением климата • Определение районов, предположительно устойчивых к изменению климата • Осуществление мониторинга колоний императорских пингвинов, включая метод дистанционного зондирования и дополняющие методы, с целью определения тенденций изменения структуры и численности популяций и потенциальных убежищ контексте изменения климата

Вопрос / Нагрузка на окружающую среду: Обработка новых и пересмотренных Планов управления охраняемыми и управляемыми районами	
Приоритет: 1	
Действия: 1. Уточнить процесс пересмотра новых и пересмотренных Планов управления. 2. Обновить существующие инструкции. 3. Разработать руководство по ОУРА.	
Межсессионный период 2022/23 г.	• Работа ВГПУ по утвержденному плану работы

XXV заседание КООС, 2023 г.	• Рассмотреть отчет ВГПУ
Межсессионный период 2023/24 г.	• Работа ВГПУ по утвержденному плану работы
XXVI заседание КООС, 2024 г.	• Рассмотреть отчет ВГПУ
Межсессионный период 2024/25 г.	• Работа ВГПУ по утвержденному плану работы
XXVII заседание КООС, 2025 г.	• Рассмотреть отчет ВГПУ
Межсессионный период 2025/26 г.	• Работа ВГПУ по утвержденному плану работы
XXVIII заседание КООС, 2026 г.	• Рассмотреть отчет ВГПУ
Межсессионный период 2026/27 г.	• Работа ВГПУ по утвержденному плану работы
XXIX заседание КООС, 2027 г.	• Рассмотреть отчет ВГПУ

Потребности в научных исследованиях и данных:

- Осуществление мониторинга с целью оценки состояния ценностей ООРА №107 «Остров Эмперор»
- Использование методов дистанционного зондирования для мониторинга изменений в растительности на территориях ООРА
- Осуществление долгосрочного мониторинга биологических ценностей в ООРА

Вопрос / Нагрузка на окружающую среду: Реализация и усовершенствование положений ОВОС Приложения I

Приоритет: 1

Действия:

1. Уточнить процесс рассмотрения ВООС и соответствующего информирования КСДА.

<table>
<tr><td colspan="2">2. Разработать руководство по оценке кумулятивного воздействия.
3. Пересмотреть руководство по ОВОС и рассмотреть более широкую политику и другие вопросы.
4. Рассмотреть возможность применения стратегической оценки окружающей среды в Антарктике.</td></tr>
<tr><td>Межсессионный период 2022/23 г.</td><td>• Обсудить изменения в базе данных ОВОС с целью подачи предложений в Секретариат. Обсудить механизмы предоставления ответов на комментарии, которые передаются через Межсессионные контактные группы или другими способами в отношении глобальных оценок воздействия на окружающую среду
• Рассмотреть потенциальные изменения, необходимые для базы данных ОВОС для повышения ее полезности
• Создать МКГ по вопросам рассмотрения проектов ВООС по мере необходимости
• Члены и наблюдатели работают над продвижением и координацией информации, которая поможет в разработке руководства по определению и оценке кумулятивных воздействий
• Члены должны работать над дальнейшими указаниями в отношении процессов комментирования, связанных с ВООС
• Продолжить неформальные межсессионные обсуждения по вопросам повышения эффективности системы ОВОС в Антарктике</td></tr>
<tr><td>XXV заседание КООС, 2023 г.</td><td>• Рассмотреть отчеты МКГ по проектам ВООС по мере необходимости
• Рассмотреть результаты неформальных межсессионных обсуждений по вопросам повышения эффективности системы ОВОС в Антарктике</td></tr>
<tr><td>Межсессионный период 2023/24 г.</td><td>• Создать МКГ по вопросам пересмотра проектов ВООС по мере необходимости
• Рассмотреть работу Членов КООС по представлению замечаний и предложений в отношении ВООС
• Сотрудничество Членов КООС и Наблюдателей с целью продвижения и координации информации, которая поможет в разработке руководства по определению и оценке кумулятивных воздействий</td></tr>
<tr><td>XXVI заседание КООС, 2024 г.</td><td>• Попросить СКАР дать рекомендации по проведению обследования исходного состояния окружающей среды и рассмотреть их рекомендации в установленном порядке</td></tr>
</table>

	• Рассмотреть отчеты МКГ по проектам ВООС по мере необходимости
Межсессионный период 2024/25 г.	• Создать МКГ по вопросам пересмотра проектов ВООС по мере необходимости • Члены и Наблюдатели работают над продвижением и координацией информации, которая поможет в разработке руководства по выявлению и оценке кумулятивных воздействий
XXVII заседание КООС, 2025 г.	• Рекомендовать Сторонам предоставлять свои отзывы о полезности пересмотренного *Руководства по оценке воздействия на окружающую среду Антарктики* при подготовке ОВОС • Рассмотреть варианты подготовки руководства по выявлению и оценке кумулятивных воздействий • Рассмотреть отчеты МКГ по проектам ВООС по мере необходимости
Межсессионный период 2025/26 г.	• Создать МКГ по вопросам пересмотра проектов ВООС по мере необходимости
XXVIII заседание КООС, 2026 г.	• Рассмотреть отчеты МКГ по проектам ВООС по мере необходимости
Межсессионный период 2026/27 г.	• Создать МКГ по вопросам пересмотра проектов ВООС по мере необходимости
XXIX заседание КООС, 2027 г.	• Рассмотреть отчеты МКГ по проектам ВООС по мере необходимости

Вопрос / Нагрузка на окружающую среду: Работа КООС и стратегическое планирование
Приоритет: 2
Действия: 1. Обновлять Пятилетний план работы, руководствуясь изменяющимися обстоятельствами и требованиями КСДА. 2. Определить возможности улучшения эффективности деятельности КООС. 3. Рассмотреть долгосрочные цели для Антарктики (на 50–100 лет). 4. Рассмотреть возможности укрепления рабочих взаимоотношений между КООС и КСДА.

Межсессионный период 2022/23 г.	• Межсессионные обсуждения для подготовки к семинару в Хельсинки перед XXV КООС • Обсудить стратегические приоритеты и Пятилетний план работы КООС (5YWP) на неформальном семинаре в Хельсинки перед XXV КООС
XXV заседание КООС, 2023 г.	• Специальные дискуссии по вопросам стратегических приоритетов и 5YWP на основе межсессионных обсуждений и результатов неформального семинара в Хельсинки перед XXV КООС
Межсессионный период 2023/24 г.	
XXVI заседание КООС, 2024 г.	
Межсессионный период 2024/25 г.	
XXVII заседание КООС, 2025 г.	
Межсессионный период 2025/26 г.	
XXVIII заседание КООС, 2026 г.	
Межсессионный период 2026/27 г.	
XXIX заседание КООС, 2027 г.	

Вопрос / Нагрузка на окружающую среду: Устранение вреда, наносимого окружающей среде, или ослабление его воздействия
Приоритет: 2
Действия: 1. Ответить на последующий запрос от КСДА, касающийся устранения вреда, наносимого окружающей среде, или ослабления его воздействия по мере необходимости. 2. Отслеживать ход работы по организации инвентаризации участков прошлой деятельности в Антарктике. 3. Рассмотреть руководства по устранению вреда, наносимого окружающей среде, и восстановлению

<table>
<tr><td colspan="2">4. Члены разрабатывают практические руководства и дополнительные ресурсы для их включения в Руководство по очистке.

5. Продолжить разработку методов биоремедиации и восстановления для включения в Руководство по очистке.</td></tr>
<tr><td>Межсессионный период 2022/23 г.</td><td>• Постоянный пересмотр Руководства. Деятельность Сторон по разработке новых методик или руководств</td></tr>
<tr><td>XXV заседание КООС, 2023 г.</td><td>• Включение новых методик или руководств в Руководство по очистке по мере их появления и одобрения Комитетом</td></tr>
<tr><td>Межсессионный период 2023/24 г.</td><td>• Постоянный пересмотр Руководства. Деятельность Сторон по разработке новых методик или руководств</td></tr>
<tr><td>XXVI заседание КООС, 2024 г.</td><td>• Постоянный пересмотр Руководства и включение в него новых методик и руководств по мере их появления</td></tr>
<tr><td>Межсессионный период 2024/25 г.</td><td>• Постоянный пересмотр Руководства. Деятельность Сторон по разработке новых методик или руководств</td></tr>
<tr><td>XXVII заседание КООС, 2025 г.</td><td>• Постоянный пересмотр Руководства и включение в него новых методик и руководств по мере их появления</td></tr>
<tr><td>Межсессионный период 2025/26 г.</td><td>• Постоянный пересмотр Руководства. Деятельность Сторон по разработке новых методик или руководств</td></tr>
<tr><td>XXVIII заседание КООС, 2026 г.</td><td>• Постоянный пересмотр Руководства и включение в него новых методик и руководств по мере их появления</td></tr>
<tr><td>Межсессионный период

2026/27 г.</td><td>• Постоянный пересмотр Руководства. Деятельность Сторон по разработке новых методик или руководств</td></tr>
<tr><td>XXIX заседание КООС, 2027 г.</td><td>• Постоянный пересмотр Руководства и включение в него новых методик и руководств по мере их появления</td></tr>
<tr><td colspan="2">Потребности в научных исследованиях и данных:

• Исследования для установления надлежащих целевых показателей качества окружающей среды для устранения или устранения ущерба, нанесенного окружающей среде в Антарктике

• Методы предотвращения мобилизации загрязняющих веществ, такие как отведение талых вод и защитные барьеры

• Методы восстановления in situ и ex situ участков, загрязненных разливами топлива или другими опасными веществами</td></tr>
</table>

Вопрос / Нагрузка на окружающую среду: Контроль и состояние отчетности по окружающей среде

Приоритет: 2	
Действия: 1. Определить ключевые экологические индикаторы и инструменты. 2. Установить порядок отчетности перед КСДА. 3. СКАР должен предоставить информацию на рассмотрение КОМНАП и КООС.	
Межсессионный период 2022/23 г.	• СКАР должен рассмотреть возможность систематического отбора проб и сбора данных по химическому загрязнению в Антарктике
XXV заседание КООС, 2023 г.	• Рассмотреть отчет о мониторинге, подготовленный Великобританией по ООРА №107 • Учесть рекомендацию СКАР по систематическому отбору проб и сбору данных по химическому загрязнению в Антарктике
Межсессионный период 2023/24 г.	
XXVI заседание КООС, 2024 г.	
Межсессионный период 2024/25 г.	
XXVII заседание КООС, 2025 г.	
Межсессионный период 2025/26 г.	
XXVIII заседание КООС, 2026 г.	
Межсессионный период 2026/27 г.	
XXIX заседание КООС, 2027 г.	
Потребности в научных исследованиях и данных: • Осуществление долгосрочного мониторинга изменений в наземной (в том числе водной) биотической и абиотической среде в связи с изменением климата	

- Осуществление долгосрочного мониторинга имеющих место изменений в прибрежной морской биотической и абиотической среде в связи с изменением климата
- Осуществление мониторинга популяций птиц с целью создания информационной базы для последующего принятия мер по управлению
- Использование методов дистанционного зондирования для мониторинга изменений в растительности на территориях ООРА и в более широком масштабе
- Осуществление мониторинга колоний императорских пингвинов с использованием метода дистанционного зондирования и дополняющих методов с целью определения потенциальных *убежищ* в контексте изменения климата
- Осуществление долгосрочного мониторинга биологических ценностей в ООРА
- Осуществление долгосрочного мониторинга в целях контроля и выявления антропогенного воздействия на окружающую среду
- Осуществление долгосрочного мониторинга и долгосрочных наблюдений за изменением условий окружающей среды
- Последовательное осуществление целенаправленного мониторинга воздействия туристической деятельности
- Осуществление систематического регулярного мониторинга посещаемых участков, на которые распространяется действие Правил поведения для посетителей участков
- Осуществление долгосрочного мониторинга биологических индикаторов на участках, посещаемых туристами

Вопрос / Нагрузка на окружающую среду: Пространственная охрана морской среды и меры пространственного управления	
Приоритет: 2	
Действия: 1. Сотрудничество между КООС и НК-АНТКОМ по вопросам, представляющим общий интерес. 2. Сотрудничество с АНТКОМ по биорайонированию Южного океана и другим общим интересам и согласованным принципам. 3. Определить и применить процессы для пространственной охраны морской среды. 4. Рассмотреть взаимосвязь суши и океана и взаимодополняющих мер, которые могут быть приняты Сторонами в отношении МОР.	
Межсессионный период 2022/23 г.	

XXV заседание КООС, 2023 г.	• Продолжить рассмотрение рекомендаций в отношении Резолюции 5 (2017 г.)
Межсессионный период 2023/24 г.	
XXVI заседание КООС, 2024 г.	
Межсессионный период 2024/25 г.	
XXVII заседание КООС, 2025 г.	
Межсессионный период 2025/26 г.	
XXVIII заседание КООС, 2026 г.	
Межсессионный период 2026/27 г.	
XXIX заседание КООС, 2027 г.	

Вопрос / Нагрузка на окружающую среду: Руководства для посетителей конкретных участков в туристических целях	
Приоритет: 2	
Действия: 1. Периодически выполнять пересмотр перечня участков, на которые распространяются Правила поведения для посетителей участков, а также рассматривать необходимость разработки Правил поведения для новых участков. 2. Регулярно пересматривать все действующие Правила поведения для посетителей участков с целью обеспечения их точности и актуальности, в том числе внесение предупредительных изменений по мере необходимости. 3. Предоставить рекомендации для КСДА по запросу. 4. Провести пересмотр формата Правил поведения для посетителей участков.	
Межсессионный период 2022/23 г.	• Рассмотреть разработку руководства по организации краткосрочных лагерных стоянок с последовательным использованием накопленного передового опыта в целях

	сведения к минимуму воздействия на окружающую среду Антарктики • Германии провести неформальное обсуждение нового шаблона макета Правил поведения для посетителей участков
XXV заседание КООС, 2023 г.	• Комитету рассмотреть результаты обсуждения нового шаблона макета Правил поведения для посетителей участков • Постоянный пункт повестки дня. Стороны должны предоставить отчеты по пересмотру Правил поведения для посетителей участков
Межсессионный период 2023/24 г.	• Создание онлайн-хранилища изображений участков в помощь регулярному пересмотру Правил поведения для посетителей участков
XXVI заседание КООС, 2024 г.	• Постоянный пункт повестки дня. Стороны должны предоставить отчеты по пересмотру Правил поведения для посетителей участков
Межсессионный период 2024/25 г.	
XXVII заседание КООС, 2025 г.	
Межсессионный период 2025/26 г.	
XXVIII заседание КООС, 2026 г.	
Межсессионный период 2026/27 г.	
XXIX заседание КООС, 2027 г.	

Потребности в научных исследованиях и данных:

- Осуществление долгосрочного мониторинга для оценки состояния и восстановления растительности на острове Барриентос
- Осуществление систематического регулярного мониторинга посещаемых участков, на которые распространяется действие Правил поведения для посетителей участков

Вопрос / Нагрузка на окружающую среду: Обзор системы охраняемых районов
Приоритет: 2

Действия: 1. Применить Анализ экологических доменов (АЭД) и систему Заповедных биогеографических регионов Антарктики (ЗБРА) для расширения системы охраняемых районов. 2. Поддерживать и развивать базу данных охраняемых районов. 3. Оценить степень, в которой КОТ представлены или должны быть представлены в ряде ООРА.	
Межсессионный период 2022/23 г.	• Провести работу по выполнению мероприятий, утвержденных Комитетом по результатам семинара по вопросам охраняемых районов • СКАР должен предоставить рекомендации по критериям отбора, которые могут применяться к установленным КОТ или другим орнитологическим территориям при рассмотрении вопроса о назначении статуса ООРА
XXV заседание КООС, 2023 г.	• Комитету рассмотреть рекомендации СКАР по критериям отбора, которые могут применяться к установленным КОТ или другим орнитологическим территориям при рассмотрении вопроса о назначении статуса ООРА • Рассмотреть ход выполнения мероприятий, утвержденных Комитетом по результатам семинара по вопросам охраняемых районов
Межсессионный период 2023/24 г.	• Провести работу по выполнению мероприятий, утвержденных Комитетом по результатам семинара по вопросам охраняемых районов
XXVI заседание КООС, 2024 г.	• Рассмотреть ход выполнения мероприятий, утвержденных Комитетом по результатам семинара по вопросам охраняемых районов
Межсессионный период 2024/25 г.	
XXVII заседание КООС, 2025 г.	
Межсессионный период 2025/26 г.	
XXVIII заседание КООС, 2026 г.	
Межсессионный период 2026/27 г.	
XXIX заседание КООС, 2027 г.	

Потребности в научных исследованиях и данных: • Продолжение работы по разработке биогеографических инструментов для создания надежной информационной базы для охраны и управления районами Антарктики на региональном и континентальном уровнях в условиях изменения климата, включая изучение вопроса о необходимости определения контрольных районов для будущих исследований и выявления районов, устойчивых к изменению климата • Использование методов дистанционного зондирования для мониторинга изменений в растительности на территориях ООРА и в более широком масштабе для создания информационной базы в целях дальнейшего развития системы охраняемых районов Антарктики

Вопрос / Нагрузка на окружающую среду: Определение и управление Историческими местами и памятниками	
Приоритет: 2	
Действия: 1. Вести перечень и рассматривать новые предложения по мере их возникновения. 2. Рассмотреть по мере необходимости стратегические вопросы, в том числе те, которые относятся к определению ИМП с учетом положений Протокола по очистке территории Антарктики. 3. Пересмотреть представление перечня ИМП с целью усовершенствования доступности информации.	
Межсессионный период 2022/23 г.	• Разработать дальнейшие инструкции по включению в список ИМП, местонахождение которых неизвестно • Рассмотреть, каким образом оценка воздействия на окружающую среду может стать частью оценки Исторического места и памятника
XXV заседание КООС, 2023 г.	• Рассмотреть руководство по включению в список ИМП, местонахождение которых неизвестно • Проанализировать предложения в отношении процесса составления перечней ОВОС и ИМП
Межсессионный период 2023/24 г.	
XXVI заседание КООС, 2024 г.	
Межсессионный период 2024/25 г.	

XXVII заседание КООС, 2025 г.	
Межсессионный период 2025/26 г.	
XXVIII заседание КООС, 2026 г.	
Межсессионный период 2026/27 г.	
XXIX заседание КООС, 2027 г.	

Вопрос / Нагрузка на окружающую среду: Сведения о биоразнообразии	
Приоритет: 2	
Действия: 1. Поддерживать осведомленность об угрозах существующему биоразнообразию. 2. КООС должен рассмотреть дальнейшие научные рекомендации по проблеме нарушения жизни диких животных.	
Межсессионный период 2022/23 г.	• Неформальное обсуждение вопросов оценки состояния охраны антарктических тюленей • Продолжить неформальные обсуждения рекомендаций, предусмотренных в Рабочем документе WP 34 XXIV заседания КООС
XXV заседание КООС, 2023 г.	• Отчет о результатах неформального межсессионного обсуждения вопросов состояния охраны антарктических тюленей
Межсессионный период 2023/24 г.	
XXVI заседание КООС, 2024 г.	
Межсессионный период 2024/25 г.	
XXVII заседание КООС, 2025 г.	
Межсессионный период 2025/26 г.	

<table>
<tr><td>XXVIII заседание КООС, 2026 г.</td><td></td></tr>
<tr><td>Межсессионный период

2026/27 г.</td><td></td></tr>
<tr><td>XXIX заседание КООС, 2027 г.</td><td></td></tr>
<tr><td colspan="2">Потребности в научных исследованиях и данных:

• Проведение исследований в области воздействия дистанционно-пилотируемых авиационных систем (ДПАС) на окружающую среду, в особенности на диких животных, включая следующие аспекты:
o воздействие на различные виды животных, включая летающих морских птиц и тюленей;
o воздействие на поведение и физиологические реакции;
o воздействие на демографическое поведение, включая влияние на число размножающихся животных и успех размножения;
o воздействие на условия окружающей среды, например ветер и шум;
o степень воздействия ДПАС в зависимости от их размеров и технических характеристик;
o воздействие дополнительного шума, производимого ДПАС, на степень беспокойства диких животных;
o проведение сравнительного анализа с контрольными участками и антропогенным воздействием;
o исследование эффекта привыкания
• Продолжение работы по сбору и предоставлению данных о биоразнообразии с конкретной пространственной (территориальной) привязкой
• Проведение исследований воздействия подводного шума на морских млекопитающих Антарктики
• Обобщение имеющихся знаний о биогеографии, биорегионализации и эндемизме в Антарктике
• Проведение исследований в отношении конкретных участков, конкретных периодов времени и конкретных видов животных с целью более глубокого понимания воздействия деятельности человека на диких животных и использования полученных материалов для разработки руководства по уменьшению степени воздействия на животных, основанного на фактических данных
• Проведение описи ледяных пещер горы Эребус и сообществ микроорганизмов</td></tr>
</table>

• Регулярное проведение учета численности южных гигантских буревестников и исследований, направленных на обеспечение более глубокого понимания состояния и тенденций изменения структуры и численности их популяций

Вопрос / Нагрузка на окружающую среду: Информационно-просветительская и образовательная деятельность	
Приоритет: 3	
Действия: 1. Пересмотреть имеющиеся примеры и определить возможности расширения образовательной и информационно-просветительской деятельности. 2. Призвать Членов обмениваться информацией касательно их опыта в данной области. 3. Разработать стратегию и инструкции для обмена информацией между Членами по информационно-просветительской и образовательной деятельности на долгосрочную перспективу.	
Межсессионный период 2022/23 г.	
XXV заседание КООС, 2023 г.	
Межсессионный период 2023/24 г.	
XXVI заседание КООС, 2024 г.	
Межсессионный период 2024/25 г.	
XXVII заседание КООС, 2025 г.	
Межсессионный период 2025/26 г.	
XXVIII заседание КООС, 2026 г.	
Межсессионный период 2026/27 г.	
XXIX заседание КООС, 2027 г.	

Вопрос / Нагрузка на окружающую среду: Охрана выдающихся геологических ценностей	
Приоритет: 3	
Действия: 1. Рассмотреть дальнейшие механизмы охраны выдающихся геологических ценностей.	
Межсессионный период 2022/23 г.	
XXV заседание КООС, 2023 г.	
Межсессионный период 2023/24 г.	
XXVI заседание КООС, 2024 г.	
Межсессионный период 2024/25 г.	
XXVII заседание КООС, 2025 г.	
Межсессионный период 2025/26 г.	
XXVIII заседание КООС, 2026 г.	
Межсессионный период 2026/27 г.	
XXIX заседание КООС, 2027 г.	

Приложение 2

Текст веб-страницы ВГПУ на сайте Секретариата Договора об Антарктике

Вспомогательная группа по планам управления (ВГПУ)

История вопроса

Со времени своего первого собрания в 1998 г. КООС поднимал вопрос о необходимости разработки более эффективных процедур рассмотрения новых и пересмотренных планов управления Особо охраняемыми районами Антарктики (ООРА) и Особо управляемыми районами Антарктики (ОУРА). В 2008 г. XXXI КСДА согласилось создать Вспомогательную группу по планам управления в соответствии с Правилом 10 Правил процедуры КООС. ВГПУ разрабатывает практические рекомендации по проектам планов управления, направляемых КООС на межсессионные рассмотрения, с точки зрения их четкости, последовательности и эффективности, а также по их улучшению и порядку межсессионного рассмотрения.

Техническое задание ВГПУ

Исходные четыре Технических задания ВГПУ были указаны в Приложении 3 к отчету XI заседания КООС (2008 г.). После проверки эффективности ВГПУ на XIII заседании КООС (2010 г.) было добавлено пятое Техническое задание. В 2022 г. было введено дополнительное Техническое задание, отражающее новую регулярную задачу по предварительному рассмотрению Планов управления. Настоящие Технические задания указаны в Приложении 4 к отчету XXIV заседания КООС:

1) После проведения необходимых консультаций с соответствующими экспертами изучать каждый проект нового или пересмотренного плана управления, рекомендованного Комитетом к рассмотрению в межсессионный период, с точки зрения:

- его соответствия положениям Приложения V к Протоколу, особенно Статей 3, 4 и 5, а также положениям соответствующих руководств КООС;
- его содержания, ясности, согласованности и вероятной эффективности;
- наличия четкого указания о том, что является главной причиной определения территории в качестве охраняемой; и
- наличия четкого указания о том, как предлагаемый район дополняет систему охраняемых районов Антарктики в целом.

2) Сообщать инициаторам предложений о предлагаемых поправках к проектам планов управления в целях решения проблем, перечисленных выше в пункте 1).

3) Представлять на рассмотрение КООС Рабочий документ с рекомендациями относительно принятия (или непринятия) каждого проекта нового или пересмотренного плана управления, в котором будет содержаться информация о том, какие замечания членов Группы были отражены в плане, а какие нет, и если нет, то почему. В состав такого Рабочего документа должны входить все пересмотренные планы управления, а также информация, необходимая для Рабочей группы КСДА, по правовым и институциональным вопросам.

4) Проводить предварительный вспомогательный форум по вопросам анализа пересмотренных в незначительной степени планов управления вне зависимости от того,

были ли они представлены в ВГПУ или нет, а также предоставлять в КООС краткий обзор рекомендаций, сделанных в результате предварительного анализа, во время обсуждений пересмотренных планов управления.

5) Предоставлять рекомендации КООС, насколько это необходимо для совершенствования планов управления и процедуры их межсессионного рассмотрения.

6) Разрабатывать и предлагать процедуры, способствующие достижению долгосрочной цели по обеспечению надлежащего содержания, понятности, системности и максимально возможной действенности всех Планов управления ООРА и ОУРА.

Рабочие механизмы ВГПУ

Согласно Правилу 22 Правил процедуры КООС, официальными языками вспомогательных органов должны быть английский, французский, русский и испанский. Достигнута договоренность вести работу группы на английском, переводя ключевую документацию на все официальные языки. Вспомогательная группа осуществляет свою межсессионную работу посредством форума КООС и предоставляет в КООС ежегодный отчет о проделанной работе.

Соответствующие ссылки

- Справочник КООС: Вспомогательная группа по планам управления
- Форум КООС (требуется пароль)
- Рабочее пространство КООС (требуется пароль)
- Охрана и управление районами / Памятники
- Инструменты для делегатов

Приложение 3

Текст веб-страницы SGCCR на сайте Секретариата Договора об Антарктике

Вспомогательная группа по ответным мерам в отношении изменения климата (SGCCR)

История вопроса

Рабочая программа ответных мер в отношении изменения климата (CCRWP) была принята в соответствии с Резолюцией 4 (2015 г.) КСДА, в которой правительствам было рекомендовано:

1) призвать КООС начать реализацию CCRWP в первоочередном порядке и предоставлять ежегодные отчеты о ходе работы Консультативному совещанию по Договору об Антарктике;

2) попросить КООС регулярно пересматривать CCRWP при участии Научного комитета по антарктическим исследованиям (СКАР) и Совета управляющих национальных антарктических программ (КОМНАП) по научным и практическим вопросам; и

3) рассмотреть в рамках своих национальных систем финансирования научных исследований и национальных программ исследований в Антарктике возможность удовлетворения потребностей науки и принятие мер, указанных в CCRWP КООС.

«Последствия изменения климата для окружающей среды» является вопросом с Приоритетом 1 в Пятилетнем плане работы КООС, а «Реализация CCRWP» – ключевым действием.

Техническое задание SGCCR

После обсуждений КООС обновления, реализации и контроля CCRWP на XL заседании КСДА (Решение 1 (2017 г.) было принято решение о создании новой Вспомогательной группы по ответным мерам в отношении изменения климата (SGCCR).

Техническое задание SGCCR способствует эффективной и своевременной реализации CCRWP путем:

1) содействия координации усилий и взаимодействию Членов Комитета, Наблюдателей и Экспертов в рамках программы CCRWP, заострения внимания на мероприятиях и мерах, запланированных на предстоящие годы и обеспечения предоставления участниками соответствующей оперативной информации о предлагаемой деятельности;

2) подготовки проектов рекомендуемых ежегодных уточнений CCRWP, в том числе по вопросам управления, проведения научных исследований или деятельности по мониторингу;

3) подготовки проектов ежегодных отчетов о ходе реализации CCRWP в качестве основы для подготовки КООС оперативной информации для КСДА.

Рабочие механизмы SGCCR

В дополнение к Техническому заданию Комитет поручил SGCCR разработать рабочие механизмы для поддержки надлежащего участия и эффективного выполнения работы (Заключительный отчет XX заседания КООС, п. 74). SGCCR сохраняет гибкость в отношении членства и приветствует новых членов. Вспомогательная группа осуществляет свою межсессионную работу посредством форума КООС и предоставляет КООС ежегодный отчет о проделанной работе.

Соответствующие ссылки

- Рабочая программа ответных мер в отношении изменения климата
- Справочник КООС: Вспомогательная группа по ответным мерам в отношении изменения климата
- Научные потребности КООС
- Форум КООС (требуется пароль)
- *Antarctic Treaty Meeting of Experts on implications of climate change for Antarctic management and governance: Co-chairs' report* (Совещание экспертов Договора об Антарктике «Последствия изменения климата для режима управления и регулирования в Антарктике»: Доклад сопредседателей)

Приложение 4

Пересмотренное Техническое задание ВГПУ

Исходные четыре Технических задания ВГПУ были указаны в Приложении 3 к отчету XI КООС (2008 г.). После проверки эффективности ВГПУ на XIII заседании КООС (2010 г.) было добавлено пятое Техническое задание. В 2022 г. было введено дополнительное Техническое задание, отражающее новую регулярную задачу по предварительному рассмотрению Планов управления. Настоящие Технические задания указаны в Приложении 4 к отчету XXIV КООС:

1) После проведения необходимых консультаций с соответствующими экспертами изучать каждый проект нового или пересмотренного плана управления, рекомендованного Комитетом к рассмотрению в межсессионный период, с точки зрения:

    - его соответствия положениям Приложения V к Протоколу, особенно Статей 3, 4 и 5[1], а также положениям соответствующих руководств[2] КООС;
    - его содержания, ясности, согласованности и вероятной эффективности[3];
    - наличия четкого указания о том, что является главной причиной определения территории в качестве охраняемой[4]; и
    - наличия четкого указания о том, как предлагаемый район дополняет систему охраняемых районов Антарктики в целом[5].

2) Сообщать инициаторам предложений о предлагаемых поправках к проектам планов управления в целях решения проблем, перечисленных выше в пункте 1).

3) Представлять на рассмотрение КООС рабочий документ с рекомендациями относительно принятия (или непринятия) каждого проекта нового или пересмотренного плана управления, в котором будет содержаться информация о том, какие замечания членов Группы были отражены в плане, а какие нет, и если нет, то почему. В состав такого рабочего документа должны входить все пересмотренные планы управления, а также информация, необходимая для Рабочей группы КСДА, по правовым и институциональным вопросам.

4) Проводить предварительный вспомогательный форум по вопросам анализа пересмотренных в незначительной степени планов управления вне зависимости от того, были ли они представлены в ВГПУ или нет, а также предоставлять в КООС краткий обзор рекомендаций, сделанных в результате предварительного анализа, во время обсуждений пересмотренных планов управления.

---

[1] Изменение из «Технического задания для Межсессионной контактной группы по рассмотрению проектов планов управления», ТЗ 2 (Отчет VII заседания КООС, Приложение 4).

[2] В настоящее время включает (для ООРА): Резолюцию 2 (1998 г.) «Руководство по подготовке планов управления Особо охраняемыми районами Антарктики», Резолюцию 1 (2000 г.) «Руководство по реализации рамочных основ охраны районов» согласно Статье 3 Приложения V к Протоколу по охране окружающей среды» и Резолюцию 2 (2021 г.) «Пересмотренное Руководство по представлению Рабочих документов, содержащих предложения, касающиеся ООРА, ОУРА или ИМП»

[3] Из документов «Руководство КООС по рассмотрению проектов новых и пересмотренных планов управления ООРА и ОУРА», пункт 8 (Отчет VI заседания КООС, Приложение 4) и «Техническое задание для Межсессионной контактной группы по рассмотрению проектов планов управления», ТЗ 2 (Отчет VII заседания КООС, Приложение 4).

5) Предоставлять рекомендации КООС, насколько это необходимо для совершенствования Планов управления и процедуры их межсессионного рассмотрения.

6) Разрабатывать и предлагать процедуры, способствующие достижению долгосрочной цели по обеспечению надлежащего содержания, понятности, системности и максимально возможной действенности всех планов управления ООРА и ОУРА[6] .

[4] Договоренность на VIII заседании КООС (пункт 187 Отчета).

[5] Договоренность на VIII заседании КООС (пункт 187 Отчета).

[6] Техническое задание, добавленное на XIII заседании КООС (пункт 162 Отчета)

Приложение 5

Предварительная Повестка дня XXV КООС (2023)

1. Открытие заседания
2. Принятие Повестки дня
3. Стратегическое обсуждение дальнейшей работы КООС
4. Работа КООС
5. Сотрудничество с другими организациями
6. Восстановительные мероприятия и ликвидация экологического ущерба
7. Последствия изменения климата для окружающей среды:
    a. Стратегический подход
    b. Реализация и пересмотр Рабочей программы ответных мер в отношении изменения климата
8. Оценка воздействия на окружающую среду (ОВОС):
    a. Проекты Всесторонних оценок окружающей среды
    b. Прочие вопросы ОВОС
9. Охрана районов и планы управления:
    a. Планы управления
    b. Исторические места и памятники
    c. Правила поведения для посетителей участков
    d. Пространственная охрана морской среды и меры пространственного управления
    e. Прочие вопросы, связанные с Приложением V
10. Сохранение антарктической флоры и фауны:
    a. Карантин и неместные виды
    b. Особо охраняемые виды
    c. Прочие вопросы, связанные с Приложением II
11. Экологический мониторинг и представление данных об окружающей среде
12. Отчеты об инспекциях
13. Общие вопросы
14. Выборы должностных лиц
15. Подготовка следующего заседания
16. Принятие отчета
17. Закрытие заседания

3. Приложения

Специализированные рекомендации для совещания КСДА XLIV – КООС XXIV очно-заочного типа

Консультативные Стороны Договора об Антарктике согласились с тем, что совещания КСДА XLIV – КООС XXIV пройдут в очно-заочном формате. Эти совещания будут проходить в соответствии с Процедурными правилами (ПП) КСДА, ПП КООС и приведенными ниже специализированными *рекомендациями*.

Обстоятельства:

1. Настоящие специализированные рекомендации распространяются на совещания КСДА XLIV – КООС XXIV (2022 г.) очно-заочного типа. Очно-заочный тип совещания предусматривает личное участие, виртуальное участие (возможность голосовых сообщений и возможность брать слово) и виртуальное присутствие (без голосовых сообщений и возможности брать слово). Следующие рекомендации касаются только делегатов, участвующих виртуально. Тем не менее, предполагается, что делегация, в частности, в соответствии с Рекомендацией 11 состоит из делегатов, участвующих лично и виртуально.

2. Совещания КСДА XLIV – КООС XXIV (2022 г.) очно-заочного типа будут проводиться в соответствии с ПП КСДА/КООС и настоящими специализированными рекомендациями. Рекомендации дополняют ПП, не заменяют их и не имеют приоритета над ними.

3. В случае возникновения во время очно-заочных совещаний непредвиденных обстоятельств, при которых будет невозможно применить ПП КСДА или КООС напрямую и к которым не применима ни одна из следующих рекомендаций, КСДА или Члены КООС, соответственно, должны решить, как применять ПП при данных обстоятельствах и (или) изменить эти рекомендации по просьбе Председателя или Члена КСДА/КООС в соответствии с порядком ведения заседания.

Взаимодействие:

4. На собрания допускаются только зарегистрированные делегаты. Для безопасного ведения заседаний будет запрошена отдельная регистрация для КООС, Рабочих групп и Пленарного заседания.

5. Делегаты, принимающие виртуальное участие, должны предоставить официальную и альтернативную электронную контактную информацию о регистрации, включая номера телефонов, по которым Секретариат может связаться с ними в случае проблем с подключением. Секретариат Принимающей страны предоставит делегатам информацию для контакта в чрезвычайных ситуациях, включая телефон, чтобы они могли связаться с соответствующим персоналом Секретариата Принимающей страны в случае потери связи или обрыва перевода.

6. Для каждого собрания, на которое зарегистрировались Стороны в виртуальном формате, Глава Делегации (ГД) или Представитель КООС, в зависимости от ситуации, должен определить одного или нескольких Альтернативных

представителей (АП) и уполномочить их принимать соответствующие решения, если ГД потеряет связь или будет прервано оказание услуг устного перевода.

7. Предварительная проверка функциональности выбранной платформы и возможности подключения будет проведена задолго до начала виртуального совещания со всеми желающими принять участие делегатами.

8. Все делегаты, принимающие виртуальное участие, должны присоединиться к собранию как минимум за 10 минут до запланированного начала. Доступ к встрече будет открыт за 30 минут до начала запланированного заседания.

9. Председатель проводит перекличку в начале каждого заседания, чтобы установить, что ГД, представитель КООС или АП каждой делегации, принимающие виртуальное участие, подключены и получают устный перевод. Если и ГД/Представитель КООС, и АП Консультативной Стороны/Члена КООС отсутствуют, Председатель должен подтвердить через альтернативные каналы связи, желают ли они присутствовать на заседании. Если они желают присутствовать и пытаются подключиться к совещанию, Председатель должен приостановить собрание на время, достаточное для решения проблемы с подключением. Если они не доступны через заранее предусмотренные альтернативные каналы связи, Председатель продолжит собрание.

10. Председатель периодически проверяет надлежащую связь с участвующими в виртуальном формате Главами Делегаций, Представителем КООС или АП, в зависимости от обстоятельств.

11. Если ГД/Представитель КООС и АП Консультативной Стороны/Члена КООС, участвующие виртуально, утрачивают связь или не получают устный перевод, делегация должна уведомить об этом Секретариат Принимающей страны. Любая Консультативная Сторона/Член КООС могут попросить Председателя приостановить заседание до восстановления связи/перевода для ГД/Представителя КООС или АП. Такой запрос может быть сделан с помощью альтернативных методов связи.

12. Если ГД/Представитель КООС и АП делегации теряют связь или не получают перевод, Председатель должен приостановить собрание до тех пор, пока один из них не подключится или не возобновится перевод, за исключением случаев, когда утратившая связь или перевод делегация не сообщит об иных условиях.

13. Если члены делегации, не являющиеся ГД/Представителями КООС/АП, теряют возможность подключения, делегация обязана связаться с Секретариатом и восстановить подключение. Собрание не прерывается в случае потери связи/перевода делегатом, который не является ГД/Представителем КООС/АП.

Принятие решений:

14. При принятии решений на пленарном заседании Председатель удостоверяется у всех ГД, принимающих участие в виртуальном формате, что они понимают и одобряют решение.

15. В конце каждого Пленарного заседания Председатель сообщает о решениях, которые, согласно его протоколу, были приняты Консультативными Сторонами Договора об Антарктике и отмечает вопросы, которые обсуждались, но по которым не было принято никакого решения и (или) не был достигнут консенсус.

16. Все решения подтверждаются при принятии отчета.

Отчетность:

17. Проект отчета о заседании будет размещен на платформе документов Заседания в течение 12 часов после закрытия заседания и будет доступен для комментариев еще в течение двенадцати часов. После этого Секретариат и ответственный Председатель рассмотрят все комментарии к проекту отчета.

18. Сводный проект отчета будет доступен до рассмотрения и принятия в рамках пункта повестки дня «Принятие отчета» как на КСДА, так и на КООС соответственно. Рассмотрение и внесение поправок должны проводиться таким образом, чтобы каждая предлагаемая поправка к тексту отчета могла быть видна всем делегациям. Отчет КСДА должен быть принят в конце заседания в соответствии с Процедурным правилом 25 КСДА. Отчет КООС должен быть принят в конце заседания КООС, а затем переведен и представлен на КСДА в соответствии с ПП 22 КООС. Технические и фактические исправления будут приниматься через 24 часа после закрытия собрания.

Предварительная Повестка дня XLV КСДА, Рабочие группы и распределение пунктов Повестки дня

Пленарное заседание

1) Открытие Совещания
2) Выборы должностных лиц и формирование рабочих групп
3) Принятие повестки дня, распределение пунктов Повестки дня по рабочим группам и рассмотрение Многолетнего стратегического плана работы.
4) Работа системы Договора об Антарктике: отчеты Сторон, наблюдателей и экспертов
5) Отчет Комитета по охране окружающей среды
6) Работа системы Договора об Антарктике:
   a. Запрос Беларуси на получение статуса Консультативной стороны
   b. Запрос Канады на получение статуса Консультативной стороны
   c. Реализация Полярного кодекса ИМО
   d. Изменение климата

Рабочая группа 1: ***(стратегические, правовые и институциональные вопросы)***

6) Работа Системы Договора об Антарктике:
   e. Общие вопросы
7) Работа системы Договора об Антарктике: вопросы, касающиеся Секретариата
8) Материальная ответственность
9) Биопроспектинг в Антарктике
10) Обмен информацией
11) Вопросы образовательной и информационно-просветительской деятельности
12) Многолетний стратегический план работы
   a. Стратегические, правовые и институциональные приоритеты

Рабочая группа 2: ***(научные, операционные и туристические вопросы)***

12) Многолетний стратегический план работы
   b. Операционная, научная и туристическая деятельность
13) Безопасность и деятельность в Антарктике
14) Инспекции в рамках Договора об Антарктике и Протокола по охране окружающей среды
15) Вопросы науки, будущих проблемных аспектов научной деятельности, научного сотрудничества и содействия
16) Последствия изменения климата для управления районом действия Договора об Антарктике
17) Туризм и неправительственная деятельность в районе действия Договора об Антарктике, включая рассмотрение вопросов компетентных органов

Пленарное заседание

18) Подготовка 46-го Совещания
19) Прочие вопросы
20) Принятие заключительного отчета
21) Закрытие Совещания

Приложение 3

XLIV КОНСУЛЬТАТИВНОЕ СОВЕЩАНИЕ ПО ДОГОВОРУ ОБ АНТАРКТИКЕ

БЕРЛИН, 23 мая – 2 июня 2022 года

КОММЮНИКЕ ПРИНИМАЮЩЕЙ СТРАНЫ

С 22 мая по 2 июня 2022 года Германия была принимающей страной XLIV Консультативного совещания по Договору об Антарктике (КСДА), а также XXIV заседания Комитета по охране окружающей среды (КООС), в которых приняли участие 54 государства-участника Договора об Антарктике, а также Наблюдатели и Эксперты. Совещания проходили в Берлине и впервые состоялись в очно-заочном формате. Председателем КСДА XLIV была назначена г-жа Таня фон Услар-Гляйхен (Tania von Uslar-Gleichen), директор по международному праву Федерального министерства иностранных дел Германии. Заседание КООС проводилось под председательством г-жи Биргит Ньостад (Birgit Njåstad) (Норвегия).

Всего на XLIV заседании КСДА было зарегистрировано 448 делегатов, 104 из которых приняли участие виртуально.

Конференцию официально открыли г-жа Дженнифер Ли Морган (Jennifer Lee Morgan), статс- секретарь и специальный посланник для международных действий по борьбе с изменением климата в федеральном министерстве иностранных дел, и д-р Беттина Хоффманн (Bettina Hoffmann), статс-секретарь парламента Федерального министерства окружающей среды, охраны природы, ядерной безопасности и защиты прав потребителей, при этом они обе самым решительным образом осудили необоснованную, неспровоцированную и незаконную войну России против другого консультативного государства. Они призвали Россию прекратить войну против Украины, отметив, что это нарушение международного права также противоречит духу Договора об Антарктике. Украина представила информационный документ о последствиях военной агрессии против ее страны для своей антарктической программы. Подавляющее большинство сторон выразили свою солидарность с Украиной и присоединились к осуждению российской агрессии.

Многие Стороны подчеркнули, что военная агрессия одной Стороны против другой не должна ставить под угрозу работу КСДА в интересах мира, научных исследований и защиты окружающей среды. Договор об Антарктике является примером плодотворного международного сотрудничества на благо человечества для борьбы с глобальными кризисами изменения климата, утратой биоразнообразия и загрязнением. Тот факт, что Совещание смогло принять Меры, Резолюции и Решения на основе консенсуса, свидетельствует о силе и устойчивости Системы Договора об Антарктике.

В соответствии с текущей темой «От науки через политику к охране» КСДА подчеркнуло важность антарктических исследований для принятия правильных политических решений об охране Антарктики. В этой связи совещание признало десятилетний отчет «Изменение климата Антарктики и окружающая среда» Научного комитета по антарктическим исследованиям наилучшим источником научных данных, а также рекомендацию о том, что необходимы срочные действия для предотвращения необратимой утраты антарктических ценностей и последствий для планеты. Все Стороны согласились с тем, что КСДА играет важную роль в борьбе с угрозой глобального изменения климата, и решили уделить этому вопросу еще большее внимания на следующем КСДА.

За прошедшие годы 75 районов на белом континенте были определены на Консультативных совещаниях как Особо охраняемые районы Антарктики. На XLIV заседании КСДА управление семнадцатью из этих районов было пересмотрено. В будущем будут добавлены четыре новых охраняемых района, поскольку КСДА одобрило дальнейшие шаги по их особой охране.

Кроме того, совещание было посвящено конкретному виду — императорскому пингвину. Самый большой в мире пингвин подвергается все большему риску, в частности, из-за глобального потепления. Подавляющее большинство Сторон поддержало мнение о наличии достаточных научных доказательств того, что этот вид подлежит особой охране в соответствии с Протоколом об охране окружающей среды. Хотя официальное решение о статусе особой защиты было заблокировано одной стороной, большинство Сторон указали, что несмотря на это они будут реализовывать проект плана действий, который был разработан в межсессионный период на национальной основе.

Совещание также обсудило вопрос о растущем туризме в Антарктике. Прогнозируется, что общее количество посетителей Антарктики превысит 100 000 человек в сезоне 2022-2023 годов. Резкий рост интереса во всем мире, особенно к антарктическим круизам, увеличивает нагрузку на те регионы Антарктики, которые уже и так сильно пострадали от изменения климата. Стороны согласились, что использование принципа принятия мер предосторожности должно быть направлено на разработку стратегического и скоординированного подхода к устойчивому управлению туризмом в Антарктике.

КООС подчеркнул важность своей Рабочей программы ответных мер в отношении изменения климата (CCRWP) и представил ее результаты. Особого внимания заслуживает сотрудничество организаций, работающих в Антарктике, с целью решения глобальных проблем по защите окружающей среды Антарктики, а также зависимых и связанных с ней экосистем. Состоялись активные обсуждения по совершенствованию системы оценки воздействия на окружающую среду всех видов деятельности в Антарктике. Комитет согласовал несколько аспектов, которые будут рассмотрены в межсессионный период для еще большего повышения эффективности системы оценки окружающей среды. КООС также уделил особое внимание вреду химического загрязнения и попадания пластика в антарктическую экосистему.

КСДА подчеркнуло важность безопасности, открытости, уважения и отсутствия дискриминации всех, кто работает в Антарктике. Участники подтвердили свою приверженность расширению разнообразия и продвижению инклюзивной культуры для всех, кто вносит свой вклад в работу системы Договора об Антарктике.

В связи с обязательством Сторон защищать окружающую среду Антарктики КСДА XLIV было организовано в соответствии с «Руководством по устойчивой организации мероприятий» Федерального правительства, чтобы свести к минимуму воздействие на окружающую среду (например, меньшее потребление бумаги, минимизация отходов и компенсация выбросов углерода).

Стороны обсудили запрос Канады о предоставлении статуса консультативного члена. Несмотря на практически полную поддержку, две стороны не были готовы принять решение по заявке Канады на этом совещании. Поэтому запрос будет снова обсуждаться на 45-м КСДА, который пройдет в Хельсинки с 29 мая по 8 июня.

ЧАСТЬ II

Меры, Решения и Резолюции

1. Меры

Мера 1 (2022 г.)

Особо управляемый район Антарктики № 7 «Юго-Западная Часть Острова Анверс и Бассейн Палмера»: пересмотренный План управления

Представители,

Напоминая о Статьях 4, 5 и 6 Приложения V к Протоколу по охране окружающей среды к Договору об Антарктике, предусматривающих определение Особо управляемых районов Антарктики (ОУРА) и утверждение Планов управления этими Районами;

Напоминая о:

- Мере 1 (2008 г.), в соответствии с которой юго-западная часть острова Анверс и бассейн Палмера были определены в качестве Особо управляемого района Антарктики (ОУРА) № 7, с приложением к ней Плана управления районом;
- Мере 2 (2009 г.), Мере 14 (2010 г.) и Мере 11 (2019 г.), в соответствии с которыми был принят пересмотренный План управления ОУРА №7;

отмечая одобрение пересмотренного Плана управления ОУРА № 7 Комитетом по охране окружающей среды (КООС);

отмечая Меру 14 (2022 г.) относительно Особо охраняемого района Антарктики (ООРА) 139 (Мыс Биско, остров Анверс), Меру 5 (2022 г.) относительно ООРА №113 (Остров Личфилд, бухта Артур, остров Анверс, архипелаг Палмер) и Меру 19 (2021 г.) относительно ООРА №176 (Острова Розенталь, остров Анверс, архипелаг Палмер), находящихся на территории ОУРА №7;

желая заменить действующий План управления ОУРА № 7 пересмотренным Планом управления,

рекомендуют своим Правительствам утвердить следующую Меру в соответствии с пунктом 1 Статьи 6 Приложения V к Протоколу по охране окружающей среды к Договору об Антарктике,

а именно:

1. Утвердить пересмотренный План управления Особо управляемым районом Антарктики № 7 «Юго-Западная Часть Острова Анверс и Бассейн Палмера», прилагаемый к настоящей Мере.

2. Признать План управления Особо управляемым районом Антарктики № 7, приложенный к Мере 11 (2019 г.), утратившим силу.

Мера 2 (2022 г.)

Особо охраняемый район Антарктики № 109 «Остров Муэ» (Южные Оркнейские острова): пересмотренный План управления

Представители,

напоминая о Статьях 3, 5 и 6 Приложения V к Протоколу по охране окружающей среды к Договору об Антарктике, предусматривающих определение Особо охраняемых районов Антарктики (ООРА) и утверждение Планов управления этими Районами;

напоминая о:
- Рекомендации IV-13 (1966 г.), в рамках которой остров Муэ (Южные Оркнейские острова) был определен в качестве Особо охраняемого района (ООР) № 13 с приложением к ней карты этого Района;
- Рекомендации XVI-6 (1991 г.), содержащей в качестве приложения пересмотренное описание ООР №13 и План управления этим Районом;
- Мере 1 (1995 г.), содержащей в качестве приложения пересмотренные описание и План управления ООР № 13;
- Решении 1 (2002 г.), в рамках которого ООР 13 был переименован в ООРА №109;
- Мере 1 (2007 г.), Мере 1 (2012 г.) и Мере 1 (2017 г.), в рамках которых были приняты пересмотренные Планы управления ООРА №109;

напоминая о:
- Рекомендации IV-13 (1966 г.), признанной утратившей актуальность посредством Решения 1 (2011 г.);
- Резолюции 9 (1995 г.), признанной утратившей актуальность посредством Резолюции 1 (2008 г.);
- Рекомендации XVI-6 (1991 г.), не вступившей в силу и отмененной посредством Решения 3 (2017 г.); и
- Мере 1 (1995 г.), не вступившей в силу и отмененной Мерой 3 (2012 г.);

отмечая одобрение пересмотренного Плана управления ООРА № 109 Комитетом по охране окружающей среды;

желая заменить действующий План управления ООРА № 109 пересмотренным Планом управления,

рекомендуют своим Правительствам утвердить следующую Меру в соответствии с пунктом 1 Статьи 6 Приложения V к Протоколу по охране окружающей среды к Договору об Антарктике,

а именно:

1. Утвердить пересмотренный План управления Особо охраняемым районом Антарктики № 109 «Остров Муэ» (Южные Оркнейские острова), прилагаемый к настоящей Мере.

2. Признать План управления Особо охраняемым районом Антарктики № 109, приложенный к Мере 1 (2017 г.), утратившим силу.

Мера 3 (2022 г.)

Особо охраняемый район Антарктики № 110 «Остров Линч» (Южные Оркнейские острова): пересмотренный План управления

Представители,

напоминая о Статьях 3, 5 и 6 Приложения V к Протоколу по охране окружающей среды к Договору об Антарктике, предусматривающих определение Особо охраняемых районов Антарктики (ООРА) и утверждение Планов управления этими Районами;

напоминая о:

- Рекомендации IV-14 (1966 г.), в рамках которой остров Линч (Южные Оркнейские острова) был определён в качестве Особо охраняемого района (ООР) № 14, с приложением к ней карты этого Района;
- Рекомендации XVI-6 (1991 г.), содержащей в качестве приложения План управления данным Районом;
- Мере 1 (2000 г.), содержащей в качестве приложения пересмотренный План управления ООР № 14;
- Решении 1 (2002 г.), в рамках которого ООР 14 был переименован в ООРА №110;
- Мере 2 (2012 г.) и Мере 2 (2017 г.), в рамках которых были приняты пересмотренные Планы управления ООРА № 110;

напоминая о том, что Рекомендация XVI-6 (1991 г.) и Мера 1 (2000 г.) не вступили в силу и были отменены Решением 3 (2017) (г.);

отмечая одобрение пересмотренного Плана управления ООРА № 110 Комитетом по охране окружающей среды;

желая заменить действующий План управления ООРА № 110 пересмотренным Планом управления,

рекомендуют своим Правительствам утвердить следующую Меру в соответствии с пунктом 1 Статьи 6 Приложения V к Протоколу по охране окружающей среды к Договору об Антарктике,

а именно:

1. Утвердить пересмотренный План управления Особо охраняемым районом Антарктики № 110 «Остров Линч» (Южные Оркнейские острова), прилагаемый к настоящей Мере.

2. Признать План управления Особо охраняемым районом Антарктики № 110, прилагаемый к Мере 2 (2017 г.), утратившим силу.

Мера 4 (2022 г.)

Особо охраняемый район Антарктики № 111 «Южная Часть Острова Поуэлл и Соседние Острова» (Южные Оркнейские острова): пересмотренный План управления

Представители,

напоминая о Статьях 3, 5 и 6 Приложения V к Протоколу по охране окружающей среды к Договору об Антарктике, предусматривающих определение Особо охраняемых районов Антарктики (ООРА) и утверждение Планов управления этими Районами;

напоминая о:

- Рекомендации IV-15 (1966 г.), в рамках которой южная часть острова Поуэлл и соседние острова (Южные Оркнейские острова) были определены в качестве Особо охраняемого района (ООР) № 15, с приложением к ней карты этого Района;
- Рекомендации XVI-6 (1991 г), содержащей в качестве приложения План управления ООР 15;
- Мере 1 (1995 г.), содержащей в качестве приложения уточнённое описание и пересмотренный План управления ООР № 15;
- Решении 1 (2002 г.), в рамках которого ООР 15 был переименован в ООРА №111;
- Мере 3 (2012 г.) и Мере 3 (2017 г.), в рамках которых были приняты пересмотренные Планы управления ООРА № 111;

напоминая о том, что Рекомендация XVI-6 (1991 г.) не вступила в силу и была отменена Решением 3 (2017 г.) и Мера 1 (1995 г.) не вступила в силу и была отменена Мерой 3 (2012 г.);

отмечая одобрение пересмотренного Плана управления ООРА № 111 Комитетом по охране окружающей среды;

желая заменить действующий План управления ООРА № 111 пересмотренным Планом управления,

рекомендуют своим Правительствам утвердить следующую Меру в соответствии с пунктом 1 Статьи 6 Приложения V к Протоколу по охране окружающей среды к Договору об Антарктике,

а именно:

1. Утвердить пересмотренный План управления Особо охраняемым районом Антарктики № 111 «Южная Часть Острова Поуэлл и Соседние Острова» (Южные Оркнейские острова), прилагаемый к настоящей Мере.

2. Признать План управления Особо охраняемым районом Антарктики № 111, прилагаемый к Мере 3 (2017 г.), утратившим силу.

Мера 5 (2022 г.)

Особо охраняемый район Антарктики № 113 «Остров Личфилд» (бухта Артур, остров Анверс, архипелаг Палмер): пересмотренный План управления

Представители,

напоминая о Статьях 3, 5 и 6 Приложения V к Протоколу по охране окружающей среды к Договору об Антарктике, предусматривающих определение Особо охраняемых районов Антарктики (ООРА) и утверждение Планов управления этими Районами;

напоминая о
- Рекомендации VIII-1 (1975 г.), в соответствии с которой остров Личфилд, бухта Артур, остров Анверс, архипелаг Палмер, был определен как Особо охраняемый район (ООР) № 17, и к которой прилагается карта этого района;
- Решении 1 (2002 г.), в рамках которого ООР № 17 был переименован в ООРА № 113;
- Мере 2 (2004 г.), которой был принят План управления ООРА № 113;
- Мере 1 (2008 г.), в соответствии с которой юго-западная часть острова Анверс и бассейн Палмера были определены как Особо управляемый район Антарктики (ОУРА) № 7, в котором находится ООРА № 113;
- Мере 4 (2009 г.) и Мере 1 (2014 г.), в рамках которых были приняты пересмотренные Планы управления ООРА № 113;

напоминая о том, что Рекомендация VIII-1 (1975 г.) была признана утратившей актуальность посредством Меры 4 (2009 г.);

отмечая одобрение пересмотренного Плана управления ООРА № 113 Комитетом по охране окружающей среды;

желая заменить действующий План управления ООРА № 113 на пересмотренный План управления,

рекомендуют своим Правительствам утвердить следующую Меру в соответствии с пунктом 1 Статьи 6 Приложения V к Протоколу по охране окружающей среды к Договору об Антарктике,

а именно:

1. Утвердить пересмотренный План управления Особо охраняемым районом Антарктики № 113 «Остров Личфилд» (бухта Артур, остров Анверс, архипелаг Палмер), который является приложением к настоящей Мере.

2. Признать План управления Особо охраняемым районом Антарктики № 113, приложенный к Мере 1 (2014 г.), утратившим силу.

Мера 6 (2022 г.)

Особо охраняемый район Антарктики № 115 «Остров Лаготельри», залив Маргерит, Земля Грейама: пересмотренный План управления

Представители,

напоминая о Статьях 3, 5 и 6 Приложения V к Протоколу по охране окружающей среды к Договору об Антарктике, предусматривающих определение Особо охраняемых районов Антарктики (ООРА) и утверждение Планов управления этими Районами;

напоминая о:

- Рекомендации XIII-11 (1985 г.), в рамках которой остров Лаготельри (залив Маргерит, Земля Грейама) был определен в качестве Особо охраняемого района (ООР) № 19, с приложением к ней карты этого Района;
- Рекомендации XVI-6 (1991 г.), содержащей в качестве приложения План управления данным Районом;
- Мере 1 (2000 г.), содержащей в качестве приложения пересмотренный План управления ООР № 19;
- Решении 1 (2002 г.), в рамках которого ООР 19 был переименован в ООРА №115;
- Мере 5 (2012 г.) и Мере 4 (2017 г.), в рамках которых были приняты пересмотренные Планы управления ООРА № 115;

напоминая о том, что Рекомендация XVI-6 (1991 г.) и Мера 1 (2000 г.) не вступили в силу и были отменены Решением 3 2017(D) (г.);

отмечая одобрение пересмотренного Плана управления ООРА № 115 Комитетом по охране окружающей среды;

желая заменить действующий План управления ООРА № 115 пересмотренным Планом управления,

рекомендуют своим Правительствам утвердить следующую Меру в соответствии с пунктом 1 Статьи 6 Приложения V к Протоколу по охране окружающей среды к Договору об Антарктике,

а именно:

1. Утвердить пересмотренный План управления Особо охраняемым районом Антарктики № 115 «Остров Лаготельри» (залив Маргерит, Земля Грейама), прилагаемый к настоящей Мере.

2. Признать План управления Особо охраняемым районом Антарктики № 115, прилагаемый к Мере 4 (2017 г.), утратившим силу.

Мера 7 (2022 г.)

Особо охраняемый район Антарктики № 119 «Долина Дейвис и Озеро Форлидас» (массив Дуфек, горы Пенсакола): пересмотренный План управления

Представители,

напоминая о Статьях 3, 5 и 6 Приложения V к Протоколу по охране окружающей среды к Договору об Антарктике, предусматривающих определение Особо охраняемых районов Антарктики (ООРА) и утверждение Планов управления этими Районами;

напоминая о

- Рекомендации XVI-9 (1991 г.), в соответствии с которой озеро Форлидас и озера долины Дейвис были определены в качестве Особо охраняемого района (ООР) № 23, с приложением к ней Плана управления Районом;
- Решении 1 (2002 г.), в рамках которого ООР № 23 был переименован в ООРА № 119;
- Мере 2 (2005 г.), Мере 6 (2010 г.) и Мере 7 (2015 г.), в рамках которых были приняты пересмотренные Планы управления ООРА №119;

напоминая о том, что Рекомендация XVI-9 (1991 г.) не вступила в силу и была отменена посредством Меры 6 (2010 г.);

отмечая одобрение пересмотренного Плана управления ООРА № 119 Комитетом по охране окружающей среды;

желая заменить действующий План управления ООРА № 119 на пересмотренный План управления;

рекомендуют своим Правительствам утвердить следующую Меру в соответствии с пунктом 1 Статьи 6 Приложения V к Протоколу по охране окружающей среды к Договору об Антарктике,

а именно:

1. Утвердить пересмотренный План управления Особо охраняемым районом Антарктики № 119 «Долина Дейвис и озеро Форлидас» (массив Дуфек, горы Пенсакола), прилагаемый к настоящей Мере.

2. Признать План управления Особо охраняемым районом Антарктики № 119, приложенный к Мере 7 (2015 г.), утратившим силу.

Мера 8 (2022 г.)

Особо охраняемый район Антарктики № 122 «Высоты Аррайвал» (полуостров Хат-Пойнт, полуостров Росса): пересмотренный План управления

Представители,

напоминая о Статьях 3, 5 и 6 Приложения V к Протоколу по охране окружающей среды к Договору об Антарктике, предусматривающих определение Особо охраняемых районов Антарктики (ООРА) и утверждение Планов управления этими Районами;

напоминая о:

- Рекомендации VIII-4 (1975 г.), в соответствии с которой Высоты Аррайвал (полуостров Хат-Пойнт, полуостров Росса) были определены в качестве Участка особого научного интереса (УОНИ) № 2, с приложением к ней Плана управления этим Участком;
- Рекомендации X-6 (1979 г.), XII-5 (1983 г.), XIII-7 (1985 г.), XIV-4 (1987 г.), Резолюции 3 (1996 г.) и Мере 2 (2000 г.), в рамках которых был продлен срок действия статуса района в качестве УОНИ № 2;
- Решении 1 (2002 г.), в рамках которого УОНИ № 2 был переименован и перенумерован в ООРА №122;
- Мере 2 (2004 г.), Мере 3 (2011 г.) и Мере 3 (2016 г.), в рамках которых были приняты пересмотренные Планы управления ООРА №122;

напоминая о того, что Мера 2 (2000 г.) была отменена в результате принятия Меры 5 (2009 г.);

напоминая о того, что Рекомендации VIII-4 (1975 г.), X-6 (1979 г.), XII-5 (1983 г.), XIII-7 (1985 г.), XIV-4 (1987 г.) и Резолюция 3 (1996 г.) были признаны утратившими силу в результате принятия Решения 1 (2011 г.);

отмечая одобрение пересмотренного Плана управления ООРА № 122 Комитетом по охране окружающей среды;

желая заменить действующий План управления ООРА № 122 пересмотренным Планом управления,

рекомендуют своим Правительствам утвердить следующую Меру в соответствии с пунктом 1 Статьи 6 Приложения V к Протоколу по охране окружающей среды к Договору об Антарктике,

а именно:

1. Утвердить пересмотренный План управления Особо охраняемым районом Антарктики № 122 «Высоты Аррайвал» (полуостров Хат-Пойнт, полуостров Росса), прилагаемый к настоящей Мере.

2. Признать План управления Особо охраняемым районом Антарктики № 122, приложенный к Мере 3 (2016 г.), утратившим силу.

Мера 9 (2022 г.)

Особо охраняемый район Антарктики № 124 «Мыс Крозиер», полуостров Росса: пересмотренный План управления

Представители,

напоминая о Статьях 3, 5 и 6 Приложения V к Протоколу по охране окружающей среды к Договору об Антарктике, предусматривающих определение Особо охраняемых районов Антарктики (ООРА) и утверждение Планов управления этими Районами;

напоминая о
- Рекомендации IV-6 (1966 г.), на основании которой мыс Крозиер, полуостров Росса был определен Особо охраняемым районом (ООР) № 6 и к которой прилагается карта Района;
- Рекомендации VIII-2 (1975 г.), которая аннулировала Рекомендацию IV-6 (1966 г.);
- Рекомендации VIII-4 (1975 г.), в соответствии с которой мыс Крозиер, полуостров Росса, был определен как Участок особого научного интереса («УОНИ») № 4 и к которой прилагается План управления этим Участком;
- Рекомендации X-6 (1979 г.), XII-5 (1983 г.), XIII-7 (1985 г.), XVI-7 (1991 г.) и Мере 3 (2001 г.), в соответствии с которыми был продлен срок действия статуса Района в качестве УОНИ № 4;
- Решении 1 (2002 г.), в рамках которого УОНИ № 4 был переименован и перенумерован в ООРА №124;
- Мере 1 (2002 г.), Мере 7 (2008 г.) и Мере 3 (2014 г.), в рамках которых были приняты пересмотренные Планы управления ООРА №124;

напоминая о том, что Рекомендации VIII-2 (1975 г.), X-6 (1979 г.), XII-5 (1983 г.), XIII-7 (1985 г.) и XVI-7 (1991 г.) были признаны утратившими силу в результате принятия Решения 1 (2011 г.);

напоминая о том, что Мера 3 (2001 г.) не вступила в силу и была отменена Мерой 4 (2011 г.);

отмечая одобрение пересмотренного Плана управления ООРА № 124 Комитетом по охране окружающей среды;

желая заменить действующий План управления ООРА № 124 пересмотренным Планом управления,

рекомендуют своим Правительствам утвердить следующую Меру в соответствии с пунктом 1 Статьи 6 Приложения V к Протоколу по охране окружающей среды к Договору об Антарктике,

а именно:

1. Утвердить пересмотренный План управления Особо охраняемым районом Антарктики № 124 «Мыс Крозиер» (полуостров Росса), который является приложением к настоящей Мере.

2. Признать План управления Особо охраняемым районом Антарктики № 124, прилагаемый к Мере 3 (2014 г.), утратившим силу.

Мера 10 (2022 г.)

Особо охраняемый район Антарктики № 126 «Полуостров Байерс», остров Ливингстон (Смоленск), Южные Шетландские Острова: пересмотренный План управления

Представители,

напоминая о Статьях 3, 5 и 6 Приложения V к Протоколу по охране окружающей среды к Договору об Антарктике, предусматривающих определение Особо охраняемых районов Антарктики (ООРА) и утверждение Планов управления этими Районами;

напоминая о:

- Рекомендации VI-10 (1966 г.), в рамках которой полуостров Байерс (остров Ливингстон (Смоленск), Южные Шетландские Острова) был определен в качестве Особо охраняемого Района (ООР) № 10;
- Рекомендации VIII-2 (1975 г.), в рамках которой был отменен статус Района в качестве ООР № 10, и Рекомендации VIII-4 (1975 г.), в соответствии с которой данный Район был определен в качестве Участка особого научного интереса (УОНИ) № 6 с приложением к ней первого Плана управления Участком;
- Рекомендациях X-6 (1979 г.), XII-5 (1983 г.), XIII-7 (1985 г.) и Мере 3 (2001 г.), в соответствии с которыми был продлен срок действия статуса района в качестве УОНИ № 6;
- Рекомендации XVI-5 (1991 г.), в рамках которой был принят пересмотренный План управления УОНИ № 6;
- Решении 1 (2002 г.), в рамках которого УОНИ № 6 был переименован и перенумерован в ООРА №126;
- Мере 1 (2002 г.), Мере 4 (2011 г.) и Мере 4 (2016 г.), в рамках которых были приняты пересмотренные Планы управления ООРА №126;

напоминая о том, что Рекомендация XVI-5 (1991 г.) и Мера 3 (2001 г.) не вступили в силу и были отменены в результате принятия Меры 4 (2011 г.);

напоминая о том, что Рекомендации VIII-2 (1975 г.), X-6 (1979 г.), XII-5 (1983 г.), XIII-7 (1985 г.) и XVI-5 (1991 г.) были признаны утратившими силу в результате принятия Решения 1 (2011 г.);

отмечая одобрение пересмотренного Плана управления ООРА № 126 Комитетом по охране окружающей среды;

желая заменить действующий План управления ООРА № 126 пересмотренным Планом управления,

рекомендуют своим Правительствам утвердить следующую Меру в соответствии с пунктом 1 Статьи 6 Приложения V к Протоколу по охране окружающей среды к Договору об Антарктике,

а именно:

1. Утвердить пересмотренный План управления Особо охраняемым районом Антарктики № 126 «Полуостров Байерс» (остров Ливингстон (Смоленск), Южные Шетландские Острова), прилагаемый к настоящей Мере.

2. Признать План управления Особо охраняемым районом Антарктики № 126, приложенный к Мере 4 (2016 г.), утратившим силу.

Мера 11 (2022 г.)

Особо охраняемый район Антарктики № 127 «Остров Хасуэлл»: пересмотренный План управления

Представители,

напоминая о Статьях 3, 5 и 6 Приложения V к Протоколу по охране окружающей среды к Договору об Антарктике, предусматривающих определение Особо охраняемых районов Антарктики (ООРА) и утверждение Планов управления этими Районами;

напоминая о

- Рекомендации VIII-4 (1975 г.), в рамках которой остров Хасуэлл был определен в качестве Участка особого научного интереса (УОНИ) № 7, с приложением к ней Плана управления Участком;
- Рекомендациях X-6 (1979 г.), XII-5 (1983 г.), XIII-7 (1985 г.), XVI-7 (1987 г.) и Мере 3 (2001 г.), в соответствии с которыми был продлен срок действия статуса района в качестве УОНИ № 7;
- Решении 1 (2002 г.), в рамках которого УОНИ № 7 был переименован и перенумерован в ООРА №127;
- Мере 4 (2005 г.), которой был продлен срок действия Плана управления ООРА №127;
- Мере 1 (2006 г.), Мере 5 (2011 г.) и Мере 5 (2016 г.), в рамках которых были приняты пересмотренные Планы управления ООРА №127;

напоминая о том, что Рекомендации VIII-4 (1975 г.), X-6 (1979 г.), XII-5 (1983 г.), XIII-7 (1985 г.) и XVI-7 (1987 г.) были признаны утратившими силу в результате принятия Решения 1 (2011 г.);

отмечая одобрение пересмотренного Плана управления ООРА № 127 Комитетом по охране окружающей среды;

желая заменить действующий План управления ООРА № 127 пересмотренным Планом управления,

рекомендуют своим Правительствам утвердить следующую Меру в соответствии с пунктом 1 Статьи 6 Приложения V к Протоколу по охране окружающей среды к Договору об Антарктике,

а именно:

1. Утвердить пересмотренный План управления Особо управляемым районом Антарктики № 127 «Остров Хасуэлл», прилагаемый к настоящей Мере.

2. Признать План управления Особо охраняемым районом Антарктики № 127, приложенный к Мере 5 (2016 г.), утратившим силу.

Мера 12 (2022 г.)

Особо охраняемый район Антарктики № 129 «Мыс Ротера», остров Аделейд: пересмотренный План управления

Представители,

напоминая о Статьях 3, 5 и 6 Приложения V к Протоколу по охране окружающей среды к Договору об Антарктике, предусматривающих определение Особо охраняемых районов Антарктики (ООРА) и утверждение Планов управления этими Районами;

напоминая о:

- Рекомендации XIII-8 (1985 г.), в рамках которой мыс Ротера (остров Аделейд) был определен в качестве Участка особого научного интереса (УОНИ) № 9, с приложением к ней Плана управления этим Участком;
- Резолюции 7 (1995 г.), в рамках которой был продлён срок действия статуса участка в качестве УОНИ № 9;
- Мере 1 (1996 г.), содержащей в качестве приложения пересмотренные описание и План управления УОНИ № 9;
- Решении 1 (2002 г.), в рамках которого УОНИ № 9 был переименован и перенумерован в ООРА №129;
- Мере 1 (2007 г.), в соответствии с которой был принят пересмотренный План управления ООРА № 129 и пересмотрены границы Района;
- Мере 6 (2012 г.) и Мере 5 (2017 г.), в рамках которых были приняты пересмотренные Планы управления ООРА № 129;

напоминая о том, что Резолюция 7 (1995 г.) была признана утратившей силу Решением 1 (2011 г.), и Мера 1 (1996 г.) не вступила в силу и была отменена Мерой 10 (2008 г.);

отмечая одобрение пересмотренного Плана управления ООРА № 129 Комитетом по охране окружающей среды;

желая заменить действующий План управления ООРА № 129 пересмотренным Планом управления,

рекомендуют своим Правительствам утвердить следующую Меру в соответствии с пунктом 1 Статьи 6 Приложения V к Протоколу по охране окружающей среды к Договору об Антарктике,

а именно:

1. Утвердить пересмотренный План управления Особо охраняемым районом Антарктики № 129 «Мыс Ротера» (остров Аделейд), прилагаемый к настоящей Мере.

2. Признать План управления Особо охраняемым районом Антарктики № 129, прилагаемый к Мере 5 (2017 г.), утратившим силу.

Мера 13 (2022 г.)

Особо охраняемый район Антарктики № 133 «Мыс Хармони», остров Нельсон (Лейпциг), Южные Шетландские острова: пересмотренный План управления

Представители,

напоминая о Статьях 3, 5 и 6 Приложения V к Протоколу по охране окружающей среды к Договору об Антарктике, предусматривающих определение Особо охраняемых районов Антарктики (ООРА) и утверждение Планов управления этими Районами;

напоминая о:

- Рекомендации XIII-8 (1985 г.), в соответствии с которой Мыс Гармония, остров Нельсон, Южные Шетландские острова был определен как Участок особого научного интереса (УОНИ) № 14;
- Резолюции 7 (1995 г.), в рамках которой был продлен срок определения УОНИ № 14;
- Мере 3 (1997 г.), в рамках которой был принят пересмотренный План управления УОНИ № 14;
- Решении 1 (2002 г.), в рамках которого УОНИ № 14 был переименован и перенумерован в ООРА № 133;
- Мере 2 (2005 г.) и Мере 7 (2012 г.), в соответствии с которыми были приняты пересмотренные Планы управления ООРА № 133;

напоминая о том, что Резолюция 7 (1995 г.) была признана утратившей актуальность посредством Решения 1 (2011 г.);

напоминая о том, что Мера 3 (1997 г.) не вступила в силу и была отменена Мерой 6 (2011 г.);

отмечая одобрение пересмотренного Плана управления ООРА № 133 Комитетом по охране окружающей среды;

желая заменить действующий План управления ООРА № 133 пересмотренным Планом управления,

рекомендуют своим Правительствам утвердить следующую Меру в соответствии с пунктом 1 Статьи 6 Приложения V к Протоколу по охране окружающей среды к Договору об Антарктике,

а именно:

1. Утвердить пересмотренный План управления Особо охраняемым районом Антарктики № 133 (Мыс Хармони, остров Нельсон (Лейпциг), Южные Шетландские острова), который является приложением к настоящей Мере.

2. Признать План управления Особо охраняемым районом Антарктики № 133, приложенный к Мере 7 (2012 г.), утратившим силу.

Мера 14 (2022 г.)

Особо охраняемый район Антарктики № 139 «Мыс Биско», остров Анверс, архипелаг Палмер: пересмотренный План управления

Представители,

напоминая о Статьях 3, 5 и 6 Приложения V к Протоколу по охране окружающей среды к Договору об Антарктике, предусматривающих определение Особо охраняемых районов Антарктики (ООРА) и утверждение Планов управления этими Районами;

напоминая о:

- Рекомендации XIII-8 (1985 г.), в соответствии с которой мыс Биско, остров Анверс, архипелаг Палмер, был определен как Участок особого научного интереса (УОНИ) № 20 и к которой прилагается План управления этим Участком;
- Резолюции 3 (1996 г.) и Мере 2 (2000 г.), которыми был продлен срок действия УОНИ № 20;
- Решении 1 (2002 г.), в рамках которого УОНИ № 20 был переименован и перенумерован в ООРА № 139;
- Мере 2 (2004 г.), Мере 7 (2010 г.) и Мере 6 (2014 г.), в рамках которых были приняты пересмотренные Планы управления ООРА 139;

напоминая о том, что Резолюция 3 (1996 г.) была признана утратившей актуальность посредством Решения 1 (2011 г.);

напоминая о том, что Мера 2 (2000 г.) не вступила в силу и была отменена Мерой 5 (2009 г.);

отмечая одобрение пересмотренного Плана управления ООРА № 139 Комитетом по охране окружающей среды;

желая заменить действующий План управления ООРА № 139 пересмотренным Планом управления,

рекомендуют своим Правительствам утвердить следующую Меру в соответствии с пунктом 1 Статьи 6 Приложения V к Протоколу по охране окружающей среды к Договору об Антарктике,

а именно:

1. Утвердить пересмотренный План управления Особо охраняемым районом Антарктики № 139 «Мыс Биско» (остров Анверс, архипелаг Палмер), который является приложением к настоящей Мере.

2. Признать План управления Особо охраняемым районом Антарктики № 139, приложенный к Мере 6 (2014 г.), утратившим силу.

Мера 15 (2022 г.)

Особо охраняемый район Антарктики № 140 «Части Острова Десепшен (Тейля)», Южные Шетландские острова: пересмотренный План управления

Представители,

напоминая о Статьях 3, 5 и 6 Приложения V к Протоколу по охране окружающей среды к Договору об Антарктике, предусматривающих определение Особо охраняемых районов Антарктики (ООРА) и утверждение Планов управления этими Районами;

напоминая о:

- Рекомендации XIII-8 (1985 г.), в соответствии с которой побережье порта Фостер (остров Десепшен (Тейля), Южные Шетландские острова) было определено в качестве Участка особого научного интереса (УОНИ) № 21 с приложением к ней Плана управления этим Участком;
- Резолюции 7 (1995 г.) и Мере 2 (2000 г.), в рамках которых был продлен срок действия статуса Района в качестве УОНИ № 21;
- Решении 1 (2002 г.), в рамках которого УОНИ № 21 был переименован и перенумерован в ООРА №140;
- Мере 3 (2005 г.), Мере 8 (2012 г.) и Мере 6 (2017 г.), в рамках которых были приняты пересмотренные Планы управления ООРА № 140;

напоминая о том, что Резолюция 7 (1995 г.) была признана утратившей силу Решением 1 (2011 г.) и Мера 2 (2000 г.) не вступила в силу и была отменена Мерой 5 (2009 г.);

отмечая одобрение пересмотренного Плана управления ООРА № 140 Комитетом по охране окружающей среды;

желая заменить действующий План управления ООРА № 140 пересмотренным Планом управления,

рекомендуют своим Правительствам утвердить следующую Меру в соответствии с пунктом 1 Статьи 6 Приложения V к Протоколу по охране окружающей среды к Договору об Антарктике,

а именно:

1. Утвердить пересмотренный План управления Особо охраняемым районом Антарктики № 140 «Части острова Десепшен (Тейля)» (Южные Шетландские острова), прилагаемый к настоящей Мере.

2. Признать План управления Особо охраняемым районом Антарктики № 140, приложенный к Мере 6 (2017 г.), утратившим силу.

Мера 16 (2022 г.)

Особо охраняемый район Антарктики № 149 «Мыс Шерефф и Остров Сан-Телмо», остров Ливингстон (Смоленск), Южные Шетландские острова: пересмотренный План управления

Представители,

напоминая о Статьях 3, 5 и 6 Приложения V к Протоколу по охране окружающей среды к Договору об Антарктике, предусматривающих определение Особо охраняемых районов Антарктики (ООРА) и утверждение Планов управления этими Районами;

напоминая о

- Рекомендации IV-11 (1966 г.), в рамках которой мыс Шерефф (остров Ливингстон (Смоленск), Южные Шетландские острова) был определен в качестве Особо охраняемого района (ООР) No 11;
- Рекомендации XV-7 (1989 г.), в соответствии с которой был отменен статус Района в качестве ООР № 11 и Район был повторно определен в качестве Участка особого научного интереса (ОУНИ) № 32 с приложением к нему Плана управления Участком;
- Резолюции 3 (1996 г.) и Меры 2 (2000 г.), в соответствии с которыми был продлен срок действия статуса Района в качестве УОНИ № 32;
- Решении 1 (2002 г.), в рамках которого УОНИ № 32 был переименован и перенумерован в ООРА № 149;
- Мере 2 (2005 г.), Мере 7 (2011 г.) и Мере 7 (2016 г.), в рамках которых были приняты пересмотренные Планы управления ООРА №149;

напоминая о том, что Рекомендация XV-7 (1989 г.) и Мера 2 (2000 г.) не вступили в силу, а Мера 2 (2000 г.) была отменена в результате принятия Меры 5 (2009 г.);

напоминая о том, что Рекомендация XV-7 (1989 г.) и Резолюция 3 (1996 г.) были признаны утратившими силу в результате принятия Решения 1 (2011 г.);

отмечая одобрение пересмотренного Плана управления ООРА № 149 Комитетом по охране окружающей среды;

желая заменить действующий План управления ООРА № 149 на пересмотренный План управления,

рекомендуют своим Правительствам утвердить следующую Меру в соответствии с пунктом 1 Статьи 6 Приложения V к Протоколу по охране окружающей среды к Договору об Антарктике,

а именно:

1. Утвердить пересмотренный План управления Особо охраняемым районом Антарктики № 149 «Мыс Шерефф и Остров Сан-Телмо» (остров Ливингстон (Смоленск), Южные Шетландские острова), прилагаемый к настоящей Мере.

2. Признать План управления Особо охраняемым районом Антарктики № 149, приложенный к Мере 7 (2016 г.), утратившим силу.

Мера 17 (2022 г.)

Особо охраняемый район Антарктики № 164 «Утесы Скаллин-Монолит и Марри-Монолит» (Земля Мак-Робертсона): пересмотренный План управления

Представители,

напоминая о Статьях 3, 5 и 6 Приложения V к Протоколу по охране окружающей среды к Договору об Антарктике, предусматривающих определение Особо охраняемых районов Антарктики (ООРА) и утверждение Планов управления этими Районами;

напоминая о:

- Мере 2 (2005 г.), в соответствии с которой утесы Скаллин-Монолит и Марри-Монолит (Земля Мак-Робертсона, Восточная Антарктида) были определены в качестве ООРА №164, с приложением к ней Плана управления Районом;
- Мере 13 (2010 г.) и Мере 16 (2015 г.), в рамках которых были приняты пересмотренные Планы управления ООРА № 164;

отмечая одобрение пересмотренного Плана управления ООРА № 164 Комитетом по охране окружающей среды;

желая заменить действующий План управления ООРА № 164 пересмотренным Планом управления,

рекомендуют своим Правительствам утвердить следующую Меру в соответствии с пунктом 1 Статьи 6 Приложения V к Протоколу по охране окружающей среды к Договору об Антарктике,

а именно:

1. Утвердить пересмотренный План управления Особо охраняемым районом Антарктики № 164 «Утесы Скаллин-Монолит и Марри-Монолит» (Земля Мак-Робертсона), прилагаемый к настоящей Мере.

2. Признать План управления Особо охраняемым районом Антарктики № 164, приложенный к Мере 16 (2015 г.), утратившим силу.

Мера 18 (2022 г.)

Пересмотренный перечень Исторических мест и памятников Антарктики: Обновленная информация для Исторических мест и памятников №№ 26, 29, 36, 38, 39, 40, 41, 42, 43 и 93

Представители,

напоминая о требованиях Статьи 8 Приложения V к Протоколу по охране окружающей среды к Договору об Антарктике в отношении ведения перечня имеющихся Исторических мест и памятников (ИМП), а также положения о том, что данные объекты «не подлежат нарушению, удалению или разрушению»;

напоминая о:

- Резолюции 3 (2009 г.), в рамках которой были приняты Руководства по определению и охране Исторических мест и памятников;
- Резолюции 2 (2018 г.), в рамках которой было принято Руководство по методике оценки и управления наследием Антарктики;
- Рекомендации VII-9, в рамках которой были определены ИМП №№ 26, 29, 36, 38, 39, 40, 41, 42 и 43, а также Мере 5 (1997 г.), в которой была внесена поправка относительно ИМП 41;
- Мере 12 (2019 г.), в соответствии с которой место крушения «Эндьюранс» было добавлено в перечень ИМП;
- Решении 1 (2019 г.), в котором были добавлены новые информационные поля в Перечень ИМП;
- Решении 1 (2021 г.), в котором излагается информация, содержащаяся в полях, которые по-прежнему являются официальной частью Перечня ИМП, и о том, что изменения в этих полях потребуют принятия посредством Меры; и
- Мере 23 (2021 г.), в рамках которой был принят и переформатирован Перечень ИМП,

рекомендуют своим Правительствам утвердить следующую Меру в соответствии с пунктом 2 Статьи 8 Приложения V к Протоколу по охране окружающей среды к Договору об Антарктике,

а именно:

1. Изменить информацию в Перечне Исторических мест и памятников («ИМП») для ИМП 93 («Крушение *Эндьюранс*») согласно таблице ниже:

№	Название	Описание	Местоположение	Природные особенности окружающей среды, культурный контекст и местная специфика
93	Крушение *Эндьюранс*	Обломки судна «Эндьюранс», включая все артефакты, находящиеся или ранее находившиеся на судне, которые могут лежать на морском дне внутри или вблизи обломков судна в радиусе 500м. Сюда входят все приспособления и принадлежности судна, в том числе штурвал, рында и т. п. В эту категорию также входят все предметы личного имущества, оставленные на судне командой в момент его затопления.	68°44'21' ю. ш. 52°19'47" з.д.	Место крушения находится на дне моря Уэдделла на глубине 3008 м.

2. Изменить информацию в Перечне ИМП для Исторических мест и памятников №№ 26, 29, 36, 38, 39, 40, 41, 42 и 43 согласно таблице ниже:

№	Название	Местоположение
26	Памятные сооружения станции Сан-Мартин.	68°07'47" ю.ш., 067°06'05" з.д.
29	Маяк «Примеро-де-Майо»	64°17’58" ю.ш., 62°58'08" з.д.
36	Мемориальная табличка в память об экспедиции Далльманна	62°14'26" ю. ш. 058°40'45" з.д.
38	Шведский дом на Сноу Хилл	64°21'50" ю.ш., 056°59'32" з.д.
39	Каменная хижина в бухте Хоп	63°23'44" ю.ш., 056°59'51" з.д.
40	Памятные сооружения базы Эсперанса.	63°23'49" ю.ш., 056°59'57" з.д.
41	Исторические останки экипажа судна *«Антарктик»* на острове Полет	63°34'29" ю. ш. 055°47'06" з.д.
42	Обсерватории острова Лори	60°44'18' ю. ш. 044°44'19" з.д.
43	Крест на станции Бельграно	77°52'34" ю. ш. 034°37'43" з.д.

3. Обратиться с просьбой к Секретариату Договора об Антарктике обновить перечень, прилагаемый к Мере 23 (2021 г.) и сделать его доступными сайте Секретариата.

2. Решения

Решение 1 (2022 г.)

Отчет, программа и бюджет Секретариата

Представители,

напоминая о Мере 1 (2003 г.) по учреждению Секретариата Договора об Антарктике («Секретариата»);

принимая во внимание Финансовые положения Секретариата Договора об Антарктике, приложенные к Решению 4 (2003 г.) с изменениями и дополнениями, которые внесены Решением 6 (2005 г.),

принимают следующее решение:

1. Утвердить проверенный финансовый отчёт за 2020/21 финансовый год, прилагаемый к настоящему Решению (Дополнение 1).

2. Принять к сведению Отчёт Секретариата за 2021/22 финансовый год, включающий в себя Предварительный финансовый отчёт за 2021/22 финансовый год, прилагаемый к настоящему Решению (Дополнение 2).

3. Принять к сведению Прогнозный пятилетний финансовый план на 2023/24–2027/28 финансовые годы и утвердить Программу работы Секретариата на 2022/23 финансовый год, включая Бюджет на 2022/23 финансовый год и Сметное предложение на 2023/24 финансовый год, прилагаемые к настоящему Решению (Приложение 3).

4. Поручить Исполнительному секретарю Секретариата открыть на форуме Консультативного совещания по Договору об Антарктике (КСДА) тему для доклада Консультативным сторонам по финансовым вопросам.

ПРИЛОЖЕНИЕ I

Аудиторское заключение

Г-ну Секретарю

Секретариата Договора об Антарктике, Maipú 757, 4° piso

CUIT 30-70892567-1

Вх.: XLIV КСДА − XXIV заседание КООС, Консультативное Совещание по Договору об Антарктике, 2022 г., Берлин (Германия).

1. Отчёт о результатах проверки финансовой отчётности

Нами был произведен аудит прилагаемой Финансовой отчётности Секретариата Договора об Антарктике, включающей Отчёт о доходах и расходах, Отчёт о финансовом состоянии, Отчёт об изменениях в стоимости активов, Отчёт о движении денежных средств, а также Пояснительные записки за финансовый период с 1 апреля 2020 года по 31 марта 2021 года.

2. Ответственность Руководства за Финансовую отчётность

Секретариат Договора об Антарктике, созданный в соответствии с Законом Аргентинской Республики № 25.888 от 14 мая 2004 г., несёт ответственность за составление и своевременное представление прилагаемой финансовой отчётности согласно нормам бухгалтерского учёта, основанным на движении денежных средств, в соответствии с Международными стандартами финансовой отчётности и соответствующими стандартами Консультативных Совещаний по Договору об Антарктике. Данная ответственность распространяется на организацию, внедрение и осуществление внутреннего контроля в отношении составления и представления финансовой отчётности, не содержащей искажений вследствие ошибок или недобросовестных действий; на выбор и осуществление надлежащей учётной политики и подготовку соотносимых с обстоятельствами бухгалтерских расчетов.

3. Ответственность Аудитора

В наши обязанности входит представление аудиторского заключения о Финансовой отчётности, основанного на результатах проведённого аудита.

Аудит производился в соответствии с Международными стандартами аудита и Приложением к Решению 3 (2012 г.) XXXI Консультативного Совещания по Договору об Антарктике, содержащим описание задач, возлагаемых на внешнюю аудиторскую организацию.

Данные стандарты требуют соблюдения норм профессиональной этики, планирования и проведения аудита с целью обоснованного гарантирования отсутствия существенных неточностей в представленной Финансовой отчётности.

Аудит включает осуществление процедур, направленных на получение доказательств, относящихся к приведенным в Финансовой отчётности суммам и показателям. Выбор аудиторских процедур осуществляется по усмотрению аудитора с учётом оценки риска наличия существенных неточностей в финансовой отчётности.

При оценке данного риска аудитор анализирует систему внутреннего контроля, необходимого для составления и своевременного представления организацией Финансовой отчётности, с целью планирования надлежащих, соответствующих обстоятельствам процедур.

Помимо этого, аудит включает в себя оценку соответствия применяемых принципов бухгалтерского учета, представление экспертизы об обоснованности проводимых руководством бухгалтерских операций, а также оценку общего представления Финансовой отчётности.

Мы полагаем, что полученные нами доказательства являются надлежащим и достаточным основанием для формирования нашего аудиторского заключения.

4. Заключение

По нашему мнению, прилагаемая Финансовая отчётность Секретариата Договора об Антарктике за финансовый период, закончившийся 31 марта 2021 г., подготовлена во всех существенных аспектах в соответствии с требованиями Международных стандартов финансовой отчётности, соответствующих стандартов Консультативных Совещаний по Договору об Антарктике, а также принципами основанного на наличных расчетах бухгалтерского учёта.

5. Прочие вопросы

Информация, содержащейся в Примечании 1 к прилагаемой финансовой отчётности, указывает, что эта отчётность была подготовлена Секретариатом Договора об Антарктике в соответствии с нормами, установленными в прилагаемых к Решению 4 (2003) Финансовых положениях, которые по определенным критериям оценки и представления отчётности расходятся с профессиональными стандартами ведения бухгалтерского учёта, действующими в Автономном городе Буэнос-Айрес (Аргентина).

Вместе с тем приведенная в предшествующем параграфе информация отражает разницу при пересчете, обусловленную значительной девальвацией национальной валюты Аргентинской Республики.

6. Требуемая по законодательству дополнительная информация

На основании описанного в пункте 3 анализа довожу до сведения, что упомянутая выше Финансовая отчётность основана на данных учета, которые не внесены в бухгалтерские книги в соответствии с требованиями действующих аргентинских стандартов.

Также сообщаем, что согласно данным бухгалтерского учёта по состоянию на 31 марта 2021 г. причитающаяся задолженность Секретариата перед Единой системой социального обеспечения Аргентинской Республики с учетом произведенных Секретариатом платежей составляет 1 037 612,96 аргентинских песо (10 642,18 долл. США), при этом подлежащая взысканию задолженность в аргентинских песо отсутствует.

Важно отметить, что трудовые правоотношения регулируются Положениями о персонале Секретариата Договора об Антарктике.

Автономный город Буэнос-Айрес, 31 марта 2022 г.

SINDICATURA GENERAL DE LA NACIÓN

BOZZANO Ariel Maximiliano

Дата: 21.04.2022 г. 11:38:31 -03'00'

Ariel Maximiliano Bozzano

Contador Público (U.B.A.)

C.P.C.E.C.A.B.A. – T°379 – F°044

Приложение I. Заключительный отчёт за 2020/21 г.

1. Отчёт о доходах и расходах средств, относящихся к периоду с 1 апреля 2020 г. по 31 марта 2021 г. и сравнение с предыдущим периодом.

		Бюджет	
ДОХОДЫ	**31/3/2020**	**31/3/2021**	**31/3/2021**
Взносы (Примечание 10)	1 378 097	1 378 097	1 378 097
Общий фонд (Примечание 1.11)	0	0	0
Прочие доходы (Примечание 2)	6 492	2 700	734
Итого доходов	1 384 589	1 380 797	1 378 831
РАСХОДЫ			
Заработная плата	704 087	682 247	678 136
Услуги письменного и устного перевода	324 089	72 000	22 840
Командировочные расходы	99 173	39 500	10 230
Информационные технологии	50 517	54 450	46 011
Типографские, редакторские и копировально-м	15 693	4 500	1 801
Общие услуги	56 309	54 488	35 295
Услуги связи	14 763	17 900	13 827
Расходы на содержание офиса	11 466	17 500	12 711
Административные расходы	6 570	7 200	6 750
Представительские расходы	2 895	4 000	169
Финансирование (Примечание 9)	45 775	73 700	54 571
Итого расходов	1 331 338	1 027 485	882 340
АССИГНОВАНИЯ В ФОНДЫ			
Фонд выходных пособий и компенсаций	25 359	25 813	25 813
Фонд компенсации расходов, связанных с перес	-	-	-
Фонд проведения операций	-	-	-
Фонд покрытия непредвиденных расходов на пе	-	-	-
Итого ассигнований в фонды	25 359	25 813	25 813
Итого расходов и отчислений	1 356 696	1 053 298	908 153
(Дефицит) / Профицит за период	27 893	327 499	470 678

Данный отчёт должен рассматриваться совместно с прилагаемыми Примечаниями 1–10

Приложение I. Заключительный отчёт за 2020/21 г.

2. Отчет о финансовом состоянии на 31 марта 2021 г. и сравнение с предыдущим финансовым периодом

	31/3/2020	31/3/2021
АКТИВЫ		
Текущие активы		
Денежные средства и их эквиваленты (Примечание 3)	1 203 852	1 541 947
Задолженность по взносам (Примечание 10)	60 852	128 674
Прочая дебиторская задолженность (Примечание 4)	56 383	31 971
Прочие текущие активы (Примечание 5)	73 526	86 424
Итого текущих активов	1 394 612	1 789 016
Внеоборотные активы		
Основные средства (Примечания 1.3 и 6)	86 457	88 999
Итого внеоборотных активов	86 457	88 999
Итого активов	1 481 070	1 878 015
ОБЯЗАТЕЛЬСТВА		
Краткосрочные обязательства		
Кредиторская задолженность по счетам (Примечание 7)	40 050	36 748
Взносы, поступившие авансом (Примечание 10)	493 543	387 197
Специальный фонд добровольных взносов (Примечание 1.9)	3 465	9 461
Вознаграждение и причитающиеся взносы (Примечание 8)	31 530	33 096
Итого по краткосрочным обязательствам	568 588	466 502
Долгосрочные обязательства		
Фонд выходных пособий и компенсаций (Примечание 1.4)	44 316	70 129
Фонд компенсации расходов, связанных с переездом сотрудн	50 000	50 000
Фонд на случай непредвиденных расходов на перевод (Прим	30 000	30 000
Фонд пособий по недобровольному прекращению контракт	80 291	80 291
Фонд замещения основных средств (Примечание 1.8)	20 161	22 702
Итого по долгосрочным обязательствам	224 768	253 122
Итого обязательств (пассивов)	793 356	719 624
ЧИСТЫЕ АКТИВЫ	687 713	1 158 391

Данный отчёт должен рассматриваться совместно с прилагаемыми Примечаниями 1–10

Приложение I. Заключительный отчёт за 2020/21 г.

3. Отчет об изменении чистых активов на 31 марта 2021 г. и сопоставление с предыдущим периодом.

Представленные	Чистые актив 31/3/2020	Доходы	Расходы и отчисления	Прочие доходы	Чистые активы 31/3/2021
Общий фонд	457 761	1 378 097	-908 153	734	928 439
- покрыть фонд непредвиденных расходов на перевод					0
- создать фонд пособий по недобровольному прекращению контрактов					0
Фонд проведения операций (Приме	229 952				229 952
Чистые активы	687 713				1 158 391

Данный отчёт должен рассматриваться совместно с прилагаемыми Примечаниями 1–10

Приложение I. Заключительный отчёт за 2020/21 г.

4 Отчёт о движении денежных средств за период с 1 апреля 2020 г. по 31 марта 2021 г. и сравнение с предыдущим периодом.

Изменения в денежных средствах и их эквивалентах		**31/3/2021**		**31/3/2020**	
Денежные средства и их эквиваленты на начало финансового года		1 203 852		1 305 710	
Денежные средства и их эквиваленты на конец года		1 541 947		1 203 852	
Чистое увеличение денежных средств и их эквивалентов			338 094		-101 858
Причины изменений в денежных средствах и их эквивалентах					
Текущая деятельность					
Поступление взносов	816 731			1 004 398	
Выплата заработной платы	-676 725			-703 648	
Оплата переводческих услуг	-15 880			-304 539	
Оплата командировочных расходов	0			-158 198	
Оплата типографских, редакторских и копировально-множ	-1 801			-15 693	
Оплата общих услуг	-38 692			-51 974	
Прочие платежи поставщикам услуг	-67 207			-45 089	
Чистый поток денежных средств и их эквивалентов от о		16 426			-274 743
Инвестиционная деятельность					
Приобретение основных средств	-16 172			-36 589	
Чистый поток денежных средств и их эквивалентов от и		-16 172			-36 589
Финансовая деятельность					
Взносы, поступившие авансом	387 197			493 543	
Выплата выходных пособий и расходы, связанные с переез	0			-185 160	
Подготовка XLI КСДА	0			0	
Взимание п. 5.6 Положения о персонале	167 620			190 707	
Выплата п. 5.6 Положения о персонале	-165 545			-214 302	
Предоплата арендных платежей, нетто	13 532			20 866	
Сальдо движения ФАГД	-38 593			14 341	
Прочие поступления или расходы	4 272			-65 211	
Чистый приток денежных средств и их эквивалентов от		368 483			254 784
Операции с иностранной валютой					
Чистый убыток	-30 643			-45 310	
Чистый поток денежных средств и их эквивалентов от о		-30 643			-45 310
Чистое увеличение денежных средств и их эквивалентов			338 094		-101 858

Данный отчёт должен рассматриваться совместно с прилагаемыми Примечаниями 1–10

Примечания к финансовым отчетам по состоянию на 31 марта 2020 и 2021 гг.

1 МЕТОДИКА ПОДГОТОВКИ ФИНАНСОВЫХ ОТЧЁТОВ

Суммы в данных финансовых отчётах выражены в долларах США в соответствии с нормами, установленными Финансовыми положениями, Приложение к Решению 4 (2003). Данные отчёты подготовлены в соответствии с требованиями Международных стандартов финансовой отчётности (МСФО) Совета по Международным стандартам финансовой отчётности (СМСФО). Использовался метод бухгалтерского учёта по принципу начисления.

1.1 Первоначальная стоимость

Финансовая отчетность подготовлена на основе фактической стоимости приобретения, за исключением тех случаев, где прямо указано иное.

1.2 Помещения

Офисные помещения Секретариата предоставлены Министерством иностранных дел, международной торговли и культа Аргентинской Республики. Они освобождены от арендных и коммунальных платежей.

1.3 Основные средства

Имущество оценено по первоначальной стоимости минус начисленная амортизация. Для расчета амортизации используется линейный метод с использованием ежегодных долей, достаточных для погашения стоимости имущества к концу расчетного срока эксплуатации. Общая остаточная стоимость материальных активов не превышает ценности их производительного использования.

1.4 Фонд выходных пособий и компенсаций

В соответствии со Статьёй 10.4 Положений о персонале, ассигнования в данный фонд должны быть достаточными для осуществления компенсационных выплат сотрудникам руководящей категории в размере одного базового оклада за один месяц за каждый год работы.

1.5 Фонд компенсации расходов, связанных с переездом сотрудников

Данный фонд предназначен для возмещения сотрудникам руководящей категории расходов, связанных с переездом к месту и от места нахождения штаб-квартиры Секретариата.

1.6 Фонд покрытия непредвиденных расходов на перевод

Согласно Решению 4 (2009 г.) данный фонд был создан с целью оплаты расходов на перевод, которые могут возникнуть в результате непредвиденного увеличения объема требующих перевода документов, представляемых на КСДА.

1.7 Фонд пособий по недобровольному прекращению контрактов

Следовать Статье 10.5 Положений о персонале Секретариата Договора об Антарктике сотрудников, оказывающих общие услуги.

1.8 Фонд возмещения основных средств

Согласно требованиям МСФО активы, срок полезного использования которых составляет более одного финансового года, должны отражаться в строке активов в Отчёте о финансовом состоянии. До марта 2010 г. статья отражалась как поправка к Общему фонду. С апреля 2010 г. компенсирующая запись по таким активам должна отображаться в пункте пассивов.

1.9 Фонд проведения операций

Согласно Статье 6.2 (a) Финансового регламента данный фонд не должен превышать 1/6 (одну шестую) бюджета на текущий финансовый год. В текущем финансовом году этот фонд не распределялся.

1.10 Специальный фонд добровольных взносов

Пункт (82) Заключительного отчёта КСДА XXXV о получении добровольных взносов от сторон. Фонд добровольных взносов предназначен для оплаты аренды и коммунальных услуг в финансовом году.

1.11 Общий фонд

Этот фонд был учреждён для учёта доходов и расходов Секретариата.

Примечания к финансовым отчетам по состоянию на 31 марта 2020 и 2021 гг.

		31/3/2020	31/3/2021
2	**Прочие доходы**		
	Полученные проценты	6 014	0
	Полученные скидки	478	734
	Итого	6 492	734
3	**Денежные средства и их эквиваленты**		
	Наличные доллары США	1 530	1 530
	Наличные аргентинские песо	60	150
	Специальный счёт в долларах США в I	1 108 286	1 521 302
	Счёт в аргентинских песо в Банке арге	93 976	18 964
	Инвестиции	-	-
	Итого	1 203 852	1 541 947
4	**Прочая задолженность**		
	Положение о персонале п. 5.6	56 383	31 971
5	**Прочие текущие активы**		
	Авансовые платежи	38 514	31 738
	НДС к зачету	28 448	50 456
	Прочие возмещаемые расходы	6 563	4 230
	Итого	73 526	86 424
6	**Основные средства**		
	Книги и подписки	16 704	16 704
	Офисное оборудование	41 611	40 227
	Мебель	50 971	52 436
	Компьютерное аппаратное и програм	139 284	143 719
	Итого первоначальная стоимость	248 569	253 086
	Начисленная амортизация	-162 112	-164 087
	Итого	86 457	88 999
7	**Кредиторская задолженность**		
	Торговая	2 921	3 219
	Начисленные расходы	36 977	33 359
	Прочая	152	170
	Итого	40 050	36 748
8	**Вознаграждение и причитающиеся взносы**		
	Заработная плата	8 090	9 500
	Взносы и отчисления	23 441	23 596
	Итого	31 530	33 096
9	**Финансовые операции**		
	Курсовая разница в связи с платежамі	22 179	22 723
	Курсовая разница по денежным расхо	10 296	15 264
	Курсовая разница по возврату НДС	13 299	16 584
	Итого	45 774	54 571

Примечания к финансовым отчетам по состоянию на 31 марта 2020 и 2021 гг.

10 Задолженность по взносам, взятые обязательства по взносам, погашенные и уплаченные авансом

Взносы	**долженность**	**Обязательства**	**Погашенные**	**Задолженност**	**плаченные авансом**
Стороны	**31/3/2020**	**по взносам**	**$**	**31/3/2021**	**31/3/2021**
Австралия	25	60 347	60 372		-
Аргентина		60 347	60 347		-
Бельгия		40 021	40 021		-
Болгария		33 923	33 923		-
Бразилия	60 728	40 021	0	100 749	-
Великобритания		60 347	60 347		60 347
Германия	12	52 217	52 229		-
Индия		46 119	46 119		-
Испания		46 119	46 119		-
Италия		52 217	52 217		-
Китай	25	46 119	46 144		-
Нидерланды		46 119	46 119		-
Новая Зеландия		60 347	60 347		60 322
Норвегия		60 347	60 347		60 327
Перу	16	33 923	6 013	27 926	-
Польша		40 021	40 021		40 021
Республика Корея		40 021	40 021		40 021
Российская Федерация		46 119	46 119		46 119
Соединённые Штаты Америки		60 347	60 347		-
Украина	12	40 021	40 033		-
Уругвай	25	40 021	40 046		-
Финляндия		40 021	40 021		40 021
Франция		60 347	60 347		-
Чешская Республика		40 021	40 021		40 009
Чили		46 119	46 119		-
Швеция	10	46 119	46 129		10
Эквадор		33 923	33 923		-
ЮАР		46 119	46 119		-
Япония		60 347	60 347		-
Итого	60 852	1 378 097	1 310 275	128 674	387 197

Albert Lluberas Bonaba
Исполнительный секретарь

Roberto A. Fennell
Управляющий по финансам

Предварительный финансовый отчет за 2021/22 финансовый год

ПОСТУПЛЕНИЯ И АССИГНОВАНИЯ		Аудированный отчет за		Бюджет на 2021/22 финан		Предварительный отчет за
ДОХОДЫ						
Объявленные взносы	$	1 378 097	$	1 378 097	$	1 378 097
Добровольные взносы	$	-	$	-	$	-
Прочий доход	$	734	$	1 000	$	975
Всего доходов	**$**	**1 378 831**	**$**	**1 379 097**	**$**	**1 379 072**
РАСХОДЫ						
ЗАРАБОТНАЯ ПЛАТА						
Сотрудники руководящей категории	$	297 522	$	303 468	$	303 468
Сотрудники общей категории	$	380 443	$	390 542	$	388 841
Вспомогательный персонал КСДА	$	-	$	9 900	$	8 900
Стажеры	$	-	$	600	$	-
Сверхурочные	$	170	$	2 000	$	6 254
Всего по заработной плате	$	678 136	$	706 510	$	707 463
ПИСЬМЕННЫЙ И УСТНЫЙ ПЕРЕВОД						
Письменный и устный перевод	$	22 840	$	220 000	$	215 954
КОМАНДИРОВОЧНЫЕ РАСХОДЫ						
Проезд, проживание, суточные и пр.	$	10 230	$	30 000	$	18 625
ИНФОРМАЦИОННЫЕ ТЕХНОЛОГИИ						
Аппаратное обеспечение	$	7 209	$	10 750	$	9 800
Программное обеспечение	$	2 844	$	3 000	$	3 451
Разработка	$	28 573	$	29 800	$	22 752
Поддержка аппаратного и программного обесг	$	2 720	$	2 800	$	3 870
Поддержка	$	4 666	$	7 500	$	6 000
Всего по информационным технологиям	$	46 011	$	53 850	$	45 873
ТИПОГРАФСКИЕ, РЕДАКТОРСКИЕ И КОПИРОВАЛЬНО-МНОЖИТЕЛЬНЫЕ УСЛУГИ						
Заключительный отчет	$	1 330	$	14 000	$	11 401
Прочие публикации	$	471	$	2 500	$	1 117
Всего по типографским, редакторским и копир	$	1 801	$	16 500	$	12 518
ОБЩИЕ УСЛУГИ						
Юридические консультации	$	446	$	7 000	$	571
Расчет заработной платы	$	9 061	$	8 400	$	8 194
Внешний аудит	$	11 619	$	11 908	$	11 618
Услуги докладчика	$	-	$	-	$	-
Уборка, техобслуживание и охрана	$	5 237	$	8 000	$	2 725
Обучение	$	1 612	$	5 000	$	2 530
Банковские услуги	$	5 013	$	7 000	$	7 322
Аренда оборудования	$	2 308	$	1 500	$	892
Всего по общим услугам	$	35 295	$	48 808	$	33 852
УСЛУГИ СВЯЗИ						
Телефонная связь	$	1 609	$	3 200	$	3 068
Интернет	$	2 981	$	4 000	$	4 046
Услуги по веб-хостингу	$	9 086	$	11 500	$	9 180
Почтовые расходы	$	150	$	1 200	$	204
Всего по услугам связи	$	13 827	$	19 900	$	16 498

	Аудированный отчет за 2020/21 финансов	Бюджет на 2021/22 финан совый год	Предварительны й отчет за 2021/2022
РАСХОДЫ НА СОДЕРЖАНИЕ ОФИСА			
Канцелярские товары и расходные материалы	$ 304	$ 3 000	$ 3 111
Книги и подписки	$ 15	$ 1 000	$ 303
Страхование	$ 2 683	$ 4 000	$ 2 976
Мебель	$ 1 464	$ 1 500	$ 1 476
Офисное оборудование	$ 2 096	$ 3 500	$ 1 100
Улучшение условий труда	$ 6 149	$ 5 500	$ 5 430
Всего по расходам на содержание офиса	$ 12 711	$ 18 500	$ 14 396
АДМИНИСТРАТИВНЫЕ РАСХОДЫ			
Офисные принадлежности	$ 1 353	$ 2 500	$ 741
Местный транспорт	$ 2 809	$ 1 500	$ 1 232
Разное	$ 249	$ 2 000	$ 1 197
ЖКХ	$ 2 340	$ 3 000	$ 1 910
Всего по административным расходам	$ 6 750	$ 9 000	$ 5 080
ПРЕДСТАВИТЕЛЬСКИЕ РАСХОДЫ			
Представительские расходы	$ 169	$ 4 000	$ 770
ФИНАНСОВЫЕ ОПЕРАЦИИ			
Обмен расходов — (прибыль)/убыток	$ 22 723	$ 22 000	$ 11 662
Обмен платежей — принимающей страны (при	$ 15 264	$ 15 000	$ 8 540
Возврат НДС — чистая (прибыль)/убыток	$ 16 584	$ 18 000	$ 7 771
Всего по финансовым операциям — (прибыль	$ 54 571	$ 55 000	$ 27 973
ПРОМЕЖУТОЧНАЯ СУММА РАСХОДОВ	**$ 882 340**	**$ 1 182 068**	**$ 1 099 002**
АССИГНОВАНИЯ В ФОНДЫ			
Фонд оборотных средств	$ -	$ -	$ -
Фонд компенсации расходов, связанных с пер	$ -	$ -	$ -
Фонд выходных пособий и компенсаций	$ 25 813	$ 26 768	$ 26 768
Принудительное увольнение сотрудников	$ -	$ -	$ -
Резервный фонд для оплаты переводческих у	$ -	$ -	$ -
Всего ассигнований в фонды	$ 25 813	$ 26 768	$ 26 768
ВСЕГО РАСХОДОВ И АССИГНОВАНИЙ	**$ 908 153**	**$ 1 208 836**	**$ 1 125 770**
Профицит/(дефицит) за период	**$ 470 678**	**$ 170 261**	**$ 253 302**

Приложение 2. Предварительный Финансовый отчет за 2021/2022 финансовый год

ДЕЯТЕЛЬНОСТЬ ФОНДА

ОБЩИЙ ФОНД

	Аудированный отчет за 2020/21 финансовый год	Чистое движение в 2021/22 финансовом году	Предварительный отчет за 2021/2022 финансовый год
Аудированный начальный баланс	$ 928 439		
Профицит/(дефицит) за текущий период		$ 253 302	
Предварительный конечный баланс			**$ 1 181 741**

ФОНД ОБОРОТНЫХ СРЕДСТВ

Аудированный начальный баланс	$ 229 952		
Предварительный конечный баланс		$ -	**$ 229 952**

*) ФОНД КОМПЕНСАЦИИ РАСХОДОВ, СВЯЗАННЫХ С ПЕРЕЕЗДОМ СОТРУДНИКОВ

Аудированный начальный баланс	$ 50 000		
Предварительный конечный баланс		$ -	**$ 50 000**

*) ФОНД ВЫХОДНЫХ ПОСОБИЙ И КОМПЕНСАЦИЙ

Аудированный начальный баланс	$ 70 129		
Ассигнования в текущем периоде		$ 26 768	
Предварительный конечный баланс			**$ 96 897**

**) ПРИНУДИТЕЛЬНОЕ УВОЛЬНЕНИЕ СОТРУДНИКОВ

Аудированный начальный баланс	$ 80 291		
Предварительный конечный баланс			**$ 80 291**

***) РЕЗЕРВНЫЙ ФОНД ДЛЯ ОПЛАТЫ ПЕРЕВОДЧЕСКИХ УСЛУГ

Аудированный начальный баланс	$ 30 000		
Предварительный конечный баланс			**$ 30 000**

ФИНАНСОВОЕ ПОЛОЖЕНИЕ 6.3

Общий фонд	$ 928 439	$ 253 302	$ 1 181 741
****) Задолженность по взносам	$ (128 839)		$ (141 962)
Положительное сальдо	**$ 799 600**		**$ 1 039 779**

*) Решение 1 (2006 г.)

**) Решение 3 (2019 г.)

***) Решение 4 (2009 г.)

****) Невыплаченные взносы по состоянию на 31 марта 2021г. и 31 марта 2022г.

Программа работы Секретариата на 2022/2023 финансовый год

Введение

В данной программе работы излагаются мероприятия, предлагаемые для Секретариата в 2022/23 финансовом году (с 1 апреля 2022 г. по 31 марта 2023 г.).

Основное внимание в программе уделено штатной деятельности Секретариата, связанной с подготовкой XLV КСДА, публикацией отчетов, выполнением задач в соответствии с положениями Меры 1 (2003 г.), а также ряда конкретных задач, поставленных на последних КСДА. Программа работы и соответствующее предложение по бюджету на 2022/2023 год подготовлены на основе утвержденного Прогноза бюджета на 2022/2023 Финансовый год (Решение 3 (2021 г.).

Поддержка межсессионной деятельности

В последние годы как КСДА, так и КООС выполнили значительный объем межсессионной работы, в основном через межсессионные контактные группы (МКГ) и неформальные дискуссионные форумы. Секретариат продолжит поддерживать эти дискуссии, регулярно выпускать напоминания о текущих обсуждениях и предоставлять подробные обновления о статусе этих дискуссий на форуме. Секретариат будет поддерживать тесный контакт с председателями рабочих групп КСДА для оказания помощи в подготовке следующего заседания.

Что касается КООС, Секретариат продолжит работу с Председателем КООС и конвинерами Вспомогательной группы по реагированию на изменение климата (ВГРИК) и Вспомогательной группы по планам управления (ВГПУ). Секретариат также продолжит принимать участие в ежемесячных видеоконференциях для облегчения межсессионной работы КООС и подготовки к следующему заседанию.

Планируемая поддержка XLV КСДА (2023 г.) и XLVI КСДА (2024 г.)

Правительство Финляндии и Секретариат Договора об Антарктике совместно организуют XLV КСДА и XXV КООС, которые состоятся в Хельсинки с 29 мая по 8 июня 2023 г. Обязанности Секретариата принимающей страны и Секретариата Договора об Антарктике описаны в Руководстве по организации, которое ежегодно обновляется Секретариатом Договора об Антарктике. Основными задачами Секретариата на совещании являются управление документооборотом, надзор за техническими службами, организация письменного и устного перевода, а также помощь в составлении и публикации Заключительного отчета. Принимающая страна отвечает за предоставление места для проведения мероприятия, обеспечение технических услуг, услуг приглашенных докладчиков и сопроводительную программу.

Секретариат организует услуги письменного и устного перевода. Сюда входит перевод документов до, во время и после заседания, а также устный перевод во время сессий. Секретариат также организует ведение записей во время заседания и будет отвечать за согласование и редактирование отчетов о заседании КСДА и КООС. Секретариат также создаст раздел на своем сайте, чтобы сделать документы и другие соответствующие материалы доступными для делегатов и обеспечить онлайн-регистрацию на совещание.

Секретариат начнет предварительное обсуждение с правительством Индии в отношении организации XLVI КСДА (2024 г.), включая такие вопросы, как планировка и вместимость офисов и залов заседаний, ИТ-обеспечение, аудиовизуальная поддержка и планирование мероприятий.

Координация и контакты

Помимо поддержания постоянного контакта по электронной почте, телефону и с помощью других средств связи со Сторонами и международными организациями Системы Договора об Антарктике важным механизмом поддержания тесного взаимодействия и обмена мнениями является участие в совещаниях. Однако на момент подготовки этой программы проведение заседаний КОМНАП и АНТКОМ в 2022 г. еще не подтверждено. Исполнительный секретарь (ИС) планирует принять виртуальное или физическое участие в обоих мероприятиях.

Исходя из ценного опыта прошлого года, Секретариат будет готов к проведению по запросу Сторон виртуальных тренингов и обсуждений с делегатами для поддержки использования ими системы СЭОИ, объяснения новых функций и обмена мнениями о возможностях ее усовершенствования. Кроме того, Секретариат готов в любое время помогать Сторонам, в частности, в отношении услуг, предоставляемых через сайт, а также управления информацией, документами, контактами и межсессионной деятельностью.

Сайт и информационные системы

Новый дизайн и усовершенствование Базы данных контактов

Интерфейс Базы данных контактов будет переработан для обеспечения полной визуальной интеграции с текущим дизайном сайта Секретариата. Новый дизайн также будет включать улучшения функциональных возможностей, предлагаемых пользователям, а также возможную интеграцию с другими услугами, предоставляемыми Секретариатом, которые требуют ограниченного доступа для зарегистрированных пользователей. Разработка также будет направлена на поддержание самых высоких стандартов доступности и безопасности информации, содержащейся в базе данных, путем добавления расширенных функций безопасности.

Совершенствование сайта Секретариата

Секретариат продолжит совершенствовать сайт, включив в него новый раздел, обеспечивающий простой доступ к материалам, полезным для делегатов и других зарегистрированных пользователей. Раздел, который будет работать аналогично текущему Справочнику КООС, будет называться «Инструменты КСДА для делегатов».

Под руководством Председателя КООС Секретариат продолжит работу над улучшением раздела, посвященного Историческим местам и памятникам (ИМП), на сайте Секретариата.

Секретариат проведет оценку вероятных способов переопределения категорий и тем, используемых в настоящее время для классификации мер КСДА в базе данных Договора об Антарктике, с целью облегчения поиска и фильтрации мер.

Новый онлайн-механизм подачи документов на заседания будет дорабатываться с учетом опыта, полученного в течение первого года использования, и отзывов пользователей.

Картографические инструменты

Секретариат продолжит изучение возможности использования существующей веб-платформы географической информации для представления разнообразного контента с географической привязкой, который уже имеется в его базах данных или может появиться в результате новых требований к обмену информацией. В дополнение к улучшениям, которые должны быть внесены в список исторических мест и памятников, Секретариат внесет изменения в новую карту, которая содержит информацию о местоположении, описании и фотографических материалах каждого из ИМП в Антарктике.

Обмен информацией и система электронного обмена информацией (СЭОИ)

Секретариат также продолжит помогать Сторонам с размещением их материалов в рамках обмена информацией, а также с обработкой информации, загружаемой с помощью функции загрузки файлов. В связи с этим продолжится оценка альтернатив для подготовки учебных пособий и/или учебных программ для операторов СЭОИ.

Будут добавлены дополнительные сводные отчеты из СЭОИ с целью дополнения и расширения информации, предоставляемой Сторонами в своих отчетах.

Публикации

Заключительный отчет КСДА и отчет КООС

К XLIV КСДА в Берлине Секретариат подготовил своевременный перевод на четыре языка Договора неофициального документа Председателя КООС о рекомендациях КООС для КСДА.

Секретариат будет переводить, публиковать и распространять Заключительный отчет XLIV КСДА и приложения к нему на четырех языках Договора в соответствии с процедурами представления, перевода и распространения документов для КСДА и заседания КООС, а также другими требованиями, установленными КСДА (Заключительный отчет XXXII КСДА, п. 72). Заключительный отчет будет доступен на сайте Секретариата, а бумажные копии будут распространяться по курьерским и дипломатическим каналам. Печатные копии также будут доступны для покупки в интернет-магазинах. Секретариат скорректирует свои внутренние процедуры для дальнейшего улучшения редакционного качества отчета, включая форматирование документов до и после заседания.

Другие публикации

Секретариат опубликует новую редакцию *Правил процедуры Консультативного совещания по Договору об Антарктике и Комитета по охране окружающей среды* на четырех языках Договора об Антарктике. Эта книга будет доступна на сайте Секретариата, а печатные экземпляры будут также доступны в интернет-магазинах по всему миру. Секретариат готов подготовить новое издание *Сборника основных документов Системы Договора об Антарктике* на четырех языках Договора, если это необходимо.

Документация и общедоступная информация

Документы КСДА

Секретариат продолжит работу по завершению архивирования Заключительных отчетов и документов КСДА и других совещаний Системы Договора об Антарктике на четырех языках Договора. Мы хотели бы повторить наше предложение Сторонам провести поиск своих файлов, чтобы в Секретариате имелся полный архив. Просим вас связаться с Секретариатом для получения подробного списка недостающих документов.

Секретариат создаст веб-платформу для улучшения доступа к дополнительным документам КСДА XLIV, включая отчеты Наблюдателей и Экспертов, а также другие документы, в соответствии с положениями, установленными КСДА (Заключительный отчет КСДА XXXII, пункт 72).

Глоссарии и редакционные правила

Секретариат продолжит работу по составлению глоссария терминов и выражений КСДА для формирования перечня терминов на четырех языках Договора. Секретариат обновит свои руководящие принципы редактирования, направленные на стандартизацию работы докладчиков, переводчиков, корректоров и сотрудников Секретариата. Секретариат обновит свой сетевой технический глоссарий для внутреннего использования с целью обеспечения согласованности переводов документов КСДА.

Банк изображений

Секретариат планирует продолжить работу по наполнению банка изображений имеющимися в архиве фотоматериалами. Мы хотели бы еще раз попросить предоставить Секретариату оригинальные фотоматериалы для публикации в банке изображений по лицензии Creative Commons. Мы были бы особенно признательны, если бы получили фотографии на тему совещаний по Договору об Антарктике до создания Секретариата, а также фотографий на тему полевых работ, проводимых Сторонами в Антарктике в целях соблюдения правил, установленных КСДА и КООС, таких как инспекционная деятельность.

Аналогичным образом, Секретариат создал раздел банка изображений, предназначенный для сбора и публичного распространения видео в цифровом формате. Мы также были бы признательны за предоставление видеоматериалов о Консультативных совещаниях (например, видео презентаций, которые страна, принимающая следующее совещание, ежегодно показывает во время заключительного пленарного заседания), соответствующие тем же критериям, что и фотоизображения.

Штат сотрудников

На 1 апреля 2022 г. штат Секретариата состоял из следующего персонала:

Должность	**Дата вступления в должность**	**Уровень**	**Ступень**	**Истечение срока полномочий**
Сотрудники руководящей категории				
Исполнительный секретарь	1.09.2017	E1	5	31.08.2025
Помощник Исполнительного секретаря	15.07.2019	E3	3	31.07.2023
Сотрудники общей категории				
Сотрудник по информации	1.11.2004	G1	6	
Референт (неполный рабочий день)	1.02.2020	G2	3	
Сотрудник по финансовым вопросам (неполный рабочий день)	1.12.2008	G2	6	
Редактор	1.02.2006	G2	6	
Специалист по информационным технологиям (ИТ)	1.02.2019	G3	4	
Специалист в области средств связи (неполный рабочий день)	1.10.2010	G4	6	
Офис-менеджер	15.11.2012	G4	6	
Помощник по уборке (неполный рабочий день)	01.07.2015	G7	6	

Никаких изменений в штатных должностях Секретариата не предвидится.

31 июля 2023 г. истекает первый срок контракта с Помощником Исполнительного секретаря Диего Уайдлером. В последние годы г-н Уайдлер продемонстрировал высокую приверженность и эффективность в выполнении своих задач. Кроме того, Исполнительный секретарь считает, что г-н Уайдлер окажет неоценимую помощь следующему Исполнительному секретарю, первый срок полномочий которого начнется в 2025 г. Поэтому Исполнительный секретарь намеревается продолжить пользоваться помощью г-на Уайдлера и продлить его контракт на дополнительный четырехлетний период.

С этой целью, учитывая, что Положение о персонале 6.3(e) гласит, что: «(e) для руководящего персонала срок назначения […] может быть продлен после консультации с КСДА», Исполнительный секретарь примет решение после дополнительных консультаций в ходе XLIV заседания КСДА.

Процесс пересмотра работы организации

Как поясняется в Программе Секретариата на 2020/2021 г., Секретариат продолжит процесс пересмотра функций и обязанностей своих сотрудников, с тем чтобы Секретариат оставался небольшой, но динамичной, эффективной, надежной и современной организацией, а также планирует осуществить в текущем периоде ряд дополнительных мер.

Полный конфиденциальный отчет, включающий описание еще не завершенных и возможных будущих действий, будет распространен среди глав делегаций во время XLIV КСДА.

Финансовые вопросы

Бюджет на 2022/23 финансовый год и прогноз бюджета на 2023/24 финансовый год включены в Приложение 1.

Проект бюджета на 2022/23 финансовый год

Распределение бюджетных ассигнований по статьям расходов аналогично прошлогоднему прогнозу. Были внесены лишь небольшие корректировки в прогнозируемые расходы в 2022/23 финансовом году.

В 2021 г. в Аргентине продолжился стремительный рост стоимости жизни. Уровень инфляции (индекс потребительских цен) за 2021 г., опубликованный INDEC (Национальный институт статистики и переписей населения Аргентинской Республики), составил 50,9 %, и он был лишь в небольшой степени компенсирован ростом курса доллара США по отношению к аргентинскому песо на 20,73 %.

Хотя этот значительный убыток в 2021 г. был частично уравновешен незначительным ростом в предыдущие годы, тенденция 1-го квартала 2022 г. по-прежнему заключается в том, что уровень инфляции в значительной степени опережает рост доллара США. Мировая инфляция в этот период также достигла пика.[1]

Поэтому Исполнительный секретарь предлагает увеличить заработную плату на 1,5 %, рассчитанную для покрытия половины дополнительных убытков в 1-м квартале 2022 г. (приблизительно 3 %).

Шкала окладов, которая не обновлялась с 2016 г., представлена в Приложении 3.

Несмотря на влияние местной и глобальной инфляции на большую часть затрат, поскольку расходы по-прежнему в значительной степени основаны на контрактах, подписанных в 2021 г., а по некоторым статьям расходы были урезаны, был достигнут сбалансированный бюджет.

Ежеквартальные отчеты об исполнении бюджета будут предоставляться Сторонам в соответствии с Решением 3 (2021 г.).

Фонды

Фонд оборотных средств

Согласно Финансовому положению 6.2 (а), Фонд оборотных средств должен поддерживаться на уровне 1/6 бюджета Секретариата (в настоящее время 229 952 долл. США).

Фонд выходных пособий и компенсаций

В фонд выходных пособий и компенсаций будет зачислено 29 592 долл. США в соответствии с Положением о персонале 10.4 (см. Приложение 1).

---

[1] Инфляция 2021 г., данные по международной инфляции за 2021 г. (global-rates.com)

Прогноз бюджета на 2023/2024 финансовый год

Ожидается, что большая часть регулярной деятельности Секретариата продолжится в 2022/2023 финансовом году, включая очные заседания в 2023 г. в Хельсинки, поэтому если программа не претерпит серьезных изменений, никаких серьезных изменений в статьях ассигнований не предвидится.

Однако ожидается, что увеличение суммы местных расходов в Аргентине в долларах США повлияет на операционные расходы, а глобальная инфляция повлечет за собой рост расходов на командировки, а также письменный и устный перевод.

Поэтому прогнозируемый бюджет на этот период, как ожидается, покажет дефицит в размере приблизительно 18 000 долл. США, который будет покрыт за счет накопленного профицита в Общем фонде.

Увеличение взносов в 2023/24 финансовом году не предусматривается. В Приложении 2 показана шкала взносов на 2023/24 финансовый год.

Перспективная пятилетняя бюджетная оценка на 2023/24–2027/28 финансовые годы

При разумных допущениях бюджетная оценка допускает нулевое увеличение взносов в до 2027/28 г. в номинальном выражении, как поясняется в представленном Секретариатом отдельно документе «Пятилетняя бюджетная оценка».

Бюджет на 2022/23 финансовый год и прогноз на 2023/24 финансовый год

ПОСТУПЛЕНИЯ И АССИГНОВАНИЯ	Предварительный отчет за 2021/2022 финансовый год	Прогноз на 2022/23 финансовый год	Бюджет на 2022/23 финансовый год	Прогноз на 2023/24 финансовый год
ДОХОДЫ				
Объявленные взносы	$ 1 378 097	$ 1 378 097	$ 1 378 097	$ 1 378 097
Добровольные взносы	$ -	$ -	$ -	$ -
Прочий доход	$ 975	$ 3 500	$ 3 500	$ 3 500
Всего доходов	**$ 1 379 072**	**$ 1 381 597**	**$ 1 381 597**	**$ 1 381 597**
РАСХОДЫ				
ЗАРАБОТНАЯ ПЛАТА				
Сотрудники руководящей категории	$ 303 468	$ 309 199	$ 313 825	$ 319 574
Сотрудники общей категории	$ 388 841	$ 394 800	$ 405 842	$ 410 187
Вспомогательный персонал КСДА	$ 8 900	$ 15 467	$ 15 220	$ 16 000
Стажеры	$ -	$ 1 200	$ 1 200	$ 1 200
Сверхурочные	$ 6 254	$ 13 000	$ 12 000	$ 12 000
Всего по заработной плате	**$ 707 463**	**$ 733 666**	**$ 748 087**	**$ 758 961**
ПИСЬМЕННЫЙ И УСТНЫЙ ПЕРЕВОД				
Письменный и устный перевод	**$ 215 954**	**$ 310 200**	**$ 310 000**	**$ 312 000**
КОМАНДИРОВОЧНЫЕ РАСХОДЫ				
Проезд, проживание, суточные и пр.	**$ 18 625**	**$ 109 000**	**$ 108 500**	**$ 111 300**
ИНФОРМАЦИОННЫЕ ТЕХНОЛОГИИ				
Аппаратное обеспечение	$ 9 800	$ 11 000	$ 11 000	$ 11 000
Программное обеспечение	$ 3 451	$ 3 000	$ 3 500	$ 3 500
Разработка	$ 22 752	$ 27 500	$ 26 000	$ 27 500
Поддержка аппаратного и программног	$ 3 870	$ 2 500	$ 3 500	$ 3 500
Поддержка	$ 6 000	$ 7 500	$ 8 000	$ 8 000
Всего по информационным технологиям	**$ 45 873**	**$ 51 500**	**$ 52 000**	**$ 53 500**
ТИПОГРАФСКИЕ, РЕДАКТОРСКИЕ И КОПИРОВАЛЬНО-МНОЖИТЕЛЬНЫЕ УСЛУГИ				
Заключительный отчет	$ 11 401	$ 15 000	$ 12 000	$ 12 500
Прочие публикации	$ 1 117	$ 2 500	$ 2 500	$ 3 000
Всего по типографским, редакторским	**$ 12 518**	**$ 17 500**	**$ 14 500**	**$ 15 500**
ОБЩИЕ УСЛУГИ				
Юридические консультации	$ 571	$ 7 000	$ 3 500	$ 4 000
Расчет заработной платы	$ 8 194	$ 8 400	$ 8 400	$ 8 400
Внешний аудит	$ 11 618	$ 11 908	$ 11 618	$ 11 618
Услуги докладчика	$ -	$ -	$ -	$ -
Уборка, техобслуживание и охрана	$ 2 725	$ 8 000	$ 8 000	$ 8 000
Обучение	$ 2 530	$ 7 000	$ 7 000	$ 7 000
Банковские услуги	$ 7 322	$ 6 500	$ 7 900	$ 8 000
Аренда оборудования	$ 892	$ 1 000	$ 1 000	$ 1 000
Всего по общим услугам	**$ 33 852**	**$ 49 808**	**$ 47 418**	**$ 48 018**
УСЛУГИ СВЯЗИ				
Телефонная связь	$ 3 068	$ 2 500	$ 2 500	$ 2 500
Интернет	$ 4 046	$ 4 000	$ 4 500	$ 4 500
Услуги по веб-хостингу	$ 9 180	$ 10 500	$ 10 000	$ 10 000
Почтовые расходы	$ 204	$ 1 000	$ 1 000	$ 1 000
Всего по услугам связи	**$ 16 498**	**$ 18 000**	**$ 18 000**	**$ 18 000**

		Предварительный отчет за 2021/2022 финансовый год		Прогноз на 2022/23 финансовый год		Бюджет на 2022/23 финансовый год		Прогноз на 2023/24 финансовый год
РАСХОДЫ НА СОДЕРЖАНИЕ ОФИСА								
Канцелярские товары и расходные мат	$	3 111	$	2 500	$	2 500	$	2 500
Книги и подписки	$	303	$	1 000	$	1 000	$	1 000
Страхование	$	2 976	$	4 000	$	3 500	$	3 500
Мебель	$	1 476	$	1 500	$	1 500	$	1 500
Офисное оборудование	$	1 100	$	3 000	$	3 000	$	3 500
Улучшение условий труда	$	5 430	$	3 500	$	4 500	$	4 000
Всего по расходам на содержание офи	**$**	**14 396**	**$**	**15 500**	**$**	**16 000**	**$**	**16 000**
АДМИНИСТРАТИВНЫЕ РАСХОДЫ								
Офисные принадлежности	$	741	$	2 500	$	2 500	$	3 000
Местный транспорт	$	1 232	$	700	$	1 000	$	700
Разное	$	1 197	$	2 500	$	2 200	$	2 700
ЖКХ	$	1 910	$	3 500	$	2 500	$	3 000
Всего по административным расходам	**$**	**5 080**	**$**	**9 200**	**$**	**8 200**	**$**	**9 400**
ПРЕДСТАВИТЕЛЬСКИЕ РАСХОДЫ								
Представительские расходы	**$**	**770**	**$**	**4 000**	**$**	**4 000**	**$**	**4 000**
ФИНАНСОВЫЕ ОПЕРАЦИИ								
Обмен расходов — (прибыль)/убыток	$	11 662	$	16 500	$	11 500	$	11 500
Обмен платежей — принимающей стра	$	8 540	$	11 000	$	5 800	$	4 800
Возврат НДС — чистая (прибыль)/убы	$	7 771	$	8 000	$	8 000	$	7 700
Всего по финансовым операциям — (п	**$**	**27 973**	**$**	**35 500**	**$**	**25 300**	**$**	**24 000**
ПРОМЕЖУТОЧНАЯ СУММА РАСХ	**$**	**1 099 002**	**$**	**1 353 874**	**$**	**1 352 005**	**$**	**1 370 679**
АССИГНОВАНИЯ В ФОНДЫ								
Фонд оборотных средств	$	-	$	-	$	-	$	-
Фонд компенсации расходов, связанны	$	-	$	-	$	-	$	-
Фонд выходных пособий и компенсаци	$	26 768	$	27 723	$	29 592	$	29 108
Принудительное увольнение сотрудник	$	-	$	-	$	-	$	-
Резервный фонд для оплаты переводч	$	-	$	-	$	-	$	-
Всего ассигнований в фонды	**$**	**26 768**	**$**	**27 723**	**$**	**29 592**	**$**	**29 108**
ВСЕГО РАСХОДОВ И АССИГНОВАНИЙ	**$**	**1 125 770**	**$**	**1 381 597**	**$**	**1 381 597**	**$**	**1 399 787**
Профицит/(дефицит) за период	**$**	**253 302**	**$**	**-**	**$**	**-**	**$**	**(18 190)**

БАЛАНС ФОНДА

Фонд оборотных средств	$	229 952	$	229 952	$	229 952	$	229 952
Фонд компенсации расходов, связанны	$	50 000	$	50 000	$	50 000	$	50 000
Фонд выходных пособий и компенсаци	$	96 897	$	124 620	$	126 489	$	153 728
Принудительное увольнение сотрудник	$	80 291	$	80 291	$	80 291	$	80 291
Резервный фонд для оплаты переводч	$	30 000	$	30 000	$	30 000	$	30 000

Шкала взносов на 2023/24 финансовый год

Сторона	Кат.	Коэф.	Переменная часть	Постоянная часть	Итого
Аргентина	A	3.6	$ 36 587	$ 23 760	$ 60 347
Австралия	A	3.6	$ 36 587	$ 23 760	$ 60 347
Бельгия	D	1.6	$ 16 261	$ 23 760	$ 40 021
Бразилия	D	1.6	$ 16 261	$ 23 760	$ 40 021
Болгария	E	1	$ 10 163	$ 23 760	$ 33 923
Чили	C	2.2	$ 22 359	$ 23 760	$ 46 119
Китай	C	2.2	$ 22 359	$ 23 760	$ 46 119
Чехия	D	1.6	$ 16 261	$ 23 760	$ 40 021
Эквадор	E	1	$ 10 163	$ 23 760	$ 33 923
Финляндия	D	1.6	$ 16 261	$ 23 760	$ 40 021
Франция	A	3.6	$ 36 587	$ 23 760	$ 60 347
Германия	B	2.8	$ 28 456	$ 23 760	$ 52 217
Индия	C	2.2	$ 22 359	$ 23 760	$ 46 119
Италия	B	2.8	$ 28 456	$ 23 760	$ 52 217
Япония	A	3.6	$ 36 587	$ 23 760	$ 60 347
Южная Корея	D	1.6	$ 16 261	$ 23 760	$ 40 021
Нидерланды	C	2.2	$ 22 359	$ 23 760	$ 46 119
Новая Зеландия	A	3.6	$ 36 587	$ 23 760	$ 60 347
Норвегия	A	3.6	$ 36 587	$ 23 760	$ 60 347
Перу	E	1	$ 10 163	$ 23 760	$ 33 923
Польша	D	1.6	$ 16 261	$ 23 760	$ 40 021
Российская Федерация	C	2.2	$ 22 359	$ 23 760	$ 46 119
ЮАР	C	2.2	$ 22 359	$ 23 760	$ 46 119
Испания	C	2.2	$ 22 359	$ 23 760	$ 46 119
Швеция	C	2.2	$ 22 359	$ 23 760	$ 46 119
Украина	D	1.6	$ 16 261	$ 23 760	$ 40 021
Великобритания	A	3.6	$ 36 587	$ 23 760	$ 60 347
США	A	3.6	$ 36 587	$ 23 760	$ 60 347
Уругвай	D	1.6	$ 16 261	$ 23 760	$ 40 021

Всего заложено	**$ 1 378 097**

Шкала окладов на 2022/23 финансовый год

Дополнение A

ІКАЛА ОКЛАДОВ СОТРУДНИКОВ РУКОВОДЯЩЕЙ КАТЕГОРИ

(в долларах США)

2022/23		СТУПЕНИ														
Уровень		I	II	III	IV	V	VI	VII	VIII	IX	X	XI	XII	XIII	XIV	XV
E1	A	$ 137 332	$ 139 886	$ 142 442	$ 144 998	$ 147 554	$ 150 108	$ 152 663	$ 155 220							
E1	B	$ 171 664	$ 174 858	$ 178 052	$ 181 248	$ 184 442	$ 187 636	$ 190 829	$ 194 025							
E2	A	$ 115 641	$ 117 816	$ 119 991	$ 122 164	$ 124 339	$ 126 512	$ 128 685	$ 130 860	$ 133 035	$ 135 209	$ 137 382	$ 137 629	$ 139 775		
E2	B	$ 144 551	$ 147 269	$ 149 989	$ 152 706	$ 155 423	$ 158 139	$ 160 856	$ 163 575	$ 166 295	$ 169 011	$ 171 728	$ 172 036	$ 174 718		
E3	A	$ 96 432	$ 98 529	$ 100 627	$ 102 725	$ 104 824	$ 106 921	$ 109 019	$ 111 118	$ 113 215	$ 115 312	$ 117 410	$ 118 669	$ 119 926	$ 121 996	$ 124 064
E3	B	$ 120 539	$ 123 161	$ 125 784	$ 128 407	$ 131 030	$ 133 651	$ 136 274	$ 138 898	$ 141 518	$ 144 140	$ 146 763	$ 148 335	$ 149 908	$ 152 496	$ 155 080
E4	A	$ 79 961	$ 81 903	$ 83 848	$ 85 786	$ 87 732	$ 89 672	$ 91 611	$ 93 557	$ 95 500	$ 97 440	$ 99 384	$ 99 925	$ 101 841	$ 103 756	$ 105 672
E4	B	$ 99 951	$ 102 379	$ 104 811	$ 107 233	$ 109 665	$ 112 091	$ 114 514	$ 116 945	$ 119 375	$ 121 799	$ 124 229	$ 124 906	$ 127 300	$ 129 695	$ 132 089
E5	A	$ 66 295	$ 68 034	$ 69 770	$ 71 509	$ 73 244	$ 74 981	$ 76 720	$ 78 452	$ 80 192	$ 81 930	$ 83 663	$ 84 226			
E5	B	$ 82 869	$ 85 043	$ 87 213	$ 89 386	$ 91 556	$ 93 727	$ 95 899	$ 98 066	$ 100 240	$ 102 412	$ 104 580	$ 105 282			
E6	A	$ 52 482	$ 54 151	$ 55 819	$ 57 491	$ 59 158	$ 60 827	$ 62 499	$ 64 167	$ 65 835	$ 66 850	$ 67 506				
E6	B	$ 65 601	$ 67 689	$ 69 773	$ 71 863	$ 73 948	$ 76 034	$ 78 124	$ 80 209	$ 82 294	$ 83 563	$ 84 382				

Примечание. Строка B — это базовый оклад (указан в строке A) плюс 25% надбавка, покрывающая накладные расходы (отчисления в пенсионный фонд, страховые взносы, пособия на обустройство, репатриацию, образование и т. д.), которые составляют общую сумму оклада сотрудников руководящей категории в соответствии с Положением 5.1.

Дополнение B

ШКАЛА ОКЛАДОВ ДЛЯ СОТРУДНИКОВ ОБЩЕЙ КАТЕГОРИИ

(в долларах США)

		СТУПЕНИ														
Уровень		I	II	III	IV	V	VI	VII	VIII	IX	X	XI	XII	XIII	XIV	XV
G1		$ 66 746	$ 69 859	$ 72 975	$ 76 088	$ 79 333	$ 82 717									
G2		$ 55 622	$ 58 216	$ 60 812	$ 63 406	$ 66 112	$ 68 932									
G3		$ 46 350	$ 48 512	$ 50 676	$ 52 838	$ 55 093	$ 57 445									
G4		$ 38 626	$ 40 428	$ 42 230	$ 44 033	$ 45 910	$ 47 870									
G5		$ 31 909	$ 33 399	$ 34 887	$ 36 378	$ 37 931	$ 39 552									
G6		$ 26 156	$ 27 375	$ 28 595	$ 29 816	$ 31 089	$ 32 416									
G7		$ 14 139	$ 14 750	$ 15 362	$ 15 974	$ 16 611	$ 17 277									

Решение 2 (2022 г.)

Материальная ответственность, возникающая в результате чрезвычайных экологических ситуаций

Представители,

напоминая о взятом на себя Статьей 16 Протокола по охране окружающей среды к Договору об Антарктике (далее «Протокол») обязательства разработать правила и процедуры, связанные с ответственностью за причинение ущерба окружающей среде в результате деятельности, осуществляемой в районе действия Договора об Антарктике и подпадающей под действие Протокола;

напоминая о Мере 1 (2005 г.) и принятии Приложения VI к Протоколу в качестве шага по установлению режима материальной ответственности в соответствии со Статьей 16 Протокола;

отмечая, что Приложение VI к Протоколу еще не вступило в силу;

напоминая о Решении 1 (2005 г.), Решении 4 (2010 г.) и Решении 5 (2015 г.) по вопросу ежегодной оценки прогресса в отношении вступления в силу Приложения VI и установления сроков возобновления переговоров о материальной ответственности в соответствии со Статьей 16 Протокола;

признавая предоставленные Комитетом по охране окружающей среды в 2013 г. рекомендации по экологическим вопросам, относящимся к практической реализации конкретных примеров восстановительных мероприятий и ликвидации экологического ущерба в условиях Антарктики,

принимают следующее решение:

1. Продолжить проведение ежегодной оценки прогресса в отношении вступления в силу Приложения VI в соответствии со Статьей IX Договора об Антарктике и определить необходимые соответствующие действия для побуждения Сторон своевременно утвердить Приложение VI.

2. Продолжить обмен информацией и опытом с целью содействия прогрессу в отношении вступления в силу Приложения VI.

3. Принять решение об установлении временных рамок для возобновления переговоров об ответственности в соответствии со Статьей 16 Протокола в 2025 г. или ранее, если Стороны посчитают это необходимым в свете достигнутого прогресса в одобрении Меры 1 (2005 г.).

4. Считать Решение 5 (2015 г.) утратившим актуальность.

Решение 3 (2022 г.)

Многолетний стратегический план работы Консультативного совещания по Договору об Антарктике

Представители,

вновь подтверждая ценности, цели и принципы, заявленные в Договоре об Антарктике и Протоколе по охране окружающей среды к нему;

напоминая о Решении 3 (2012 г.) по вопросу Многолетнего стратегического плана работы (далее по тексту – План) и его принципов;

принимая во внимание, что План дополняет повестку дня Консультативного совещания по Договору об Антарктике (КСДА) и что Стороны Договора об Антарктике и другие участники КСДА по-прежнему приглашаются к активному участию в подготовке других вопросов, стоящих на повестке дня КСДА,

принимают следующее решение:

1. Утвердить План, прилагаемый к настоящему Решению.

2. Признать План, приложенный к Решению 5 (2021 г.), утратившим актуальность.

Многолетний стратегический план работы КСДА

	Приоритет	XLIV КСДА (2022 г.)	Межсессионная работа	XLV КСДА (2023 г.)	Межсессионная работа	XLVI КСДА (2024 г.)	Межсессионная работа	XLVII КСДА (2025 г.)
1.	Рассмотрение возможности скоординированного взаимодействия со странами, не являющимися участниками, граждане которых осуществляют деятельность или имущество которых задействовано в Антарктике, и со странами, которые являются Сторонами Договора об Антарктике, но еще не присоединились к Протоколу	КСДА определит страны, которые не являются Сторонами Договора и граждане которых осуществляют деятельность в Антарктике, и обеспечит для них информационно-просветительскую деятельность	Координация должна быть рассмотрена на онлайн-форуме компетентного органа	КСДА определит страны, которые не являются Сторонами Договора и граждане которых осуществляют деятельность в Антарктике, и обеспечит для них информационно-просветительскую деятельность				
2.	Содействие развитию согласованной на национальном и международном уровнях образовательной и информационно-просветительской деятельности с позиций Договора об Антарктике	РГ1 рассмотрит отчет МКГ по вопросам образовательной и информационно-просветительской деятельности	МКГ по вопросам образовательной и информационно-просветительской деятельности	РГ № 1 следует рассмотреть отчёт МКГ по вопросам образовательной и информационно-просветительской деятельности				
3.	Обсуждение стратегических научных приоритетов и обмен информацией по данному вопросу с целью определения и	СКАР сообщит о результатах обновления ИКАОС, которое является всеобъемлющим		Сторонам, Наблюдателям и Экспертам рекомендуется сообщать о деятельности,				

	Приоритет	XLIV КСДА (2022 г.)	Межсессионная работа	XLV КСДА (2023 г.)	Межсессионная работа	XLVI КСДА (2024 г.)	Межсессионная работа	XLVII КСДА (2025 г.)
	использования возможностей для сотрудничества и наращивания научного потенциала, в особенности в отношении вопросов изменения климата	десятиленим обновлением КСДА рассмотрит вопрос о том, указывают ли его результаты на необходимость дополнительных приоритетов и возможностей для сотрудничества КСДА пригласит СКАР прочитать доклад по результатам отчета		связанной с распространением информации о последствиях изменения климата в Антарктике				
4.	Введение в действие Приложения VI и продолжение сбора информации по устранению и ликвидации последствий экологического ущерба и другим вопросам из этой области для будущих переговоров по материальной ответственности	КСДА проведет оценку текущей ситуации с введением в действие Приложения VI в соответствии с положениями Статьи IX Договора об Антарктике, а также рассмотрит необходимость принятия каких-либо надлежащих мер, способствующих своевременному одобрению Сторонами Приложения VI		КСДА проведет оценку текущей ситуации с введением в действие Приложения VI в соответствии с положениями Статьи IX Договора об Антарктике, а также рассмотрит необходимость принятия каких-либо надлежащих мер, способствующих своевременному одобрению Сторонами Приложения VI				

	Приоритет	XLIV КСДА (2022 г.)	Межсессионная работа	XLV КСДА (2023 г.)	Межсессионная работа	XLVI КСДА (2024 г.)	Межсессионная работа	XLVII КСДА (2025 г.)
		КСДА рассмотрит последствия пределов ответственности в других соответствующих международных документах для возможного будущего изменения этих пределов в Статье 9 Приложения VI		КСДА рассмотрит последствия пределов ответственности в других соответствующих международных документах для возможного будущего изменения этих пределов в Статье 9 Приложения VI				
		КСДА примет решение об установлении временных рамок для возобновления переговоров о материальной ответственности в соответствии со Статьей 16 Протокола по охране окружающей среды в 2022 г. или ранее, если Стороны сочтут это необходимым в свете достигнутого прогресса в одобрении Меры 1 (2005 г.) – см. Решение 5 (2015 г.)		КСДА следует принять решение об установлении временных рамок для возобновлении переговоров о материальной ответственности в соответствии со Статьёй 16 Протокола по охране окружающей среды в 2025 г. или ранее, если Стороны посчитают это необходимым в свете достигнутого прогресса в одобрении Меры 1 (2005 г.) – см. Решение D (2022 г.)				

	Приоритет	XLIV КСДА (2022 г.)	Межсессионная работа	XLV КСДА (2023 г.)	Межсессионная работа	XLVI КСДА (2024 г.)	Межсессионная работа	XLVII КСДА (2025 г.)
5.	Оценка осуществляемой КООС работы по пересмотру передовых методов работы и совершенствования существующих методов и средств, а также по разработке дополнительных методов охраны окружающей среды, в том числе процедур оценки воздействия на окружающую среду	РГ1 рассмотрит рекомендации КООС и обсудит политические нюансы пересмотра оценки воздействия на окружающую среду (ОВОС).	Обмен передовыми методами ОВОС	РГ1 рассмотрит рекомендации КООС и обсудит политические нюансы пересмотра оценки воздействия на окружающую среду (ОВОС).				
6.	Продвижение в реализации Резолюции E (2022), включая вопросы, связанные с развитием и/или усилением исследовательской деятельности и распространением ее результатов	Стороны представят обновления в отношении подходов к оценке рисков с целью определения возможного влияния изменения климата на существующие и будущие экологические ценности и логистику Антарктики. Космические агентства – обсуждение космических технологий для наблюдения за Антарктикой в контексте изменения климата		Обновление информации КОМНАП о его работе с национальными программами по использованию согласованных методов количественной оценки и публикации экономии за счет повышения энергоэффективности, которая способствует (а) снижению выбросов углерода и (б) сокращению потребления топлива				

	Приоритет	XLIV КСДА (2022 г.)	Межсессионная работа	XLV КСДА (2023 г.)	Межсессионная работа	XLVI КСДА (2024 г.)	Межсессионная работа	XLVII КСДА (2025 г.)
		Согласование способов работы с невыполненными рекомендациями СЭДА касательно последствий изменения климата (2010 г.)						
7.	Модернизация антарктических станций в контексте изменения климата	Дальнейшее обсуждение модернизации антарктических станций		Стороны продолжат обмениваться информацией и опытом в вопросах окружающей среды, безопасности и культуры в процессе своей строительной деятельности				
8.	Рассмотрение и обсуждение вопросов, относящихся к росту количества авиационной деятельности в Антарктике, а также оценка необходимости принятия дополнительных мер	Обсуждение представленной КОМНАП информации с семинара по антарктической авиации Стороны представят информацию о своей деятельности/планах, связанных с авиацией		Стороны, Наблюдатели и Эксперты представят информацию о своей деятельности/планах, связанных с авиацией				
9.	Способствовать согласованной реализации Полярного кодекса	Дальнейший обмен мнениями о национальном опыте применения Полярного кодекса в Антарктике		Стороны продолжат обмениваться документами об опыте реализации Полярного кодекса их стран. Будет организовано специальное заседание				

	Приоритет	XLIV КСДА (2022 г.)	Межсессионная работа	XLV КСДА (2023 г.)	Межсессионная работа	XLVI КСДА (2024 г.)	Межсессионная работа	XLVII КСДА (2025 г.)
				для улучшения и поддержки согласованной реализации Полярного кодекса.				
10.	Содействовать улучшению гидрографических исследований в Антарктике	Стороны отреагируют на предложение МГО Стороны, МГО и МААТО сообщат о прогрессе в гидрографии.		Стороны обсудят пути и средства для реализациисуществующих резолюций по гидрографии (см. Информационный документ IP 4 XLIII КСДА, 2021 г.) Стороны, МААТО и МГО сообщат о прогрессе в отношении гидрографии				
11.	Разработать стратегический подход к управлению антарктическим туризмом, чтобы гарантировать, что он осуществляется безопасным и экологически ответственным образом.	Рассмотрение результатов работы МКГ по вопросам постоянных объектов для туризма и другой неправительственной деятельности в Антарктике	Второй период – МКГ по вопросам постоянных объектов для туризма и другой неправительственной деятельности в Антарктике	Рассмотрение результатов работы МКГ по вопросам постоянных объектов для туризма и другой неправительственной деятельности				
		Дальнейшее рассмотрение экологических вопросов, связанных с туризмом, исходя из новых рекомендаций КООС		Учет последствий увеличения туристической активности для поисково-спасательных работ, в том числе для национальных антарктических программ.	Рассмотреть варианты поддержки и поощрения реализации и вступления в силу Меры 4 (2004 г.) и Меры 15 (2009 г.)	Рассмотреть ход реализации и вступления в силу Меры 4 (2004 г.) и Меры 15 (2009 г.)		

	Приоритет	XLIV КСДА (2022 г.)	Межсессионная работа	XLV КСДА (2023 г.)	Межсессионная работа	XLVI КСДА (2024 г.)	Межсессионная работа	XLVII КСДА (2025 г.)
		Рассмотрение возможного увеличения нагрузки на поисково-спасательные службы национальных антарктических программ в связи с активизацией туристической деятельности в Антарктике	Стороны должны рассмотреть возможность разработки предложений для обсуждения того, как КСДА может наилучшим образом определить стратегии мониторинга, включая индикаторы, которые могут указывать на тенденции туризма, которые могут увеличить риски для эффективного управления или представлять риск для окружающей среды Антарктики.	Обсудить, как КСДА может наилучшим образом определить стратегии мониторинга, включая индикаторы, которые могут указывать на тенденции туризма, которые могут увеличить риски для эффективного управления или представлять риск для окружающей среды Антарктики.	Заинтересованные Стороны должны рассмотреть варианты форм отчета о посещении КСДА для наземной и воздушной туристической деятельности. Неофициальные межсессионные обсуждения возможной применимости и использования туристических сборов	Оценить любой рост туризма или неправительственной деятельности, проводимой операторами, не входящими в МААТО		
		Дальнейшее обсуждение вопросов, связанных с ростом туризма, в том числе последствий потенциального увеличения числа операторов, не зарегистрированных в МААТО		Стороны и другие участники должны предоставить обновленную информацию о ходе деятельности мониторинга окружающей среды, связанного с туризмом, которую они спонсируют или проводят, а также о мониторинге соблюдения туристической деятельности		Запросить рекомендации у КООС по разработке стратегической программы экологического мониторинга туризма, чтобы поддержать обсуждение вариантов реализации		Оценить, адекватно ли перечень Правил поведения для посетителей участков и других инструментов охватывает места, в которых осуществляется туристическая деятельность
		Анализ хода работы КООС в отношении			Стороны должны предоставить	Рассмотреть вопрос о том,		

	Приоритет	XLIV КСДА (2022 г.)	Межсессионная работа	XLV КСДА (2023 г.)	Межсессионная работа	XLVI КСДА (2024 г.)	Межсессионная работа	XLVII КСДА (2025 г.)
		рекомендаций 3 и 7 Исследования КООС в области туристической деятельности.			рекомендации своих компетентных органов относительно того, какие типы или формы и стандарты доказательств предполагаемых нарушений будут полезны при выполнении их обязательств по соблюдению.	следует ли разработать руководство для антарктических операторов по сбору и предоставлению доказательств предполагаемых нарушений		
12.	Более строгое соблюдение правил КСДА, касающихся неправительственной деятельности, в том числе туристической	Рабочая группа 1 предоставит рекомендации относительно того, как с помощью операционной деятельности в Антарктике наиболее эффективно собирать доказательства предполагаемых нарушений и обмениваться ими	Секретариату следует обратиться к Сторонам с просьбой предоставить рекомендации относительно надлежащего документирования предполагаемых нарушений	Рабочая группа 1 предоставит рекомендации относительно того, как с помощью операционной деятельности в Антарктике наиболее эффективно собирать доказательства предполагаемых нарушений и обмениваться ими				
13.	Решать вопросы равенства, разнообразия и инклюзивностипутем поощрения полного участия недостаточно представленных групп в научной и операционной деятельности по всем антарктическим	Стороны поделятся информацией о своих планах по этим вопросам		Стороны, Наблюдатели и Эксперты поделятся информацией о своих планах по этим вопросам		Стороны, Наблюдатели и Эксперты поделятся информацией о своих планах по этим вопросам		Стороны, Наблюдатели и Эксперты поделятся информацией о своих планах по этим вопросам

	Приоритет	XLIV КСДА (2022 г.)	Межсессионная работа	XLV КСДА (2023 г.)	Межсессионная работа	XLVI КСДА (2024 г.)	Межсессионная работа	XLVII КСДА (2025 г.)
	вопросам, включая науку, операции, политику и право.							
14.	Усилить координацию управления опасными природными явлениями на антарктических объектах	Принятие во внимание информации от СКАР и КОМНАП по различным аспектам, связанным с вулканическими/сейсмическими событиями и объектами в Антарктике Рассмотрение и обсуждение того, как Сторонам следует реагировать на эти события на антарктических объектах	Призывать Стороны к участию в Группе технического сотрудничества КОМНАП в рамках национальных антарктических программ	Рассмотрение и обсуждение того, как Сторонам следует реагировать на эти события на антарктических объектах КОМНАП сообщит о работе этой группы на XLV КСДА СКАР сообщит о сейсмической активности в Антарктиде				

Примечание. Упомянутые выше Рабочие группы КСДА не являются постоянными органами и формируются на основе общего согласия в конце каждого Консультативного совещания по Договору об Антарктике.

Решение 4 (2022 г.)

Письмо к документу «Изменение климата Антарктики и окружающая среда»: Десятилетний обзор и рекомендации к действию

Представители,

признавая важность региона Антарктики в процессах глобального изменения климата;

приветствуя Десятилетний отчет об изменении климата Антарктики и окружающей среде (отчет ИКАОС), представленный Научным комитетом по антарктическим исследованиям (СКАР); и

выражая озабоченность в связи с эффектом и прогнозируемыми изменениями окружающей среды Антарктики, вызванных изменением климата, которые были отмечены в Десятилетнем отчете,

принимают решение попросить Председателя Консультативного совещания по Договору об Антарктике (КСДА) направить письмо, прилагаемое к настоящему Решению, в сопровождении к Десятилетнему отчету:

1) Исполнительному секретарю Рамочной конвенции Организации Объединенных Наций об изменении климата (РКИК ООН) для передачи Президенту Конференции Сторон РКИК ООН;

2) Секретарю Секретариата Межправительственной группы экспертов по изменению климата (МГЭИК);

3) Генеральному секретарю Всемирной метеорологической организации (ВМО);

4) Исполнительному секретарю Межправительственной научно-политической платформы по биоразнообразию и функций экосистем (IPBES); и

5) Генеральному секретарю Международной морской организацией (ИМО).

XLIV ANTARCTIC TREATY CONSULTATIVE MEETING
BERLIN 2022

Уважаемые Исполнительный секретарь РКИК ООН Патриция Эспиноза / секретарь Секретариата МГЭИК Абдала Моксит / Генеральный секретарь ВМО Петтери Таалас / Исполнительный секретарь IPBES доктор Анне Ларигаудери / Генеральный секретарь ММО Китак Лим

На 44-м Консультативном совещании по Договору об Антарктике (XLIV КСДА), проводимом в Берлине, Германия, в период с 24 мая по 2 июня 2022 года, Стороны Договора об Антарктике подчеркнули важность региона Антарктики в процессах глобального изменения климата, приветствовали Десятилетний отчет об изменении климата Антарктики и окружающей среде (отчет ИКАОС), представленный Научным комитетом по антарктическим исследованиям (СКАР), и выразили озабоченность в связи с эффектом и прогнозируемыми изменениями окружающей среды Антарктики, вызванных изменением климата, которые были отмечены в Десятилетнем отчете.

В свете вышеуказанного я рада представить отчет ИКАОС. Я также обращаюсь с просьбой к Исполнительному секретарю РКИК ООН Патриции Эспинозе довести настоящий отчет до Президента Конференции Сторон РКИК ООН Самеха Шукри.

С уважением,

Таня фон Услар-Гляйхен
Председатель XLIV КСДА

Решение 5 (2022 г.)

Требования к обмену информацией

Представители,

отмечая положения Статей III(1)(a) и VII (5) Договора об Антарктике;

осознавая обязательства по обмену информацией в рамках Протокола по охране окружающей среды к Договору об Антарктике (Протокол) и Приложений к нему;

осознавая необходимость выполнения решений Консультативного совещания по Договору об Антарктике (КСДА) в отношении обмена информацией между Сторонами;

желая обеспечить максимально эффективный и своевременный обмен информацией между Сторонами;

желая также обеспечить четкое определение состава информации, подлежащей обмену между Сторонами, для ее использования в максимальном объеме;

напоминая о Решении 4 (2012 г.), в котором было принято решение об использовании Сторонами Системы электронного обмена информацией (СЭОИ) для обмена информацией в соответствии с Договором об Антарктике, Протоколом и Приложениями к нему и в котором указывалось, что Стороны продолжат работу с Секретариатом Договора об Антарктике (Секретариат) по доработке и улучшению СЭОИ;

отмечая требования Решения 4 (2012 г.) к Сторонам в отношении регулярного обновления в течение года информации, содержащейся в соответствующих разделах СЭОИ, с целью ее предоставления и обеспечения доступа к ней в кратчайшие возможные сроки,

принимают решение:

1. Приложение к настоящему Решению представляет собой согласованный сводный перечень информации, подлежащей обмену между Сторонами..

2. Секретариат должен изменить СЭОИ для отражения информации, содержащейся в Приложении к настоящему Решению.

3. Признать План, прилагаемый к Решению 7 (2021 г.), утратившим актуальность.

Требования к обмену информацией

1. Предсезонная информация
Указанная ниже информация должна представляться как можно раньше, предпочтительно к 1 октября и в любом случае не позднее начала деятельности, в отношении которой составляется отчет.

1.1 Оперативная информация
1.1.1 Национальные экспедиции

A. Станции
Названия станций (с указанием региона, широты и долготы), сезонности, периода работы (для сезона), статуса, максимальной численности населения и доступной медицинской помощи.
Названия убежищ (с указанием региона, широты и долготы), медицинских учреждений и вместимости. Прочие важные виды полевой деятельности, *например* научные походы (указать местонахождение).

B. Невоенные суда
Названия невоенных судов, ледовой класс, страна регистрации, количество рейсов, запланированные даты отправления, районы операций, порты отправления и прибытия в Антарктику и обратно, а также цель рейса. Максимальное количество членов экипажа, максимальное количество пассажиров.

C. Воздушные суда невоенного назначения
Тип воздушного судна, запланированное количество рейсов, период полетов или запланированные сроки вылета для межконтинентальных рейсов и цель. Максимальное количество членов экипажа, максимальное количество пассажиров.

D. Исследовательские ракеты
Координаты места запуска, время и дата (период), направление запуска, планируемая максимальная высота, область воздействия, тип и технические характеристики ракет, цель и название исследовательского проекта.

E. Военные
- Количество военнослужащих (офицеров и срочнослужащих) в экспедициях.
- Количество и типы вооружений.
- Информация о военной технике (если таковая имеется), не представленная в разделе 3.2.D ниже, в том числе название места, координаты (широта и долгота), тип оборудования и его назначение.
- Морские суда: название военного корабля, ледовой класс, количество рейсов, запланированные даты отправления, районы операций, порты отправления и прибытия в Антарктику и обратно, а также цель рейса. Максимальное количество членов экипажа, максимальное количество пассажиров.
- Воздушные судна: тип воздушного судна, запланированное количество рейсов, период полетов или запланированные сроки вылета для

межконтинентальных рейсов и цель. Максимальное количество членов экипажа, максимальное количество пассажиров.

1.1.2 Неправительственные экспедиции[i]
A. Судовые операции
Имя оператора, название судна, максимальное количество членов экипажа, максимальное количество пассажиров, государство регистрации судна, число рейсов, руководитель экспедиции, планируемые сроки отплытия, порты отбытия в Антарктику и прибытия из Антарктики, районы деятельности, включая названия предполагаемых участков посещения и планируемые даты стоянки, виды деятельности, предусмотрены ли высадки на берег во время посещений, продолжительность пребывания на берегу в случае высадки (необязательное требование) и количество посетителей, участвующих в каждом конкретном мероприятии.

B. Наземные операции

Название экспедиции, название оператора, метод транспортировки в Антарктику, из Антарктики и в пределах Антарктики, тип предприятия/деятельности, место(-а) осуществления деятельности и/или маршрут(-ы), сроки проведения экспедиции, количество участвующего в экспедиции персонала, контактный адрес, адрес сайта.

C. Деятельность с использованием летательных аппаратов
Имя оператора, тип летательного аппарата, количество рейсов, периоды полетов, дата каждого рейса, пункт отправления и прибытия каждого рейса, маршрут каждого рейса, цель каждого рейса и количество пассажиров на борту.

D. Отказ в выдаче разрешений
Название судна и/или экспедиции, имя оператора, дата, причина отказа.

1.2. Посещение охраняемых районов
Название и номер охраняемого района, количество людей, которым разрешено посещение, дата/сроки и цель посещения.

2. Ежегодный отчет
Указанная ниже информация должна представляться как можно раньше после окончания летнего (антарктического) сезона, но не позднее 1 октября за отчетный период с 1 апреля по 30 марта.

2.1. Научная информация

2.1.1. Перспективные планы[ii]
Характеристики стратегических и многолетних научных планов или данные о контактных лицах в версии для печати Перечень запланированных мероприятий по участию в крупных, международных, совместных научных программах и/или проектах.

2.1.2. Научная деятельность в предыдущем году
Перечень научно-исследовательских проектов, выполненных в предыдущем году в рамках научной дисциплины (с указанием места проведения

исследований, руководителя исследований, названия или номера проекта, научной дисциплины и основной деятельности и/или сведений).

2.2. Оперативная информация

2.2.1. Национальные экспедиции
Обновленная информация согласно требованиям п. 1.1.1.

2.2.2. Неправительственные экспедиции
Обновление информации, приведенной в разделе 1.1.2 и для разделов 1.1.2.A и B: общее количество пассажиров, перевезенных в каждой поездке, общее количество членов экипажа на борту в каждой поездке и совместная деятельность для разделов A, B и C. Информация о необычных происшествиях для разделов A, B и C, включая тип имевшего место необычного происшествия (воздействующие люди, окружающая среда и/или материалы/имущество), дата, место, от кого требовалась помощь, а также контактное лицо для получения дополнительной информации о происшествии (оператор или член Национальной программы, или любое другое лицо, определенное компетентным органом).

2.3. Информация о разрешении

2.3.1. Посещение охраняемых районов
Обновленная информация согласно требованиям п. 1.2.

2.3.2. Изъятие местной флоры и фауны и вредное воздействие на них
Номер разрешения, срок действия разрешения, виды, место осуществления деятельности, количество объектов, пол, возраст и цель[iii].

2.3.3. Интродукция неместных видов
Номер разрешения, срок действия разрешения, вид, местоположение, количество, цель[iv], удаление или утилизация.

2.4. Информация об окружающей среде

2.4.1. Соответствие Протоколу[v]
Описание меры, дата вступления в силу.

2.4.2. Планы действий в чрезвычайных ситуациях
Название плана (планов) действий в случае аварийного разлива нефти и других чрезвычайных ситуаций с экологическими последствиями, копии (в формате PDF) или контактные реквизиты для получения печатных экземпляров.

2.4.3. Перечень ПООС и ВООС[vi]
Перечень ВООС и/или ПООС, выполненных в течение года, с указанием предлагаемой деятельности, сроков и/или продолжительности осуществления деятельности (необязательное требование), места осуществления деятельности, уровня предполагаемого воздействия деятельности на окружающую среду и принятого решения.

2.4.4. Отчет о мониторинговой деятельности[vii]

Название деятельности, место осуществления деятельности, осуществляемые мероприятия по мониторингу, экологически значимая информация, полученная в результате мониторинга, меры, принятые по результатам мониторинга.

2.4.5. Планы по управлению ликвидацией отходов
Название плана, название участка/судна, копии (в формате PDF) или контактные реквизиты для получения печатного экземпляра. Отчет о выполнении планов по управлению ликвидацией отходов в течение года.

2.4.6. Принятые меры по осуществлению положений Приложения V[viii]
Описание мер.

2.4.7. Процедуры, касающиеся ОВОС
Описание соответствующих национальных процедур.

2.4.8. Предотвращение загрязнения морской среды[ix]
Описание мер.

3. Постоянная информация
Представленная ниже информация может обновляться в любое время.

3.1. Средства для научных исследований

3.1.1 Автоматические регистрирующие станции и обсерватории
Название площадки, координаты (широта и долгота), высота (м), записываемые параметры, частотность наблюдений, контрольный номер (*например,* номер ВМО).

3.2 Оперативная информация
A. Станции
Названия станций (с указанием региона, широты и долготы), статус, сезонность, дата основания, места проживания и медицинские объекты.
Названия убежищ (с указанием региона, широты и долготы), медицинских учреждений и вместимости.

B. Невоенные суда
Названия невоенных судов, страна регистрации, ледовой класс, максимальное количество членов экипажа, максимальное количество пассажиров.

C. Воздушные суда невоенного назначения
Тип воздушного судна невоенного назначения, максимальное количество членов экипажа, максимальное количество пассажиров.

D. Военные
- Количество военнослужащих (офицеров и срочнослужащих)
- Количество и типы вооружений.
- Информация о военной технике (если таковая имеется), не представленная в разделе ниже, в том числе название места, координаты (широта и долгота), тип оборудования и его назначение.
- Морские суда: Название военного морского судна, прочность льда, максимальный экипаж, максимальное количество пассажиров.

- Воздушные суда: Тип военного воздушного судна, максимальный экипаж, максимальное количество пассажиров.

3.3 Экологическая информация

3.3.1 Планы по организации сбора и удаления отходов
Название плана, название участка/судна, копия (в формате PDF) или контактные реквизиты для получения печатного экземпляра.

3.3.2 Планирование на случай чрезвычайных обстоятельств
Название Плана (Планов) действий в случае аварийного разлива нефти и других чрезвычайных ситуаций с экологическими последствиями, копии (в формате PDF) или контактные реквизиты для получения печатных экземпляров.

3.3.3 Перечень прошлой деятельности
Название станции / базы / полевого лагеря / похода /места крушения воздушного судна и т.д., координаты (широта и долгота), период, в течение которого осуществлялась деятельность, описание и цель осуществления деятельности, описание оставленного оборудования или сооружений.

3.3.4 Соответствие Протоколу[x]
Описание меры, дата вступления в силу.

3.3.5 Процедуры, касающиеся ОВОС
Аналогично п. 2.4.7.

3.3.6 Предотвращение загрязнения морской среды
Аналогично п. 2.4.8.

3.3.7 Меры, направленные на обеспечение выполнения положений Приложения V аналогично п. 2.4.6.

3.4 Прочая информация

3.4.1 Соответствующее национальное законодательство
Описание закона, нормативно-правового акта, административного акта или иной меры, дата вступления в силу/введения в действие, предоставление копии (в формате PDF) или контактных реквизитов для получения печатного экземпляра.

[i] Предоставление информации о неправительственных экспедициях допускается в кратчайшие сроки после завершения соответствующих национальных процедур, при этом временные рамки определяются следующей формулировкой: «как можно раньше после завершения национальных процессов, предпочтительно к установленной предсезонной дате 1 октября, но не позднее начала деятельности».

[ii] Предоставление необязательной информации о перспективных планах допускается в любое время, к примеру после выполнения или корректировки планов, предусматривающих осуществление соответствующих мероприятий внутри страны.

[iii] Цель согласно положениям Статьи 3 Приложения II к Протоколу.

[iv] Цель согласно положениям Статьи 4 Приложения II к Протоколу.

v Новые меры, принятые в прошлом году в соответствии с положениями Статьи 13 Протокола по охране окружающей среды к Договору об Антарктике, в том числе законы и нормативно-правовые акты, административные акты и принудительные меры.

vi Информацию по ПООС и ВООС рекомендуется предоставлять «сразу же по завершении внутренних процедур с соблюдением установленных для Сторон сроков предоставления информации».

vii Мероприятия по мониторингу воздействия на окружающую среду деятельности, подлежащей первоначальной и всесторонней оценке окружающей среды (согласно п. 6.1 (c) Приложения I к Протоколу).

viii Информация о мерах, принятых с целью обеспечения выполнения положений Приложения V, включая инспектирование участков и любые действия в отношении случаев осуществления деятельности, противоречащей положениям Плана управления ООРА или ОУРА.

ix Меры, направленные на обеспечение деятельности какого-либо военного корабля, вспомогательного военного судна или иного судна, принадлежащего какому-либо государству или эксплуатируемого им на государственной некоммерческой основе, в соответствии с требованиями положений Приложения, насколько это возможно и практически осуществимо.

x Меры, принятые в соответствии с положениями Статьи 13 Протокола по охране окружающей среды к Договору об Антарктике, в том числе законы и нормативно-правовые акты, административные акты и принудительные меры.

3. Резолюции

Резолюция 1 (2022 г.)

Пересмотренное Руководство по методике оценки и управления наследием Антарктики

Представители,

напоминая о Статье 8 Приложения V к Протоколу по охране окружающей среды к Договору об Антарктике (Протокол) о включении мест и памятников признанного исторического значения в перечень Исторических мест и памятников (ИМП), которые не подлежат нарушению, удалению или разрушению;

напоминая также о Мере 23 (2021 г.), в рамках которой был принят и переформатирован Перечень ИМП;

напоминая о Резолюции 3 (2009 г.), в рамках которой было принято Руководство по определению и охране ИМП для использования Сторонами в качестве ориентира при рассмотрении вопросов, касающихся определения, охраны и сохранения исторических мест, памятников, артефактов и других остатков исторических объектов в Антарктике;

а также напоминая о Резолюции 2 (2018 г.), в которой Правительствам было рекомендовано использовать необязательное Руководство по методике оценки и управления наследием Антарктики в качестве дополнительного методического материала по вопросам оценки и управления местами/объектами, представляющими ценности наследия в Антарктике;

отмечая растущий опыт в области управления ценностями антарктического наследия;

желая предоставить Сторонам необходимую поддержку в разработке Планов управления по сохранению объектов наследия с целью надлежащего баланса вопросов охраны окружающей среды и сохранения объектов наследия при управлении ИМП;

приветствуя работу Комитета по охране окружающей среды (КООС) по разработке руководства по планированию управления по сохранению ИМП для включения в Руководство по методике оценки и управления наследием Антарктики;

рекомендуют своим Правительствам:

1. Заменить Руководство, приложенное к Резолюции 2 (2018 г.), на Руководство по методике оценки и управления наследием Антарктики, приложенное к этой Резолюции.

2. Использовать пересмотренное Руководство в качестве дополнительного руководства по вопросам, связанным с оценкой и управлением участками/объектами, представляющими ценности наследия в Антарктике.

3. Поручить Секретариату Договора об Антарктике обеспечить представление Резолюции 2 (2018 г.) на своем сайте как утратившей силу.

Руководство по методике оценки и управления наследием Антарктики

1. Введение

Целью настоящего документа является предоставление Сторонам методической помощи и содействия в их работе по оценке и определению необходимости управления местом и (или) объектом, как представляющим культурно-историческую ценность объектом, в том числе необходимости предоставления им статуса Исторического места и памятника (ИМП) как в рамках положений Приложения V, так и применительно к положениям Приложения III к Протоколу по охране окружающей среды к Договору об Антарктике (далее по тексту – Протокол по охране окружающей среды). Более того, документ призван предоставить методические рекомендации в отношении определения наиболее оптимальных мер по управлению местом и (или) объектом наследия в случае принятия решения о необходимости их определения в качестве таковых. Настоящее Руководство носит рекомендательный характер, но вместе с тем в нем поднимаются вопросы, которые так или иначе подлежат рассмотрению Стороной или Сторонами в их стремлении обосновать необходимость предоставления конкретному объекту или месту статуса ИМП или принятия иных мер в отношении их охраны.

Руководство призвано содействовать Комитету по охране окружающей среды (КООС) и Сторонам в реализации следующей генеральной концепции:

«Обеспечить признание, уметь обращаться, сохранить и способствовать популяризации наследия Антарктики в интересах нынешнего и будущих поколений».

В настоящем Руководстве подчеркивается настоятельная необходимость обеспечения правильного баланса между требованиями Протокола по охране окружающей среды в отношении обеспечения охраны окружающей среды Антарктики и желанием обеспечить охрану значимых мест и объектов наследия Антарктики.

Статья 8 Приложения V к Протоколу по охране окружающей среды предусматривает возможность выхода с предложением о предоставлении любому месту или памятнику признанного исторического значения статуса Исторического места и памятника (ИМП), а также запрещает их нарушение, удаление или разрушение в случае предоставления такого статуса.

Резолюция 3 (2009 г.) содержит в своем составе *Руководство по определению и охране Исторических мест и памятников* и дает рекомендации Сторонам по вопросам определения, охраны и сохранения исторических мест, памятников, артефактов и других остатков исторических объектов в Антарктике. Настоящее Руководство содержит дополнительные расширенные методические рекомендации, направленные на реализацию положений Резолюции 3 (2009 г.).

Все предложения об определении ИМП подлежат рассмотрению КООС и окончательному утверждению Консультативными Сторонами Договора об Антарктике на Консультативном совещания по Договору об Антарктике (КСДА). Какие-либо дополнительные меры не предусматриваются и не оговариваются ни в положениях Протокола по охране окружающей среды, ни в рамках Мер, принятых Сторонами Договора об Антарктике. В настоящем же документе предусматриваются методические рекомендации в отношении потенциальных и актуальных мер по управлению местами и (или) объектами наследия, независимо от того, имеют они статус ИМП или сохраняются в качестве объектов, представляющих общий культурно-исторический интерес.

Данный документ носит исключительно рекомендательный характер и призван содействовать в рассмотрении надлежащим образом и в достаточном объеме всех необходимых аспектов в процессе принятия решения о целесообразности выхода с предложением об определении объекта или места в качестве ИМП. Все места, равно как и все объекты в их пределах, рассматриваемые в контексте необходимости предоставления им статуса ИМП, имеют разные характеристики и особенности, характеризуются разными нагрузками на окружающую среду в прошлом, настоящем и будущем и разными обусловленными этим проблемами по управлению, и все эти особые условия необходимо учитывать в каждом случае рассмотрения вопроса о предоставлении статуса ИМП.

Помимо обеспечения потенциальных инициаторов предложений методическими рекомендациями, долгосрочной целью настоящего Руководства является повышение уровня последовательности и сопоставимости процессов оценки (признавая при этом, что каждый потенциальный ИМП характеризуется своими требованиями и динамикой) и обеспечение надлежащего оформления документации для дальнейшего использования в качестве вспомогательного материала.

Пользоваться настоящим Руководством следует во взаимосвязи с положениями указанных ниже нормативных и основополагающих документов.

- Приложение V к Протоколу по охране окружающей среды (прежде всего Статья 8).
- Приложение III к Протоколу по охране окружающей среды.
- Резолюция 3 (2009 г.) по вопросу принятия Руководства по определению и охране Исторических мест и памятников.
- Резолюция 5 (2001 г.), освещающая вопрос руководящих принципов обращения с историческим наследием со сроком происхождения до 1958 года, и Резолюция 5 (2011 г.), в рамках которой принята новая Пересмотр Руководства по представлению рабочих документов, содержащих предложения относительно Особо охраняемых районов Антарктики, Особо управляемых районов Антарктики и Исторических мест и памятников.
- Действующий Перечень Исторических мест и памятников: https://ats.aq/devphBackEnd/api/export/hsm?lang=r
- Приложение I к Протоколу по охране окружающей среды.

Другие основные материалы и документы по рассматриваемому вопросу представлены в разделе 11.

2. Цель Руководства

Настоящее Руководство является составной частью усилий КООС, направленных на претворение в жизнь генеральной концепции «Обеспечить признание, уметь обращаться, сохранить и способствовать популяризации наследия Антарктики в интересах нынешнего и будущих поколений».

Целью методических материалов настоящего Руководства является предоставление рекомендаций и оказание помощи как инициаторам проведения первоначальной оценки места и (или) объекта в отношении необходимости их определения в качестве объектов наследия в контексте положений Приложения III и Приложения V, так и КООС при рассмотрении документов (предложений) в отношении определения новых ИМП. Двуединая цель методических материалов состоит в следующем:

- Цель 1. Предоставление методики принятия решения о целесообразности применения мер по управлению наследием в отношении какого-либо места и (или) объекта, включая решение о заслуженности, необходимости и (или) потребности в предоставлении месту и (или) объекту статуса ИМП.

- Цель 2. Предоставление методики определения надлежащих мер по управлению ИМП и другими местами и (или) объектами наследия.

На рисунке 1 представлена общая схема процесса оценки, описанного в настоящем документе. Процесс оценки включает в себя указанные ниже этапы.

1. Рассмотрение вопроса о наличии у объекта и (или) места ценностных характеристик объекта наследия согласно положениям Резолюции 3 (2009 г.)[1].

2. Принятие решения о необходимости предоставления статуса ИМП, сохранения *ex situ* или оставления in situ по разным причинам и (или) удаления.

3. Для всех мест и (или) объектов со статусом ИМП рассматривается принятие соответствующих мер по управлению, включая дополнительные меры по охране в рамках механизмов Системы Договора об Антарктике.

4. В отношении ИМП и мест и (или) объектов, представляющих иную культурно-историческую ценность, включая объекты с сохранением *ex situ* (за пределами территории), предусматриваются мероприятия информационно-просветительского характера.

Рисунок 1.

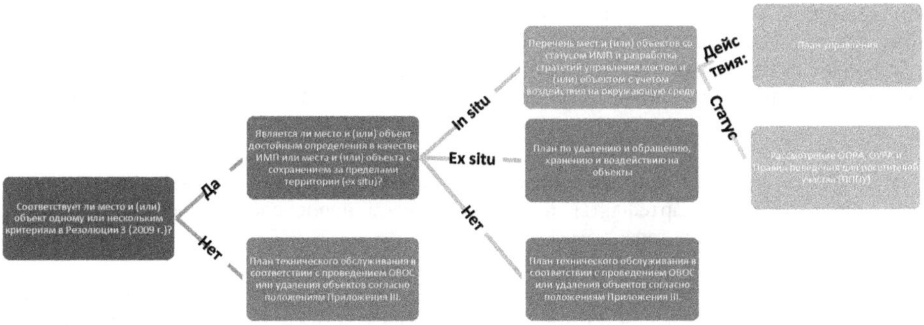

----

[1] Примечание. Этот документ затрагивает принципы рассмотрения ценностей наследия, но не пытается дать полное и всестороннее руководство по этому сложному и национально/культурно оформленному вопросу.

3. *Объекты наследия и исторические ценности в условиях Антарктики*

С точки зрения всемирной истории присутствие человека в Антарктике является чрезвычайно коротким. Со времени первого обнаружения континента в 1820 году следы деятельности человека являются весьма скромными. И на этом фоне исторические факты присутствия человека на земле становятся чрезвычайно заметными и имеющими особое значение.

Уже на первом Консультативном совещании по Договору об Антарктике, состоявшемся в 1961 году, Стороны заявили о своем полном и безусловном признании значимости исторических мест, сооружений и объектов как части культурного наследия всего человечества.

Протокол по охране окружающей среды определяет перечень Исторических мест и памятников (ИМП)[2] в качестве главного механизма охраны исторических ценностей Антарктики. Положения Протокола по охране окружающей среды предусматривают обеспечение защиты мест и памятников, включенных в перечень ИМП, от повреждения, удаления и разрушения.

Резолюция 3 (2009 г.) содержит более подробные методические материалы для Сторон в отношении определения, охраны и сохранения ИМП. В подразделе 4.2 настоящего Руководства представлено расширенное изложение и рассмотрение этих методических материалов. Резолюция 3 (2009 г.) по-прежнему является ключевым документом в вопросе установления соответствия рассматриваемого места критериям предоставления статуса ИМП.

Кроме того, Резолюция 5 (2001 г.) обеспечивает Стороны механизмом временной охраны исторических артефактов и (или) мест со сроком происхождения до 1958 года до момента включения их в перечень ИМП в установленном порядке.

Термины «место» и «памятник» являются основными в нормативных рамках, установленных Протоколом по охране окружающей среды. Определение и толкование этих терминов в значительной степени зависит от национальных особенностей и национальных законодательных основ, и все же определения и толкования этих терминов, любезно предоставленные Международным комитетом по полярному наследию (IPHC) при ИКОМОС, являются вполне адекватными для обеспечения понимания из значения.

- **Место:** окружающая обстановка, в пределах пространства которой имеются памятники или артефакты и которая имеет непосредственное отношение к памятникам или артефактам.
- **Объект и артефакты**: любой предмет, ввезенный в Антарктику, является объектом (нейтральный термин), при этом объекту может официально придаваться значимость, что делает его артефактом, т.е. придает ему ценностную характеристику наследия.
- **Памятник (Monument)**: любая конструкция, возвышающаяся над поверхностью земли и обладающая ценностью культурного наследия.

---

[2] Впервые перечень ИМП был внесен на рассмотрение и утвержден на Пятом Консультативном совещании по Договору об Антарктике (КСДА), состоявшемся в 1968 году.

- **Мемориалы или памятные объекты:** мемориалы устанавливаются в память о выдающихся людях, важных событиях или связаны с культурными традициями и содержат мемориальную информацию о достижениях, утратах или жертвенности. Имеются различные виды мемориалов – от памятных табличек и художественных изделий до благотворительных фондов, финансирующих исследовательскую деятельность. К мемориалам могут также относиться исследовательские институты, учреждения, устроенные и функционирующие иждивением общины или религиозные сооружения. Имеющемуся артефакту или сооружению может предоставляться статус мемориала.

4. *Определение и проведение оценки объектов наследия и исторических ценностей*

4.1. Определение наличия у объекта и (или) места ценностных характеристик объекта наследия согласно положениям Резолюции 3 (2009 г.).

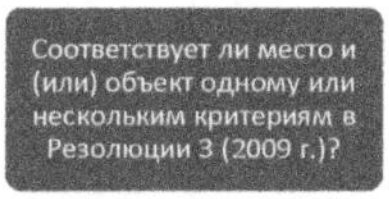

Рассмотрение вопроса о предоставлении какому-либо объекту и (или) месту статуса ИМП предполагает проведение Стороной – инициатором предложения предварительной оценки наличия у этого объекта или места ценностных характеристик объекта наследия и необходимости его дальнейшего рассмотрения в соответствии с методическим рекомендациями настоящего документа, или же данный объект и (или) место представляют собой некий материальный объект, оставшийся от предшествующей деятельности, и, следовательно, подлежит удалению из Антарктики в соответствии с требованиями Приложения III к Протоколу по охране окружающей среды.

В целом ряде случаев разница между объектами и (или) местами, заслуживающими применения мер по управлению наследием, и объектами, которые по сути можно рассматривать как остаточный бросовый материал, будет очевидной и безусловной. Предполагается, что подавляющее большинство объектов на территории Антарктики относятся к категории последних и, следовательно, подлежат удалению из Антарктики, когда перестают приносить пользу.

В достаточно редких случаях объекту и (или) месту могут быть присущи ценностные характеристики объекта наследия, являющего собой изделие (результат деятельности), место или что-то вроде этого, навевающее ностальгические ощущения традиции или истории, несущее в себе в общем виде информацию о прошлом и являющееся ясным и вполне определенным свидетельством преемственности прошлого, настоящего и будущего.

При проведении такой предварительной оценки большую пользу может принести обращение к соответствующим экспертным знаниям и опыту и проведение консультаций с заинтересованными сторонами. Потенциально полезные источники экспертных знаний и опыта представлены в разделе 11.

Если будет определено, что объект и (или) место заслуживают дальнейшего рассмотрения, Сторонам следует обратиться к Статье 8 Приложения V к Протоколу по охране окружающей среды, в которой дается очень широкое определение понятия «признанное историческое значение» в качестве одного из критериев предоставления статуса ИМП. При этом, однако, Стороны пришли к согласию о том, что объект или место «признанного исторического значения» должны соответствовать по меньшей мере одному из критериев,[3] перечисленных в Резолюции 3 (2009 г.). Ниже представлено подробное рассмотрение и анализ критериев, перечисленных в Резолюции 3 (2009 г.), в целях оказания методической помощи в проведении оценки. В отношении объектов наследия со сроком происхождения до 1958 года следует учитывать и анализировать положения Резолюции 5 (2001 г.).

Если по результатам оценки будет установлено, что объект и (или) место не требуют рассмотрения в свете обеспечения дальнейшей охраны, их следует считать подпадающими под действие положений Приложения III к Протоколу по охране окружающей среды в отношении очистки территорий и вспомогательных документов, например Руководства по очистке в Антарктике (принятого в рамках Резолюции 2 (2013 г.).

4.2. Методические рекомендации в отношении критериев оценки, представленных в Резолюции 3 (2009 г.)

В рамках Резолюции 3 (2009 г.) КСДА утвердило набор критериев оценки объекта и (или) места в части, касающейся «признанного исторического значения». В данном подразделе представлено подробное рассмотрение и анализ этих критериев в целях оказания методической помощи Сторонам в проведении оценки.

1. «В этом месте произошло конкретное событие, имеющее большое значение с точки зрения истории антарктической науки или исследования Антарктики»

Вопрос определения исторической значимости события является и сложным, и остро дискуссионным по причине его субъективного характера. В качестве отправного пункта необходимо определиться в том, что к событиям следует относить те моменты в истории, когда какое-либо действие, решение или природное явление привели к изменению или обозначили ход развития общества; в нашем случае приход человека в Антарктику является одним из поворотных пунктов в ходе развития общества. Как правило, события не занимают долгое время, они представляют собой скоротечные и обособленные моменты. При проведении оценки применительно к данному критерию рекомендуется рассмотреть указанные ниже аспекты.

- Можно ли рассматриваемое событие квалифицировать как единичное обособленное событие, которое также дало толчок последующим событиям или деятельности, и можно ли его считать отправной точкой в истории развития конкретной области деятельности?

- Имеет ли рассматриваемое событие отношение к большому количеству людей или государств?

- Связано ли рассматриваемое событие с конкретным местом или участком?

Примером соответствия данному критерию из действующего перечня ИМП является ***Историческое место и памятник № 80 (Палатка Амундсена)***.

2. Это место связано с человеком, сыгравшим важную роль в развитии антарктической науки или исследования Антарктики.

---

3 См. также Приложение к Резолюции 3 (2009 г.) «Руководство по определению и охране Исторических мест и памятников»

Как правило, к числу исторических личностей следует относить либо лиц, жизнедеятельность которых помогла определить и направить ход истории Антарктики, либо лиц, жизнь которых служит примером человечеству. При проведении оценки применительно к данному критерию рекомендуется рассмотреть указанные ниже аспекты.

- Является ли рассматриваемое лицо автором идеи или материальной ценности, которые были внедрены и до сих пор используются в Антарктике (а возможно и за ее пределами) и оказали влияние на ход развития Антарктики?

- Можно ли отнести рассматриваемое лицо к участникам деятельности в Антарктике?

В ходе оценки также следует рассмотреть следующие вопросы:

- продолжительность влияния рассматриваемого лица или группы лиц на ход событий в Антарктике;

- количество людей или государств, которые были связаны с деятельностью рассматриваемого лица или группы лиц;

- связи рассматриваемого лица с сохранившимся до настоящего времени местом, т.е. сохранились ли связи с основным существующим в настоящее время местом жизни и деятельности рассматриваемого лица или рассматриваемое лицо похоронено в каком-либо месте Антарктики.

Примером соответствия данному критерию из действующего перечня ИМП является ***Историческое место и памятник № 3 (Пирамида из камней, сооруженная Моусоном)***.

3. Это место связано с проявлением беспримерной стойкости или выдающимся достижением.

По характеру данный критерий аналогичен критерию 1 и здесь следует рассматривать те же аспекты, однако с главным упором на выдающийся пример стойкости и выносливости.

- Подвиг: поступок, требующий большого мужества, мастерства или силы.

- Стойкость, выносливость: способность стойко выдержать неблагоприятные или трудные условия или обстоятельства.

Примером соответствия данному критерию из действующего перечня ИМП является ***Историческое место и памятник № 53 (Мемориальное место «Эндьюранс»)***.

4. В этом месте осуществлялась (полностью или частично) широкомасштабная деятельность, имевшая большое значение для освоения и изучения Антарктики.

По характеру данный критерий аналогичен критерию 2 и здесь следует рассматривать те же аспекты, однако с главным упором на расширение знаний об Антарктике или окружающем мире. Этому критерию, к примеру, может соответствовать место и (или) объект, связанные с или символизирующие конкретное научное открытие.

Примером соответствия данному критерию из действующего перечня ИМП является ***Историческое место и памятник № 42 (Хижины в районе бухты Скоша)***.

5. Материал, из которого изготовлен этот объект, его конструкция или метод сооружения представляют особую ценность с технической, исторической, культурной или архитектурной точек зрения.

Данный критерий предназначен для оценки места или объекта в плане использования передовых методов строительства или новаторских технических решений, нестандартных строительных материалов, в качестве одного из первых примеров использования конкретной технологии строительства или же в качестве исторического примера развития технологий и инженерной мысли. Ниже приведены вопросы, ответы на которые смогут помочь прояснить и обеспечить более глубокое понимание принципов оценки.

- Является ли место значимым благодаря проектному решению, форме, размерам, материалам исполнения, архитектурному стилю, декору, периоду времени, мастерству исполнения или иным архитектурно-конструктивным элементам?
- Является или место примером использования передовых или важных методов строительства или новаторских проектных решений, нестандартных строительных материалов, одним из первых примеров использования конкретной технологии строительства или историческим примером развития технологий и инженерной мысли?
- Сохранило ли место свою целостность и характерные особенности со времени постройки или с более позднего времени проведения существенной модернизации или расширения?
- Является ли место или участок ярким примером своей категории, например, в части проектного решения, типа, характерных особенностей, назначения, технологии или периода времени?

Примером соответствия данному критерию из действующего перечня ИМП является ***Историческое место и памятник № 83 (База W, остров Детай, фьорд Лальман, берег Лубе)***.

6. «Изучение этого места может раскрыть информацию или дать людям представление о важной человеческой деятельности в Антарктике»

Артефакты и места могут служить прекрасной иллюстрацией технологических процессов, экономического развития, общественного устройства и пр., тем самым позволяя расширить представления как о прошлом, так и о настоящем.

- Может ли район или место (в пределах которых находятся артефакты) стать источником сведений научного характера об истории Антарктики?
- Представляют ли объект и (или) место большой реальный или потенциальный интерес для научных работников и (или) археологов?

- Имеют ли объект и (или) место потенциал для новой стипендиальной программы в какой-либо области исследований?

- Имеют ли объект и (или) место потенциал для весомого и долговременного вклада в какую-либо область исследований?

- Может ли место, благодаря информационно-просветительской деятельности, способствовать повышению уровня осведомлённости, более глубокому пониманию и оценке Антарктики по достоинству со стороны широкой общественности, в том числе в отношении её успехов в области исследовательской и изыскательской деятельности?

Примером соответствия данному критерию из действующего перечня ИМП является ***Историческое место и памятник № 4 (Здание станции Полюс Недоступности)***.

7. Это символ или памятное место для представителей многих стран

С учетом всех рассмотренных выше критериев было бы целесообразным разобраться в степени актуальности установленных ценностей для более широкого антарктического сообщества. Как уже отмечалось выше, значимость национа льного наследия следует рассматривать в более широком контексте с учётом его важности в более широких исторических рамках деятельности человечества в Антарктике и (или) актуальности для нескольких государств.

Примером соответствия данному критерию из действующего перечня ИМП является ***Историческое место и памятник № 82 (Монумент в честь Договора об Антарктике)***.

4.3. Принятие решения о заслуженности предоставления статуса Исторического места и памятника или отсутствии такой необходимости

После проведения оценки различных ценностей наследия в составе места и (или) объекта на соответствие критериям, представленным в Резолюции 3 (2009 г.), у инициаторов предложения должно сложиться четкое представление о необходимости или отсутствии необходимости сохранения места и (или) объекта.

В случае неясности в отношении необходимости сохранения Стороны, несущие ответственность за место и (или) объект, вынуждены будут рассмотреть вопрос о: i) поддержании объекта на территории Антарктики в надлежащем состоянии в других целях с проведением соответствующей оценки воздействия объекта и связанных с ним мероприятий на окружающую среду, или ii) удалении объекта с территории континента в соответствии с положениями Приложения III.

В случае принятия решения о необходимости сохранения места и (или) объекта следующим шагом является либо рассмотрение вопроса о выходе с предложением о предоставлении рассматриваемому месту и (или) объекту статуса ИМП в целях охраны их *in situ*, либо принятие решения об их сохранении *ex situ*, что, возможно, будет более оптимальным вариантом.

5. Рассмотрение вопроса о сохранении in situ или ex situ

5.1. Схема сравнения методик принятия решения о сохранении *in situ* и *ex situ*

Если будет установлено, что объект или место имеет ценность наследия и (или) историческую ценность, следующим этапом является выработка надлежащего подхода к сохранению и определение необходимых мер по охране. В первую очередь необходимо определить, что является наиболее оптимальным для сохранения ценности – поддержание её в надлежащем состоянии на месте в Антарктике, перемещение её на другое место в Антарктике или поддержание её в надлежащем состоянии иными способами за пределами Антарктики.

Надлежащее рассмотрение вопроса о потенциальном воздействии на окружающую среду абсолютно необходимо при принятии решения о сохранения объекта как на месте *in situ*, так и за пределами территории *ex situ*, т.е. в обоих случаях необходимо строго соблюдать природоохранные принципы, предусмотренные положениями Статьи 3 (2) Протокола по охране окружающей среды. В целом ряде случаев может быть целесообразным проведение оценки воздействия на окружающую среду (ОВОС) в соответствии с положениями Статьи 8 Протокола по охране окружающей среды (и Приложения I к нему). Материалы с примерами по ОВОС в отношении ИМП представлены в разделе 12 «Источники информации».

Как правило, представляется естественным сохранение относящихся к рассматриваемому месту стационарных объектов (например инфраструктуры) *in situ*, хотя в некоторых случаях может оказаться более уместным и целесообразным вывоз и воссоздание таких объектов *ex situ* (например путем перемещения их музей).

В то же время сохранение любого передвижного объекта может осуществляться как *in situ*, так и *ex situ*. Оба подхода имеют свои преимущества и недостатки.

- *Актуальность окружающей обстановки.* Значимость объекта можно в полной мере осознать и оценить по достоинству только в условиях его естественной окружающей обстановки (например холод, оторванность от мира, просторы дикой природы).

- *Заинтересованность и энтузиазм в отношении охраны на местах.* Как правило, за объектами наследия, принадлежащими или принятыми под опеку в качестве «своих», обеспечивается надлежащий уход со стороны осуществляющих деятельность в районе (например сотрудниками близлежащей исследовательской станции).

- *Расходование средств и ресурсов на длительное поддержание объектов в надлежащем состоянии.* Наряду с возможной кратковременной экономией ресурсов при оставлении объекта in situ , с течением времени поддержание объекта в надлежащем состоянии является, как правило, дорогостоящим мероприятием (затраты на материально-техническое обеспечение и меры по сохранению).

- *Отсутствие широкой аудитории.* Возможности для посещения мест и объектов в удаленных районах не идут ни в какое сравнение с возможностями более легкодоступных участков.

- *Заинтересованность в охране (и, следовательно, в уходе) на местах может уступать интересу, проявляемому со стороны.* На местах никто или почти никто не готов поддерживать объекты наследия в надлежащем состоянии только по причине неослабевающего интереса к ним со стороны посетителей.

Ниже представлены соображения, которые могут служить направляющим ориентиром в процессе принятия решения о наиболее целесообразном варианте сохранения стационарных и передвижных объектов: *ex situ* или *in situ* .

- Сохранение *ex situ* представляется уместным и целесообразным для объектов, подверженных риску естественной деградации.

- Сохранение *ex situ* также является уместным и целесообразным, если представляется очевидным, что с течением времени поддержание объектов *in situ* в надлежащем состоянии будет обходиться слишком дорого или представлять большие трудности.

- При выборе варианта сохранения между *ex situ* и *in situ* следует оценить, насколько важным является предоставление возможности увидеть и оценить объект по достоинству большому числу людей.

- Сохранение *ex situ* представляется уместным и целесообразным в случае расположения объектов в крайне экологически уязвимой окружающей среде, где вопрос охраны окружающей среды является более приоритетным. Сохранение *in situ* представляется уместным и целесообразным, если удаление объектов сопряжено с высоким риском их повреждения.

- На принятие решения будет оказывать влияние наличие возможностей (как в плане материально-технического, так и финансового обеспечения) поддержания объектов *in situ* в надлежащем состоянии.

- В случае невозможности надлежащего представления объекта в контексте окружающей его обстановки и утраты объектом своей ценности при удалении его из окружающей обстановки рассмотрение вопроса его охраны *in situ* представляется более целесообразным по сравнению с сохранением *ex situ.*

- Если результаты соответствующей оценки свидетельствуют о надлежащей представленности ценностей рассматриваемого объекта в составе уже имеющихся ИМП Антарктики, представляется целесообразным рассмотрение вопроса о его сохранении *ex situ.* Вместе с тем, если объект и (или) место относятся к разряду репрезентативных (например являются примерами существенных элементов важного класса объектов) или редких объектов (представляющих, к примеру, необычные аспекты истории или наследия Антарктики), а также в случае отсутствия подобных объектов и (или) мест в составе перечня ИМП, представляется более целесообразным рассмотрение вопроса о сохранении их *in situ* .

В тех случаях, когда существованию объектов наследия огромной значимости угрожает опасность, следует сделать их копии на случай недоступности оригинала. Несоответствующую оригинальной окружающую обстановку объекта при сохранении *ex situ* можно частично восполнить при помощи различных спецэффектов для создания впечатления её оригинальности.

Удаление объектов для сохранения *ex situ* подлежит обязательному согласованию всеми Сторонами, которые могут ассоциировать себя с ними или проявлять интерес к этим доступным объектам, а также должно производиться по итогам оценки и на основании рекомендаций экспертов в области сохранения объектов культурно-исторического наследия. Данное требование является крайне важным, так как оно сопряжено с возможными правовыми и иными вопросами, связанными с происхождением или правом собственности в отношении объекта или артефакта.

5.2. Документация

Если будет установлено, что сохранение объекта *ex situ* представляется наиболее целесообразным, рекомендуется обеспечить подготовку максимально подробной документации на участок (место) для архивного хранения. Тщательно выполненная документация является залогом правильного восприятия научными работниками и широкой общественностью какого-либо места, впоследствии кардинально изменившего свой облик или вообще исчезнувшего.

Новые технологии открыли широкие возможности в области документирования объектов исторического наследия. Киносъемка, 3D-сканирование, фотографирование, запись интервью и хранение архивных записей – все эти методы можно использовать для регистрации информации.

Современные технологии обеспечивают возможность создания виртуальной реальности, благодаря которой, *в частности*, можно избежать воздействия на окружающую среду и «добраться» в недоступные места.

6. Порядок предоставления статуса Исторического места и памятника

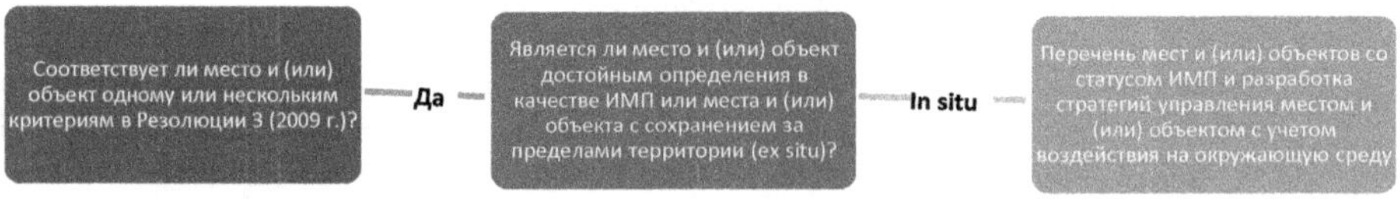

После того, как будет установлено, что место и (или) объект соответствуют одному или нескольким критериям, представленным в Резолюции 3 (2009 г.), принимается решение в отношении целесообразности управления объектом наследия в рамках мер по управлению деятельностью национальной программы или уместности выхода с предложением о предоставлении ему статуса ИМП. Значимость ценности (по степени соответствия ИМП-критериям Резолюции 3 (2009 г.) уже, вероятно, обеспечит прочную основу для принятия такого решения. Некоторые детали порядка проведения оценки и принятия решения о выходе с предложением о предоставлении объекту статуса ИМП представлены ниже.

Статья 8 (2) Приложения V к Протоколу по охране окружающей среды предусматривает возможность выхода любой Стороны с предложением о включении какого-либо места или памятника признанного исторического значения в перечень Исторических мест и памятников, которое при этом подлежит утверждению КСДА.

При определении и принятии решения о выходе с предложением о предоставлении какому-либо объекту или месту статуса ИМП рекомендуется следовать указанному ниже порядку.

- **Этап 1**. Проведение оценки места и (или) объекта, см также разделы 3 и 4.

- **Этап 2**. Принятие решения о целесообразности выхода с предложением о предоставлении объекту статуса ИМП.

- **Этап 3**. Проведение консультаций с возможными заинтересованными Сторонами в отношении места и (или) памятника в соответствии с положениями Резолюции 4 (1996 г.), которые были вновь подтверждены в Резолюции 3 (2009 г.), предусматривающими необходимость обеспечения тесного взаимодействия Стороны-инициатора предложения о предоставлении статуса ИМП со Стороной – создателем предлагаемого ИМП и другими Сторонами в зависимости от обстоятельств.

- **Этап 4**. Разработка модели управления во взаимодействии с заинтересованными Сторонами.

- **Этап 5**. Подготовка и представление предложения на рассмотрение КООС. В состав предложения следует включить указанную ниже информацию в формате, без труда переносимом в формат перечня ИМП[4].

Введение

- *Название ИМП*
- *Сторона-инициатор предложения:* укажите всех инициаторов предложения.
- *Сторона, осуществляющая управление:* укажите название страны/стран, твердо заявляющих о своей приверженности выполнению обязательств (с указаниям подхода к управлению объектом/местом).
- *Тип:* здание (хижина, станция, остатки других зданий, пр.), место, другие остатки (пирамида из камней. сооруженная экспедицией, палатка, маяк, пр.) или памятник/памятный знак (табличка, бюст).

Описание и документация места

- *Местонахождение места*: укажите название и координаты (если известны) места/объекта. Дайте описание материалов, конструкции, функционального использования, назначения. Дайте описание природных особенностей и местного/культурного ландшафта. Представьте фотографии места, памятника и их расположения в окружающем ландшафте.

Исторические и культурные особенности

- *Дайте описание исторического контекста*: общие сведения о рассматриваемом месте. Было бы также целесообразным привести информацию, ясно указывающую на соответствие объекта/места конкретному из главных критериев оценки (согласно Резолюции 3 (2009 г.).

---

[4] Перечисленные позиции в существенной степени основаны на требованиях, предусмотренных Резолюцией 3 (2009 г.).

Управление

- *Дайте описание планируемых мероприятий по управлению и (или) мониторингу рассматриваемого объекта/места – см. также разделы 6 и 7, п. 5 Приложения к Резолюции 3 (2009* г.), а также укажите меры, предусматриваемые для сведения к минимуму возможного воздействия мероприятий по управлению ИМП на окружающую среду.

- **Этап 6**. Реализация модели управления во взаимодействии с заинтересованными Сторонами (см. также раздел 7).

7. Определение мероприятий по управлению ИМП

7.1 Методы управления

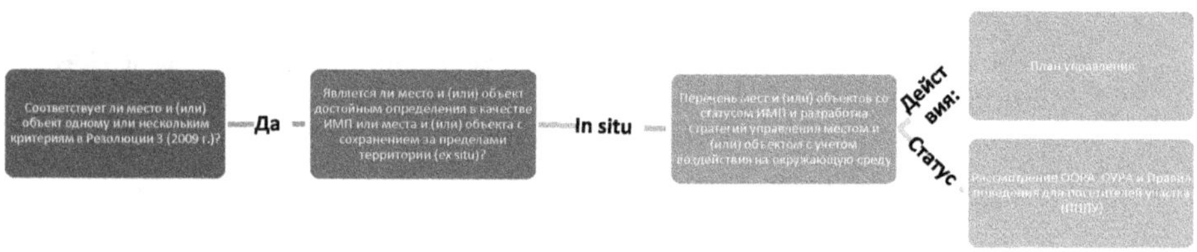

После установления целесообразности сохранения места и (или) объекта *in situ* в качестве ИМП, рекомендуется проведение оценки особо сложных и чувствительных аспектов объекта наряду с рассмотрением имеющихся вариантов по его управлению. При рассмотрении подходов к управлению следует также учитывать требования Приложения I в отношении проведения ОВОС, а также требования к проведению мониторинга и принятию мер по снижению уровня воздействия на окружающую среду. Эти элементы являются важной основой разработки любого плана управления и (или) сохранения объекта или места.

Принцип минимального вмешательства является главной целью в вопросе сохранения всемирного наследия. Необходимо принять решение по вопросу выбора подхода к управлению рассматриваемым местом и (или) объектом между принципом невмешательства и принципом активного управления (предполагающим некоторое вмешательство), один из которых и станет руководством к действию; при этом следует обеспечить правильный баланс между необходимостью охраны ИМП и соблюдением природоохранных принципов Протокола по охране окружающей среды.

В некоторых случаях представляется целесообразным использовать применительно к месту, даже признанного значения, мер управления, основанных на принципе контролируемой деградации, согласно которому допускается естественное разрушение объекта в условиях лишь ограниченного объема деятельности по сохранению. Вместе с тем требования охраны труда, здоровья и окружающей среды практически не оставляют никакой возможности для использования этого принципа, и, как правило, необходимо проведение минимальных работ по обслуживанию, с тем чтобы место не представляло опасности как для людей, так и для диких животных.

Активное управление требует участия людей в управлении значимым местом в плане изменения окружающей обстановки таким образом, чтобы сохранить, раскрыть и упрочить его культурные и природные ценности наследия. Деятельность по сохранению не ограничивается физическим вмешательством, поскольку включает в себя интерпретацию и устойчивое использование мест. Она может сводиться лишь к поддержанию статус-кво с вмешательством только по мере необходимости, чтобы устранить негативные последствия роста и разрушения, а может в равной степени осуществляться путем крупномасштабного вмешательства; она может быть как активной, так и реагирующей (ответной). Значимое место неизбежно подвержено изменениям, хотя бы даже под влиянием времени, и эти изменения могут оказывать как нейтральное, так и благоприятное воздействие на ценности наследия. Снижение значимости объекта (в любой степени) наносит только вред.

Ниже представлены вопросы, рекомендуемые для рассмотрения при определения уровня и характера необходимых мер по управлению.

- Определение характера текущего использования объекта и (или) места и рассмотрение вопроса о целесообразности изменения характера их использования.

- Рассмотрение вопроса о состоянии объекта и необходимости выполнения ремонтных работ. Ремонтные работы выходят за рамки обычного объема обслуживания и включают в себя устранение дефектов, вызванных естественным разрушением, повреждением или эксплуатацией, и в большинстве случаев направлены на сохранение значимости здания или места. Как правило, ремонтные работы следует выполнять с минимальными изменениями или без каких-либо изменений в конструктивных элементах и с использованием аналогичных материалов, а также, по возможности, с применением первоначальных методов производства работ. Использование экспертных знаний и опыта при выполнении данных работ представляется весьма полезным.

- Определение мер, необходимых для сохранения или реставрации объекта. Под восстановлением понимается возвращение объекта в его прежнее положение или состояние. Сосредоточенность на сохранении подразумевает использование максимально возможного количества первоначальных материалов по возможности без каких-либо изменений. Любой ремонт или дополнение не должны удалять, изменять или постоянно связывать/сшивать какой-либо исходный материал. Использование экспертных знаний и опыта при выполнении данных работ представляется весьма полезным.

- Рассмотрение вопроса о возможном воздействии на окружающую среду в случае ухудшения состояния объекта.

- Определение потребностей в обслуживании.

- Определение затрат на осуществление различных рекомендуемых мер.

- Определение имеющихся ресурсов для сохранения объекта как сейчас, так и в будущем.

- Рассмотрение вопроса о мероприятиях в области образовательной и информационно-просветительская деятельности. Более подробные рекомендации и примеры приведены в разделе 9.

7.2. Вспомогательные инструменты управления

При рассмотрении вопроса о наиболее уместных и целесообразных мерах по управлению и (или) поддержанию места и (или) объекта исторического наследия в надлежащем состоянии следует помнить о наличии ряда официальных инструментов, рассмотрение которых представляется целесообразным; при этом часть этих инструментов имеет официальный статус в рамках Системы Договора об Антарктике и обеспечивает различную степень охраны.

7.2.1. Планы управления по сохранению

План управления по сохранению (ПУС) может стать полезным руководством по сохранению и управлению местом или объектом наследия. Посредством такого плана появится возможность определения мер, необходимых для сохранения ценностей места и (или) объекта с целью их дальнейшего использования и развития. ПУС позволяет также заложить важную рамочную основу для обеспечения минимально возможного воздействия мер по управлению местом или объектом наследия на окружающую среду. Каждый ПУС будет иметь свои отличия и при этом должен иметь целевую направленность в отношении конкретного участка и (или)объекта с учетом типа и размера, ценностных характеристик наследия и потребностей в охране. ПУС по сохранению будет служить ориентиром в вопросе управления изменениями в отношении участка или объекта наследия без ущерба для значимости этого наследия.

По своей сути, планы управления по сохранению – это ценный инструмент для улучшения понимания наследия. Вопросы, касающиеся значения наследия, его интерпретации, угроз и рисков для него, возможностей для улучшения и потенциала использования, рассматриваются в ходе процесса, и ответы должны способствовать лучшему пониманию и четкому плану на будущее.

Опубликован значительный объем информации, которая может помочь в принятии информированных решений по управлению наследием. Кроме того, имеется много примеров отличного управления наследием в Антарктике и во всем мире (см. ссылки).

Руководство, содержащееся в Приложении А, основанное на международных стандартах и передовой практике, предлагает рекомендации по содержанию ПУС. Это руководство не призвано быть шаблоном или давать строгий набор инструкций. Каждый ИМП будет иметь свою специфику и может требовать особого подхода. Следует отметить, что ПУС может подходить не для каждого ИМП; важно, чтобы подход соответствовал цели.

7.2.2. Правила поведения для посетителей участков (ПППУ)

Начиная с 2005 года, в качестве инструмента управления Стороны Договора об Антарктике используют разработанные Правила поведения для посетителей участков. Данными правилами предусматриваются конкретные инструкции в отношении осуществления деятельности на наиболее часто посещаемых участках Антарктики. Они содержат практические инструкции и рекомендации для туристических операторов и гидов по вопросам организации и осуществления посещений этих участков с учётом их экологических ценностей и уязвимости окружающей среды. ПППУ разработаны с учётом уровня посещаемости и видов деятельности при посещении каждого конкретного участка и подлежат пересмотру в случае существенных изменений в уровне посещаемости и видах деятельности при посещении участков. В отношении объектов наследия и культурно-исторических ценностей, вне зависимости от наличия или отсутствия статуса ИМП, находящихся в часто посещаемых районах, представляется уместным и целесообразным разработка конкретных ПППУ в целях осуществления мер по управлению деятельностью при посещении данных районов для снижения вероятности негативного воздействия, нанесения ущерба или разрушения.

Характерными примерами таких ПППУ являются:

- ПППУ № 8 «Остров Полет»[5]
- ПППУ № 14 «Хижина Сноу-Хилл»[6]
- ПППУ № 17 «Бухта Уэйлерс»[7]

7.2.3. Особо охраняемые районы Антарктики (ООРА)

Статья 3 (1) Приложения V к Протоколу по охране окружающей среды предусматривает возможность определения любого района в качестве ООРА в целях охраны *в том числе* выдающихся исторических ценностей. В соответствии с положениями Статьи 8 Приложения V места и памятники, определенные в качестве ООРА, подлежат также включению в перечень Исторических мест и памятников. Разработка и принятие официального Плана управления местом, определенным в качестве ООРА, а также возможность доступа в район только при наличии соответствующего разрешения существенно повышают эффективность предусматриваемых мер по управлению. Данный подход к управлению представляется особенно уместным в тех случаях, когда имеется настоятельная необходимость в регулировании, ограничении и контроле антропогенного давления.

Руководство по методике определения ООРА уже имеется.

- ООРА №155 «Мыс Эванс» (полуостров Росса)[8]
- ООРА №158 «Мыс Хат» (полуостров Росса)[9]
- ООРА №162 «Хижины Моусона на Мысе Денисон» (бухта Коммонуэлт, берег Георга V, Восточная Антарктида)[10]

7.2.4. Особо управляемые районы Антарктики (ОУРА)

Статья 3 (1) Приложения V к Протоколу по охране окружающей среды предусматривает возможность определения любого района в качестве ОУРА в целях охраны *в том числе* выдающихся исторических ценностей. В соответствии с положениями Статьи 8 Приложения V места и памятники, определенные в качестве ООРА, подлежат также включению в перечень Исторических мест и памятников. Разработка и принятие официального Плана управления местом, определенным в качестве ОУРА, существенно повышают эффективность предусматриваемых мер по управлению. Данный подход к управлению представляется особенно уместным в случае одновременного осуществления ряда различных видов деятельности с несовпадающими интересами, что требует координации усилий в целях обеспечения надлежащего контроля за деятельностью, чтобы не подвергать опасности исторические ценности района.

---

[5] https://guidelines.ats.aq/GuideLinePDF/ea07581b-ee37-49bf-94c3-68dd20fef6a9/8_Paulet_2018_r.pdf
[6] https://guidelines.ats.aq/GuideLinePDF/974720a7-faaf-417c-a40a-40584bf98c51/14_Snow_2019_r.pdf
[7] https://guidelines.ats.aq/GuideLinePDF/30c44ada-60be-404c-9665-331b79c81ecf/17_Whalers_2018_r.pdf
[8] http://www.ats.aq/documents/recatt/att572_r.pdf
[9] http://www.ats.aq/documents/recatt/att574_r.pdf
[10] http://www.ats.aq/documents/recatt/att549_r.pdf

Руководство по методике определения ОУРА уже имеется.

- ОУРА № 4 «Остров Десепшен»[11]

- ОУРА № 5 «Южнополярная Станция Амундсен-Скотт» (Южный полюс)[12]

8. Экологические вопросы

На протяжении всего процесса оценки места и (или) объекта в контексте потенциального объекта наследия настоятельно необходимо учитывать вопросы охраны окружающей среды; более того, экологические вопросы должны быть на переднем плане при рассмотрении вариантов принятия мер в отношении места и (или) объекта.

Как уже отмечалось, на протяжении всего процесса оценки объекта необходимо производить оценку воздействия предлагаемых мер и решений на окружающую среду, и вполне вероятно, что на определенном этапе процесса оценки объекта Сторона-инициатор сочтет необходимым проведение ОВОС. Помимо того, что проведение ОВОС может являться официальным требованием в отношении целого ряда мер, рассматриваемых в настоящем Руководстве, она может также являться полезным инструментом.

Совершенно очевидно, что воздействие на диких животных (и на экосистему в целом) подлежит серьезному рассмотрению при любых возможных вариантах. Мероприятия по уборке, которые станут основным направлением работы в отношении большинства участков деятельности человека, и, безусловно, мероприятия по сохранению *ex situ* (сопряженные с вывозом объектов с участка) требуют проведения тщательной оценки воздействия на окружающую среду и соответствующего планирования.

Между тем для различных вариантов сохранения объектов также потребуется в той или иной степени проведение оценки воздействия на окружающую среду, при этом, к примеру, в отношении варианта естественного разрушения такая оценка должна быть особенно тщательной.

Решение по вопросу, на каком этапе оценки и в какой степени требуется проведение ОВОС, будет приниматься в каждом конкретном случае отдельно, однако оно должно приниматься в обстановке постоянного и неустанного внимания к вопросам воздействия на окружающую среду.

При инициировании и проведении ОВОС следует учитывать и руководствоваться положениями Приложения I к Протоколу по охране окружающей среды и Руководства по оценке воздействий на окружающую среду Антарктики (принятого в рамках Резолюции 1 (2016 г.).

Если и когда ОВОС как часть процесса оценки, приведшего к выходу с предложением о предоставлении статуса ИМП, будет завершена, было бы целесообразным проинформировать КООС в Рабочем документе, представляющем предложение вниманию КООС, о результатах и выводах ОВОС.

9. Мероприятия в области образовательной и информационно-просветительской деятельности

[11] http://www.ats.aq/documents/recatt/Att512_r.pdf
[12] http://www.ats.aq/documents/recatt/Att357_r.pdf

Независимо от вида охраны, признанного необходимым для конкретных мест и (или) объектов, настоятельно рекомендуется рассмотрение соответствующих методов проведения образовательной и информационно-просветительской деятельности. Учитывая, что ежегодно Антарктику посещают лишь около 40 000 туристов, совершенно очевидно, что наследие Антарктики, как сегодня, так и в дальнейшем, не будет доступно широкой общественности. Наряду с тем, что охрана наследия сама по себе является важной задачей, ценность наследия несколько уменьшается, если его нельзя увидеть. Отчасти именно поэтому в ряде случаев следует серьезно отнестись к вопросам сохранения *ex situ*, что позволит широкой общественности увидеть объекты наследия Антарктики в музеях или при помощи иных способов публичного показа. Кроме того, учитывая тот факт, что большинство людей не смогут насладиться наследием *in situ* его расположения, именно для таких объектов следует предусматривать широкий круг образовательных и информационно-просветительских мероприятий. Существует много способов, позволяющих частично решить вопрос отсутствия возможности у каждого человека посетить Антарктику и увидеть все своими глазами.

Ряд технических средств, упомянутых в подразделе 5.2, сегодня упрощают эту задачу; подробная информация об ИМП размещена в открытом доступе в Интернете и все желающие могут ознакомиться с фотографиями, документальными фильмами или цифровыми картами, а также не следует забывать и о традиционных публикациях по теме. Следует свести воедино документальные сведения о месте, архивные материалы и интервью.

Представляется целесообразным включение инициаторами предложений мероприятий в области образовательной и информационно-просветительской деятельности в соответствующие планы управления, сделав их неотъемлемой частью деятельности по управлению местом и (или) объектом наследия. Сторонам рекомендуется рассмотреть вопрос о проведении информационно-просветительских мероприятий в своих странах, особенно для детской аудитории, чтобы обеспечить максимально широкую возможность приобщиться к наследию Антарктики и оценить его по достоинству. Центральной задачей деятельности по управлению являются постоянные усилия, направленные на информирование и воодушевление широкой общественности особыми ценностями, присущими объектам наследия Антарктики. Данный смысловой акцент очень важен в деле приобщения широкой общественности к наследию Антарктики.

10. Термины и акронимы

КСДА: Консультативное совещание по Договору об Антарктике

КООС: Комитет по охране окружающей среды

ИМП: Историческое место и памятник

Мемориалы или памятные объекты: мемориалы устанавливаются в память о выдающихся людях, важных событиях или связаны с культурными традициями и содержат мемориальную информацию о достижениях, утратах или жертвенности. Имеются различные виды мемориалов – от памятных табличек и художественных изделий до благотворительных фондов, финансирующих исследовательскую деятельность. К мемориалам могут также относиться исследовательские институты, учреждения, устроенные и функционирующие иждивением общины или религиозные сооружения. Имеющемуся артефакту или сооружению может предоставляться статус мемориала.

Памятник (Monument): любая конструкция, возвышающаяся над поверхностью земли и обладающая ценностью культурного наследия.

Объект и артефакты: любой предмет, ввезенный в Антарктику, является объектом (нейтральный термин), при этом объекту может официально придаваться значимость, что делает его артефактом, т.е. придает ему ценностную характеристику наследия.

Место: окружающая обстановка, в пределах пространства которой имеются памятники и которая имеет непосредственное отношение к памятникам.

11. Справочная литература

11.1. Решения КСДА

- Резолюция 4 (1996): https://www.ats.aq/devAS/Meetings/Measure?Length=4&id=237
- Резолюция 3 (2009): https://www.ats.aq/devAS/Meetings/Measure?Length=4&id=444
- Мера 3 (2003): https://www.ats.aq/devAS/Meetings/Measure?Length=4&id=296
- Резолюция 1 (2016): https://www.ats.aq/devAS/Meetings/Measure?Length=4&id=637
- Резолюция 2 (2013) *Руководство по очистке в Антарктике*: https://www.ats.aq/documents/recatt/att540_r.pdf

11.2. Документы КСДА и КООС

- XXXIII КСДА, Рабочий документ WP 47 (Аргентина): *Предложение об обсуждении вопросов, касающихся управления Историческими местами и памятниками*
- XXXIV КСДА, Рабочий документ WP 27 (Аргентина): *Отчет о неофициальном обсуждении исторических мест и памятников*
- XXXV КСДА, Рабочий документ WP 46 (Аргентина): *Заключительный отчет о неформальных дискуссиях об Исторических местах и памятниках*
- XXXIX КСДА, Рабочий документ WP 12 (Соединенное Королевство): *Управление антарктическим наследием:* Исторические базы Великобритании на Антарктическом полуострове
- XXXIX КСДА, Рабочий документ WP 30 (Норвегия): *Рассмотрение концепций сохранения исторического наследия Антарктики*
- XXXIII КСДА, Информационный документ IP 22 (Аргентина): Дополнительная информация для обсуждения аспектов, касающихся управления Историческими местами и памятниками

12. Источники информации

12.1. Организации

- Международный совет по сохранению памятников и исторических мест (ИКОМОС): www.icomos.org/en

- ICOMOS Australia [ИКОМОС, Австралия]. Burra Charter, 2013 [Хартия Бурра, 2013 г.] http://australia.icomos.org/publications/burra-charter-practice-notes/
- ICOMOS. The Nara Document on Authenticity, 1994. *[ИКОМОС. Нарский документ о подлинности, 1994 г.]* https://www.icomos.org/charters/nara-e.pdf
- ICOMOS. Xi'an Declaration, 2005. *[ИКОМОС. Сианьская декларация, 2005 г.]* https://www.icomos.org/xian2005/xian-declaration.pdf
- ICOMOS. Charter for the Protection and Management of Archaeological Heritage, 1990. *[ИКОМОС. Хартия по охране и управлению археологическим наследием, 1990 г.]* http://wp.icahm.icomos.org/wp-content/uploads/2017/01/1990-Lausanne-Charter-for-Protection-and-Management-of-Archaeological-Heritage.pdf
- Международный комитет по полярному наследию (IPHC) при ИКОМОС

- ИКОМОС. Устав IPHC: http://iphc.icomos.org/index.php/statutes/

12.2. Международные соглашения

- Конвенция об охране подводного культурного наследия, ЮНЕСКО, 2001 г. http://www.unesco.org/new/ru/culture/themes/underwater-cultural-heritage/2001-convention/
- Конвенция об охране всемирного культурного и природного наследия, ЮНЕСКО, 1972 г.

12.3. Работы общего характера по культурно-историческому наследию

- Logan, W., M.C. Craith, and U. Kockel, eds. 2015. A Companion to Heritage Studies. Chichester. Wiley-Blackwell.

12.4. Тематические исследования

- Новая Зеландия 2015. Ross Sea Heritage Restoration Project, Historic Huts at Cape Adare *[Новая Зеландия, 2015 г., Проект по восстановлению объектов наследия в районе моря Росса, исторические хижины на мысе Адэр].*
- Россия 2016. Restoration of the Buromsky Island Cemetery (HSM 9) within the programme of the Russian Antarctic Expedition activities *[Российская Федерация, 2016 г., Проведение восстановительных работ на кладбище на о-ве Буромского в рамках программы российской антарктической экспедиции]*.

12.5 Оценка воздействия на окружающую среду

- Новая Зеландия 2009. ПООС Removal of artefacts from historic sites in Antarctica for the purpose of restoration and protection *[Новая Зеландия, 2012 г., ПООС в отношении деятельности по вывозу артефактов из исторических мест Антарктики в целях восстановления и сохранения].*
- Новая Зеландия 2012. Первоначальная оценка окружающей среды в отношении деятельности по восстановлению объектов наследия в районе моря Росса

12.6 Планы управления по сохранению объектов наследия

Содержания внешних сайтов и других ресурсов не обязательно совпадают с точкой зрения Консультативных сторон. Ссылки на внешние сайты предоставляются для удобства и не означают одобрения содержащейся на них информации

Избранная библиография

- Petzet, Michael. (2004) Principles of Preservation: An Introduction to the International Charters for Conservation and Restoration 40 years after the Venice Charter. https://www.icomos.org/venicecharter2004/petzet.pdf

- Semple Kerr, James. (2013) The Conservation Plan. 7th Edition. ИКОМОС, Австралия https://australia.icomos.org/publications/the-conservation-plan/

Организации

- Центр всемирного наследия
  https://whc.unesco.org/

- Международный совет по сохранению памятников и достопримечательных мест
  https://www.icomos.org/

- http://openarchive.icomos.org/2146/

- https://www.iccrom.org/sites/default/files/2018-02/1998_feilden_management_guidelines_eng_70071_light_0.pdf

- Центр всемирного наследия ЮНЕСКО может предоставить подробные указания и практические примеры управления наследием.

Существующие программы по сохранению ИМП Антарктики

- Фонд антарктического наследия Великобритании http://www.ukaht.org

- Фонд антарктического наследия Новой Зеландии https://nzaht.org/

- Хижины Моусона
  http://www.antarctica.gov.au/environment/cultural-heritage/mawsons-huts-cape-denison

Приложение А. Подход к разработке Плана управления по сохранению

Следующее руководство предлагает варианты информации, которую может быть полезно включить в ПУС. Хотя не каждый из приведенных ниже разделов может относиться к каждому ИМП, их изучение может быть полезным упражнением для работы. Оптимальный ПУС можно разделить на пять разделов, которые могут быть настолько подробными или краткими, насколько это необходимо. Фотографии, иллюстрации, рисунки, исторические документы и карты чрезвычайно полезны в качестве вспомогательной информации.

1. **Описание наследия**
   - Опишите каждый из различных элементов наследия на участке, включая артефакты, здания, сооружения, транспортные средства и археологические находки (если применимо).
   - Опишите контекст наследия, пояснив, где оно находится и что находится вокруг него, включая важные элементы окружающей среды, дикой природы или элементов ландшафта.
   - Опишите его состояние, в том числе комплектность и статус ремонта (конкретные подробности можно сохранить в приложении).
   - Опишите историю объекта наследия, в том числе то, как он оказался в их числе и что с ним произошло с течением времени. Здесь целесообразно использовать исторические источники для иллюстрации материала.
   - Опишите более широкие связи объекта наследия и его место среди других объектов или событий.
   - Опишите, как и кем в настоящее время осуществляется управление объектом наследия.
   - Рассмотрите возможность использования цифровых ссылок на участок и связанные с ним отдельные объекты. Это могло бы помочь в будущем мониторинге, а также в выявлении артефактов для принятия конкретных мер по управлению.

2. **Значение объекта наследия**
   - Опишите, что важно в этом объекте наследия и для кого. Это может быть весь объект или элементы объекта, имеющие особое значение. Описание может включать:
     - Является ли объект наследия частью какого-либо более широкого определения (например, ООРА или ОУРА).
     - Исторические связи: люди, события, деятельность, истории.
     - Эстетическая ценность, если наследие является неотъемлемой частью визуального ландшафта.
     - Научные ценности: ландшафт, геология, дикая природа, сбор научных данных.
     - Редкость – является ли наследие или его элементы уникальным или редким?
   - Четко опишите те элементы, которые имеют решающее значение и не могут быть потеряны или нарушены.
   - Опишите также элементы наследия, которые могут не быть оригинальными. В случае реставрации некоторые элементы будут историческими, а другие могут быть результатом более поздних вмешательств.

- Было бы полезно включить резюме археологических отчетов, результатов исследований или других экспертных анализов, которые могут способствовать пониманию значения наследия.

3. **Риски и возможности**

- Опишите, как объект наследия может оказаться уязвимым и какие есть угрозы его выживанию в будущем. Сюда могут относиться:
    - Экологические риски: в том числе из-за изменения климата и состояния окружающей среды, а также дикой природы.
    - Текущая научная деятельность: если объект продолжает использоваться или является частью действующего объекта, деятельность может оказывать влияние на объект наследия. Возможны противоречия между сохранением и эксплуатацией.
    - Требования к ресурсам: достаточно ли финансовых ресурсов и опыта для ухода за наследием?
    - Доступ: оцените, насколько легко можно посетить объект наследия для инспекции. Принимает ли участок большое количество посетителей и каковы связанные с этим риски (износ, повреждение, кражи, вандализм)?
- Опишите риски для окружающей среды, связанные с порчей материалов или рассредоточением ткани из наследия.
- Опишите конкретные опасности или опасные материалы. Если состояние объекта ухудшается, может ли это представлять большую опасность? Является ли доступ затрудненным или потенциально опасным?
- Опишите также возможности для улучшения охраны объекта наследия и улучшения доступа к нему. Сюда могут относиться:
    - Рассмотрение вопроса о том, увеличат ли действия по сохранению срок жизни объекта или его элементов.
    - Рассмотрение вопроса о том, можно ли лучше управлять посещениями, в том числе за счет повышения безопасности или доступности объекта или повышения его устойчивости.
    - Рассмотрение альтернативных способов рассказать историю участка (например, с помощью цифровых технологий для виртуального взаимодействия с людьми).

4. **Управление объектом наследия – принципы**

- Важно определить принципы, которые будет направлять действия и деятельность по управлению наследием. Эти принципы могут быть настолько краткими или подробными, насколько это необходимо; по всей вероятности, это будет определяться необходимым уровнем вмешательства для управления наследием (которое может варьироваться от минимального вмешательства до комплексной программы сохранения). Как минимум важно сформулировать всеобъемлющие цели в отношении будущего объекта наследия (например, поддерживать и сохранять исторический объект, предоставлять впечатления посетителям или защищать объект в целом и его специфику). Четкие цели и руководящие принципы будут определять всю будущую деятельность, связанную с объектом наследия. Соответствующие принципы могут включать:
    - Сохранение и ремонт – описание того, как будет поддерживаться состояние объекта, включая принципы или рекомендации, которые следует соблюдать во время ремонта или технического обслуживания.
    - Доступ и посещение – как следует управлять посещениями объекта, включая требования к бронированию, надзору и отчетности.

- Здоровье и безопасность – описание принципов в отношении опасностей, пожаров, бедствий или отчетности об инцидентах.
- Управление окружающей средой – принципы в отношении любых аспектов, связанных с окружающей средой или дикой природой.
- Исследования – описание принципов, связанных с дальнейшими исследованиями или изучением наследия (включая археологические, цифровые, геофизические или экологические), и любых ограничений, связанных с используемыми методами (использование ДПАС, лазерное сканирование, раскопки).
- Изменение климата и окружающая среда – описание уязвимости участка в отношении изменения климата и описание принципов смягчения последствий или адаптации к последствиям изменения климата.
- Документирование вмешательств – описание того, как следует документировать ремонт и другие меры, принимаемые для сохранения, стабилизации или поддержания состояния объекта и артефактов, с целью сохранения истории изменений.
- Информация – описание способов управления информацией и данными об объекте (включая то, где информация будет храниться и будет ли она общедоступной).

5. Приложения

- В приложения должна быть включена вспомогательная подробная информация, касающаяся управления сохранением наследия. Для понимания и управления объектом могут быть полезны любые доступные данные или сведения. Полезная информация может включать данные из архивов, обзоров и исследовательских проектов, а также планы действий и отчеты или изображения.

Резолюция 2 (2022 г.)

Правила поведения для посетителей участков

Представители,

напоминая о Резолюциях 5 (2005 г.), 2 (2006 г.), 1 (2007 г.), 2 (2008 г.), 4 (2009 г.), 1 (2010 г.), 4 (2011 г.), 4 (2012 г.), 3 (2013 г.), 4 (2014 г.), 2 (2016 г.), 1 (2018 г.), 2 (2019 г.) и 3 (2021 г.), в которых были приняты и обновлены списки участков, подпадающих под правила поведения для посетителей участков («Правила посещения»);

полагая, что Правила поведения способствуют повышению эффективности положений Руководства для операторов, организующих и осуществляющих туристическую и неправительственную деятельность в Антарктике, приложенного к Рекомендации XVIII-1 (1994 г.);

подтверждая, что в понятие «посетители» не входят ученые, проводящие исследования на этих участках, или лица, занимающиеся официальной правительственной деятельностью;

отмечая, что Правила посещения разработаны на основе текущего уровня посещаемости и видов деятельности при посещении каждого участка, а также отдавая себе отчет в необходимости пересмотра Правил посещения в случае любых значительных изменений в уровне посещаемости и видах деятельности при посещении участков;

полагая, что Правила посещения для каждого участка подлежат незамедлительному критическому анализу и пересмотру в случае изменений в уровне посещаемости и видах деятельности при посещении участков или в случае наличия очевидного или вероятного воздействия на окружающую среду;

стремясь обеспечить поддержание перечня участков, на которые распространяются Правила посещения , и самих Правил посещения в актуальном состоянии,

рекомендуют своим Правительствам:

1. Включить Дом Уорди (остров Уинтер) в прилагаемый к настоящей Резолюции список участков, подпадающих под действие Правил посещения, и добавить в эти правила для посетителей правила для этого конкретного участка в редакции, принятой Консультативным совещанием по Договору об Антарктике (КСДА).

2. Остров Торгерсен, бухта Артур удалить из Правил посещения.

3. Секретариату Договора об Антарктике (Секретариату) внести соответствующие изменения в информационное наполнение сайта.

4. Потенциальных посетителей призвать к доскональному изучению и неукоснительному соблюдению соответствующих Правил посещения.

5. Секретариату обеспечить представление Резолюции 3 (2021 г.) на своем сайте, как утратившей силу.

Список Участков, на которые распространяются Правила поведения для посетителей участков

Правила поведения для посетителей участков	Первая редакция	Последняя версия
1. Остров Пенгуин (62°06’ ю. ш., 57°54’ з. д.)	2005	2005
2. Остров Барриентос – острова Аитчо (62°24’ ю. ш., 59°47’ з. д.)	2005	2013
3. Остров Кувервиль (64°41’ ю. ш., 62°38’ з. д.)	2005	2013
4. Мыс Югла (64°50’ ю. ш., 63°30’ з. д.)	2005	2013
5. Остров Гудье (Goudier), Порт-Локрой (64°49’ ю. ш., 63°29’ з. д.)	2006	2006
6. Мыс Ханна (62°39’ ю. ш., 60°37’ з. д.)	2006	2013
7. Бухта Неко (64°50’ ю. ш., 62°33’ з. д.)	2006	2013
8. Остров Полет (63°35’ ю. ш., 55°47’ з. д.)	2006	2018
9. Остров Петерманн (65°10’ ю. ш., 64°10’ з. д.)	2006	2013
10. Остров Плено (65°06’ ю. ш., 64°04’ з. д.)	2006	2013
11. Мыс Югла (62°05’ ю. ш., 57°55’ з. д.)	2006	2006
12. Бухта Янки (62°32’ ю. ш., 59°47’ з. д.)	2006	2019
13. Утес Браун-Блафф, полуостров Табарин (63°32’ ю. ш., 56°55’з. д.)	2007	2018
14. Хижина Сноу-Хилл (64°21’50’’ ю. ш., 56°59’31’’ з. д.)	2007	2019
15. Бухта Шингл, остров Коронейшен (60°39’ ю. ш., 45°34’ з. д.)	2008	2008
16. Остров Девил, остров Вега (63°48’ ю. ш., 57°17’ з. д.)	2008	2018
17. Бухта Уэйлерс, остров Десепшен, Южные Шетландские острова (62°59’ ю. ш., 60°34’ з. д.)	2008	2018
18. Остров Хаф-Мун, Южные Шетландские острова (62°35’24’’ ю. ш. , 59°55’13’’ з. д.)	2008	2019
19. Мыс Бейли, остров Десепшен , Южные Шетландские острова (62°58’ ю. ш., 60°30’ з. д.)	2009	2013
20. Бухта Телефон, остров Десепшен , Южные Шетландские острова (62°55’27’’ ю. ш., 60°39’47’’ з. д.)	2009	2018
21. Мыс Ройдс, полуостров Росса (77° 33’11” ю. ш., 166° 10’7” в. д.)	2009	2021
22. Хижина (дом) Уорди, остров Уинтер, острова Арджентайн (65°15’ ю. ш. 64°16’ з. д.)	2009	2022
23. Остров Стонингтон, залив Маргерит, Антарктический полуостров (68°11’ ю. ш., 67°00 з. д.)	2009	2009

Правила поведения для посетителей участков	**Первая редакция**	**Последняя версия**
24. Остров Хорсшу, Антарктический полуостров (67°49' ю. ш., 67°18 з. д.)	2009	2014
25. Остров Детай, Антарктический полуостров (66°52' ю. ш. 66°48' з. д.)	2009	2009
26. Исключён из списка		
27. Остров Данко, пролив Эррера, Антарктический полуостров (64°44' ю. ш., 62°36' з. д.)	2010	2013
28. Сиби-Хук, мыс Халлетт, северная часть Земли Виктории, море Росса, Участок для посетителей А и участок для посетителей В (72°19 'ю. ш., 170°13' в. д.)	2010	2021
29. Мыс Дамой, остров Винке, Антарктический полуостров (64°49' ю. ш., 63°31' з. д.)	2010	2013
30. Участок для посетителей «Долина Тейлор», южная часть Земли Виктории (77°37,59' ю. ш., 163°03,42' в. д.)	2011	2011
31. Северо-восточный пляж острова Ардли (62°13' ю. ш., 58°55' з. д.)	2011	2011
32. Хижины Моусона и мыс Денисон, Восточная Антарктика (67°00'31'' ю. ш. 142°40'43'' в. д.)	2011	2014
33. Остров Д'Эно, бухта Миккельсен, остров Тринити (63°54' ю. ш., 60°47' з. д.)	2012	2012
34. Порт Шарко, остров Бут (65°04' ю. ш., 64°02' з. д.)	2012	2012
35. Бухта Пендьюлум, остров Десепшен , Южные Шетландские острова (62°56' ю. ш., 60°36' з. д.)	2012	2018
36. Бухта Орне, южный рукав бухты Орне, пролив Жерлаш (64°38' ю. ш., 62°33' з. д.)	2013	2013
37. Острова Орне, пролив Жерлаш (64°40' ю. ш., 62°40' з. д.)	2013	2013
38. Мыс Уайлд, остров Элефант (Мордвинова) (61°06' ю. ш., 54°52' з. д.)	2016	2016
39. Острова Ялур, архипелаг Вильгельм (65°14' ю. ш., 64°10' з. д.)	2016	2016
40. Остров Астролаб (63°17' ю. ш., 58°40' з. д.)	2018	2018
41. Мыс Жорж, остров Ронже (64°40' ю. ш., 62°40' з. д.)	2018	2018
42. Мыс Портал (64°30' ю. ш., 61°46' з. д.)	2018	2018
43. Мыс Эванс (77°38'12" ю. ш., 166°25'15" в. д.)	2021	2021
44. Хат-Пойнт (77°50'44,7" ю. ш., 166°38'30,3" в. д.)	2021	2021
45. Мыс Адэр (71°18'27,5" ю. ш., 170°11'29" в. д.)	2021	2021

Резолюция 3 (2022 г.)

Безопасность воздушного движения в Антарктике

Представители,

напоминая о Резолюции 6 (2021 г.) о безопасности полетов в Антарктике;

приветствуя рекомендации Совета управляющих национальных антарктических программ (КОМНАП) в отношении рассмотрения Консультативным совещанием по Договору об Антарктике (КСДА) Резолюции 6 (2021 г.);

будучи обеспокоеными растущим разнообразием авиационной деятельности и потенциальным ростом неправительственных полетов;

понимая необходимость применения мер по повышению безопасности ко всем перелетам по Антарктике;

отмечая важность обеспечения эффективного обмена информацией между всеми сторонами, участвующими в авиационной деятельности в Антарктике (включая операторов воздушных перевозок, национальные компетентные органы и КОМНАП), а также важность согласованности информации в различных хранилищах данных в рамках Системы Договора об Антарктике;

признавая важность обеспечения безопасности воздушных перевозок в Антарктике, а также тот факт, что основным объемом знаний и опыта в области воздушных операций в Антарктике и информацией о связанных с ними текущих задачах обладают операторы национальных антарктических программ;

понимая, что любые технические критерии не должны нарушать право на воздушное наблюдение, предоставленное Статьей VII Договора об Антарктике;

желая внести свой вклад в обеспечение безопасности полетов в Антарктике путем внесения изменений в рекомендации,

рекомендуют своим Правительствам:

1. В целях обеспечения применения мер повышенной воздушной безопасности ко всем полетам и всей связанной с авиацией инфраструктуре в районе действия Договора об Антарктике меры по повышению воздушной безопасности, изложенные в пунктах с 2-10, должны быть выработаны на основании критериев Международной организации гражданской авиации (ИКАО) с учетом специфических характеристик Антарктики, а также существующих практик и служб.

2. В целях обеспечения безопасности воздушных операций в районе действия Договора об Антарктике Стороны должны обмениваться информацией о своих планируемых воздушных операциях в соответствии со стандартизированным форматом Системы электронного обмена информацией (СЭОИ), предпочтительно до 1 сентября, но не позднее 15 ноября каждого года.

3. В целях повышения воздушной безопасности в Антарктике все операторы (как государственные, так и негосударственные), эксплуатирующие воздушные суда или управляющие авиационными инфраструктурами, лагерями, объектами или службами в районе действия Договора об Антарктике, должны быть обеспечены по запросу их компетентного органа или национальной антарктической программы постоянно обновляемым справочником, разработанным Советом управляющих национальных антарктических программ (КОМНАП) и теперь известным под названием Руководство по полетной информации для Антарктики (AFIM), с описанием наземных объектов, летательных аппаратов (включая вертолеты), процедур управления летательными аппаратами, а также указанием соответствующих средств связи в районе действия Договора об Антарктике (без применения которых не должны возникать вопросы ответственности) и, следовательно, они должны:

(a) содействовать текущему пересмотру AFIM общими силами с помощью КОМНАП;

(b) принять формат, в котором предоставляемая информация будет хранится таким образом, чтобы облегчить задачу ее обновления;

(c) требовать от своих антарктических операторов своевременного предоставления актуальной и точной информации для внесения в справочник AFIM;

(d) обеспечить согласованность информации в различных хранилищах данных в системе Договора об Антарктике;

4. В целях обеспечения взаимной осведомленности о текущих воздушных операциях и обмена информацией о них Стороны должны указать:

(a) станции первичной воздушной информации (PAIS), которые координируют свою собственную воздушную информацию и информацию от своих станций вспомогательной воздушной информации (если таковые имеются) с целью уведомления других PAIS о текущих воздушных операциях. на этих PAIS должны быть адекватные средства связи, способные передавать информацию надлежащими и согласованными способами;

(b) вспомогательные станции воздушной информации (SAIS), в том числе станции/базы (включая полевые базы и морские суда), которые предоставляют воздушную информацию своей вышестоящей, координирующей PAIS.

5. Для обеспечения эффективной связи между PAIS Стороны должны позаботиться от том, чтобы их PAIS имели адекватные возможности для связи с другими PAIS.

6. Во избежание летных происшествий в районах, находящихся вне досягаемости радиостанций очень высокой частоты (ОВЧ) первичных и вспомогательных станций:

(a) воздушные суда за пределами районов, обслуживаемых первичными и вспомогательными станциями, должны использовать специальную радиочастоту для передачи информации о воздушном движении (TIBA) в соответствии с процедурой изложенной в Приложении 11 к Конвенции о международной гражданской авиации;

(b) на всех самолетах должны быть постоянно включены транспондеры во время полета в районе действия Договора об Антарктике; и

(c) кроме того, операторам следует серьезно рассмотреть вопрос об установке и использовании технологии Автоматического зависимого наблюдения-вещании (ADS-B) и (или) системы предупреждения столкновения самолётов в воздухе (TCAS) на всех воздушных судах, работающих в районе действия Договора об Антарктике.

7. Для обеспечения соответствия пункту 5 Статьи VII Договора об Антарктике, а также части IV Рекомендации X-8 Стороны должны информировать друг друга о негосударственных полетах и должны запрашивать у КОМНАП доступ к AFIM для каждого оператора неправительственного полета или инфраструктуры в районе действия Договора об Антарктике.

8. Чтобы обеспечить улучшенный сбор и обмен в Антарктике метеорологическими данными и информацией, имеющей значение для безопасности воздушных операций в Антарктике, Стороны должны:

(a) поддерживать Всемирную метеорологическую организацию (ВМО) в ее работе по данному направлению;

(b) предпринять шаги для улучшения метеорологических услуг, доступных в Антарктике, особенно в отношении соответствия авиационным требованиям; а также

(c) принять во внимание Международный справочник по прогнозированию погоды в Антарктике.

9. С целью рассмотрения возможных мер реагирования в чрезвычайных ситуациях Сторонам следует учитывать, что любое усиление активности в воздухе сопряжено с повышенными рисками, которые необходимо контролировать или смягчать, и в случаях спасательных операций (SAR) или чрезвычайных ситуаций для реагирования зачастую вызываются именно национальные антарктические программы. Это необходимо учитывать в тех случаях, когда Стороны осведомлены о заявках от неправительственных субъектов на воздушную деятельность не в целях научных исследований.

10. С целью повышения безопасности полетов в Антарктике Стороны должны требовать от всех авиаоператоров в Антарктике (как государственных, так и негосударственных), чтобы они были осведомлены о требованиях безопасности, определили альтернативные места посадки и заранее сообщали о своих намерениях непосредственно операторам альтернативных посадочных площадок. Многие аэродромы в районе действия Договора об Антарктике имеют ограниченную и сезонную пропускную способность, и наличие средств и возможностей для проведения операций и оказания помощи заранее предполагаться не должно.

11. Чтобы повысить шансы выживаемости в случае авиационного происшествия, операторы всех воздушных судов с людьми на борту должны обеспечить наличие на борту своих воздушных судов по крайней мере рекомендуемого минимального спасательного оборудования. Такое рекомендуемое минимальное аварийно-спасательное оборудование должно основываться на оценке риска, с учетом типа воздушного судна, количества людей на борту и особенностей перелетов – например, в зависимости от того, являются ли перелеты внутриантарктическими или межантарктическими. Список рекомендуемого минимального спасательного оборудования должен поддерживаться КОМНАП и регулярно пересматриваться всеми операторами.

12. Считать Резолюцию 6 (2021 г.) утратившей актуальность.

Резолюция 4 (2022 г.)

Изменение климата Антарктики и окружающая среда: Десятилетний отчет и рекомендации к действию

Представители,

напоминая о Вашингтонской декларации министров о пятидесятой годовщине подписания Договора об Антарктике, в которой министры всех Консультативных сторон Договора об Антарктике выразили свою обеспокоенность возможными последствиями глобальных экологических изменений, в особенности климатических изменений, для окружающей среды Антарктики и зависящих от нее и связанных с ней экосистем, и подтвердили свое стремление к объединению усилий в работе по обеспечению более глубокого понимания вопросов изменения климата на Земле и активному поиску путей решения вопросов, связанных с воздействием природно-климатических изменений на окружающую среду Антарктики и зависящих от нее и связанных с ней экосистем;

напоминая также о важности Рабочей программы ответных мер в отношении изменения климата Комитета по охране окружающей среды (КООС) и ее видения подготовки к экологическим воздействиям изменяющегося климата и повышения устойчивости;

приветствуя то, что Десятилетний отчет об изменении климата Антарктики и окружающей среде (отчет ИКАОС), представленный Научным комитетом по антарктическим исследованиям (СКАР), полагается на наилучший источник научной информации по изменению климата и его воздействия на Антарктику;

приветствуя также рекомендации СКАР, что требуется немедленное реагирование для предотвращения необратимых изменения в Антарктике и последующих изменений на планете;

выражая озабоченность в связи с последствиями и прогнозируемыми изменениями окружающей среды Антарктики, вызванными изменением климата, которые были отмечены в Десятилетнем отчете;

ссылаясь на Резолюцию 8 (2021 г.) в поиске способов устранения последствий изменения климата для окружающей среды Антарктики и зависимых и связанных экосистем;

определяя необходимость решения политики и научных рекомендаций этого отчета,

рекомендуют своим Правительствам:

1. Обеспечить, чтобы их соответствующие департаменты и агентства, отвечающие за переговоры об изменении климата, получили копии Десятилетнего отчета и имели возможность получить полную информацию и всесторонне рассмотреть его выводы и рекомендации для применения.

2. Обеспечить, чтобы национальные антарктические научные, исследовательские органы и финансирующие организации получили копии Десятилетнего отчета и имели

возможность получить полную информацию и всесторонне рассмотреть его выводы и рекомендации для применения.

3. Способствовать распространению выводов Десятилетнего отчета, а также результатов продолжающихся научных исследований изменения климата Антарктики среди населения и средств массовой информации.

4. Продолжать получать со стороны СКАР обновленную информацию об изменении климата Антарктики и его последствиях.

Резолюция 5 (2022 г.)

Постоянные объекты для туризма и другой неправительственной деятельности в Антарктике

Представители,

напоминая об определении Антарктики как природного заповедника, предназначенного для мира и науки, в Статье 2 и Принципах охраны окружающей среды, содержащихся в Статье 3 Протокола по охране окружающей среды к Договору об Антарктике;

напоминая о Резолюции 5 (2007 г.) и Резолюции 7 (2009 г.);

осознавая единогласное мнение Консультативного совещания по Договору об Антарктике (КСДА), что туризм в долгосрочной перспективе не должен способствовать деградации природной среды Антарктики, а также зависящих от нее и связанных с ней экосистем, или дикой природы и историческим ценностям Антарктики;

признавая устав Международной ассоциации антарктических туристических операторов (МААТО), согласно которому туризм не должен оказывать более чем незначительное или ограниченное по времени воздействие на окружающую среду Антарктики;

желая реализовать практический упреждающий подход для предотвращения деградации дикой природы в Антарктике;

желая предотвратить дополнительную нагрузку на поддержку поисково-спасательных работ (SAR) и необходимостью реагирования Национальных антарктических программ на чрезвычайные ситуации;

подчеркивая, что с учетом недавних планов в отношении таких объектов национальным компетентным органам могут срочно потребоваться советы и рекомендации,

Рекомендуют своим правительствам прилагать все усилия для предотвращения и несанкционирования разрешения или одобрения строительства и/или эксплуатации любых сооружений или объектов исключительно для туризма и другой неправительственной деятельности, предназначенных для эксплуатации в Антарктике в течение нескольких сезонов, если ожидается, что их строительство, эксплуатация или демонтаж будут иметь более чем незначительное или ограниченное по времени воздействие на окружающую среду Антарктики и зависящие от нее и связанные с ней экосистемы или неотъемлемую дикую природу и исторические ценности Антарктики. Примеры включают, помимо прочего, здания, причалы и пристани, а также взлетно-посадочные полосы на открытой местности.

Резолюция 6 (2022 г.)

Пересмотренная стандартная форма отчета о посещении

Представители,

осознавая положения Консультативного совещания по Договору об Антарктике (КСДА) в отношении информации, подлежащей обмену между Сторонами, и обязательств в рамках Протокола по охране окружающей среды к Договору об Антарктике (Протокол) и его Приложений для обмена информацией;

напоминая о Резолюции 3 (1997 г.), в которой определена стандартная форма для предварительного уведомления и отчетов о посещениях для туристической и неправительственной отчетности;

отмечая, что Резолюция 10 (2021 г.) рекомендует использовать прилагаемую к ней стандартную форму отчета о посещении для обмена информацией о деятельности, осуществляемой туристическими и неправительственными судами.

напоминая о Решении 7 (2012 г.), в котором было принято решение об использовании Сторонами Системы электронного обмена информацией (СЭОИ) для обмена информацией в соответствии с Договором об Антарктике, Протоколом и Приложениями к нему и в котором указывалось, что Стороны продолжат работу с Секретариатом Договора об Антарктике (Секретариат) по доработке и улучшению СЭОИ;

также отмечая требования Решения 4 (2012 г.) к Сторонам в отношении регулярного обновления в течение года информации, содержащейся в соответствующих разделах СЭОИ, с целью ее предоставления и обеспечения доступа к ней в кратчайшие возможные сроки; *отмечая* удобство получения единообразной информации, которая облегчит анализ масштабов, частоты и интенсивности туристической и неправительственной деятельности;

желая обеспечить максимально эффективный и своевременный обмен информацией между Сторонами;

желая также, чтобы информация, которой будут обмениваться Стороны, легко идентифицировалась,

рекомендуют своим Правительствам:

1. Дополнить Стандартную форму отчета о посещении, прилагаемую к Резолюции 10 (2021 г.) для несения изменений, указанных в Приложения и Резолюциях; и

2. Попросить Секретариат, чтобы Стандартная форма отчета о посещении была доступна на его сайте.

Пересмотренная стандартная форма отчета о посещении

Для целей настоящей Резолюции необычным происшествием является «*Нежелательное или непредвиденное событие, отклоняющееся от деятельности, описанной в оценке воздействия на окружающую среду, или невыполнение запланированных мер по смягчению последствий, приводящее к воздействию на окружающую среду, превышающему прогнозируемое в оценке воздействия на окружающую среду; и/или негативное воздействие на людей; и/или повреждение материалов или имущества; которое также могло привести к отмене или приостановке оцениваемой деятельности и/или потребовать внешней помощи от стороны, не относящейся к компании или организации Оператора*».

В соответствии с решением XLIV КСДА пункты 2, 3 и 4 раздела D «Отчет руководителя экспедиции» 1 части формы Отчета о посещении в приложении к Резолюции 10 (2021 г.) теперь гласят:

> Пункт 2. Имели ли место какие-либо необычные происшествия, затрагивающие людей, окружающую среду и/или материалы или имущество?
>
> Пункт 3. Если необычные происшествия имели место, требовалась ли помощь? И в случае, если они имели место, требовалась ли помощь от Национальной программы, туроператора, частной экспедиции, рыболовного судна, Регионального климатического центра (РКЦ) или прочих организаций?
>
> Пункт 4. Краткое описание сообщаемого происшествия и его последствий, а также данные (имя/адрес/национальная программа), на которые будет отправлен подробный отчет о происшествии.

Фотография глав делегаций

XLIV ANTARCTIC TREATY
CONSULTATIVE MEETING
BERLIN
2022

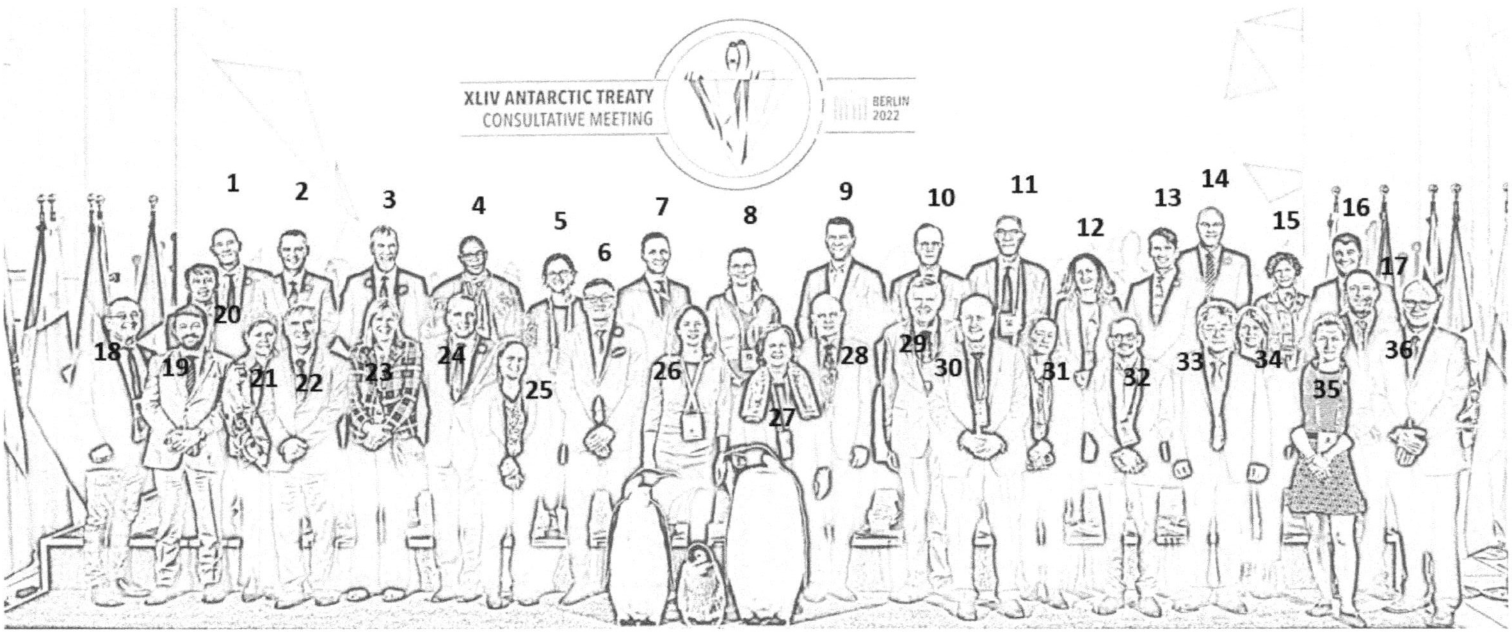

1. Антонио Кесада (Испания), 2. Хуан Камило Фореро Озёр (Колумбия), 3. Уильям Мантин (США), 4. Мбулело Дополо (ЮАР), 5. Яна Ньюман (Новая Зеландия), 6 Эмиль Руффер (Чехия), 7. Конрад Марциняк (Польша), 8. Стефани Лейнджрок (Бельгия), 9. Михаэл Пиштеки (Нидерланды), 10. Аугусто Арсубиага (Перу), 11. Орацио Гуанчале (Италия), 12. Кэролайн Крайка (Франция), 13. Майк Спэрроу (ВМО), 14. Адам Маккарти (Австралия), 15. Клэр Кристиан (АСОК), 16. Хосе Ксавьер (Португалия), 17. Филлип Трейси (Сопредседатель РГ2 по вопросам операционной, научной и туристической деятельности), 18. Дмитрий Черкашин (Российская Федерация), 19. Филипе Насер (Бразилия), 20. Мохд Насаруддин Абд Рахман (Малайзия), 21. Элизабет Мореано (Эквадор), 22. Франсиско Бергуньо (Чили), 23. Джейн Рамбл (Великобритания), 24. Фаусто Лопес-Крозе (Аргентина), 25. Метте Стренгехаген (Норвегия), 26. Мириам Вольтер (Германия), **27. Таня фон Услар-Гляйхен (Председатель КСДА)**, 28. Андрий Федчук (Украина), 29. Манфред Райнке (Секретариат принимающей страны), 30. Альберт Льюберас Бонаба (Секретариат Договора об Антарктике), 31. Димана Драмова (Болгария), 32. Виджай Кумар (Индия), 33. Жа Хьюнг Рии (Республика Корея), 34. Йенни Хаукка (Финляндия), 35. Селин Ле Боэк (Монако), 36. Теодор Килл (Председатель РГ1 по концептуальным, правовым и институциональным вопросам).

www.ingramcontent.com/pod-product-compliance
Lightning Source LLC
LaVergne TN
LVHW082206051026
849532LV00012B/3696
* 9 7 8 9 8 7 8 9 2 9 2 2 4 *